# Stuttgarter Frauenbuch

**Herausgegeben und bearbeitet**
von
Maja Riepl-Schmidt
Theresa Stark
Dietlinde Wenzl-Reimspieß

**ed.co.** edition cordeliers

CIP-Kurztitelaufnahme der Deutschen Bibliothek

**Stuttgarter Frauenbuch:**
Hrsg. u. bearb. von Maja Riepl-Schmidt,
Theresa Stark, Dietlinde Wenzl-Reimspieß
Stuttgart: Edition Cordeliers, 1983

ISBN 3-922836-03-8

NE: Riepl-Schmidt, Maja (Bearb.);
Stark, Theresa (Bearb.); Wenzl-Reimspieß,
Dietlinde (Bearb.)

© ed.co. edition cordeliers
Verlags- und Vertriebs-GmbH., Liststraße 36
D-7000 Stuttgart
Stuttgart 1983 / Printed in Western Germany

Umschlag: Ena Lindenbaur u. Rainer Benz
Satz, Repro, Gesamtherstellung:
Trojanisches Pferd, Repro-grafic-GmbH., Stuttgart

ISBN 3-922836-03-8

# Inhaltsverzeichnis

Zu diesem Buch 7

I. Verschüttete Geschichte 10

II. Gespräche mit Frauen 48

III. Frauengruppen und Selbsthilfeinitiativen 103

Anmerkungen
Bildnachrichten 202

Adressen 203

*... wir lassen alle Uhren zerschlagen, alle Kalender verbieten, und zählen Stunden und Monden nur nach der Blumenuhr, nur nach Blüte und Frucht. Und dann umstellen wir das Ländchen mit Brennspiegeln, daß es keinen Winter mehr gibt ... G. Büchner, Leonce und Lena*

**Zu diesem Buch**

Die Idee schien nicht schlecht, ein Handbuch für Frauen zusammenzustellen, das beides sein sollte: Nachschlaghilfe für frauenspezifische Hilfs- und Interessengruppen in Stuttgart und gleichzeitig Darstellung dessen, was heute im Zeitalter der »Frauenemanzipation« hier im begrenzten Feld einer Großstadt an Möglichkeiten besteht, als Frau »gleichberechtigt« zu leben. Nicht als »underdog«, wie die Hilfsgruppen beweisen, sondern mit dem Spielraum, kritisch und kreativ sich selbst als Frau zu verwirklichen, Schablonen aufzubrechen, antiquierte Normen aufzudecken und abzuschaffen. Doch da der überall wuchernde »Männerwahnsinn«, der sich in Herrschaftsansprüchen, Verhärtung, Leistungsdenken, subtilen Unmenschlichkeiten und nicht zuletzt im Rüstungsirrsinn manifestiert, auch vor Frauen nicht Halt macht - wir sind alle mit drin in der Maschine - ist dieses Buch ein Zeugnis nur der kleinen Fort-Schritte, wenn überhaupt.

Es ist uns immer mehr klar geworden, daß die »interessanten« Frauenschicksale meistens negativ besetzt sind und waren. Es wurde deutlich, daß Frauen prädestiniert fürs Außenseiterschicksal sind, sobald sie den Normen nicht entsprechen. Ausländerinnen, Kranke, Nicht-Seßhafte, Geschlagene, Kriminelle, Vergewaltigte können ihr bitteres Lied davon singen ... das Spektrum des Leidvollen ist mit dunklen Tinten aufs Papier gebracht. Umso bewunderungswerter sind die Eigeninitiativen, die unbürokratisch versuchen, zu retten, was zu retten ist, und oft ist dabei ein ausschließlich aus Frauen bestehender Verband als Heilungsfaktor für verlorenes Selbstvertrauen, für das Vernarben der empfangenen Demütigungen notwendig und im Heilungsprozess wichtig. Die Darstellung der in Not Geratenen hat unbedingte Priorität.

Daneben aber gibt es Initiativen und Lebensläufe, die im politisch-kreativen Bereich mit Mut, Witz und Entschlossenheit Engagement zeigen. Diese Frauen sind der eigenen Stimme mächtig. Den leiseren Stimmen der Dichterinnen und Fotografinnen stehen die grell provokativen einiger Stuttgarter Feministinnen gegenüber, die verkrustete Nachlässigkeiten und Denkfaulheit attackieren.

Im Laufe der Arbeit an diesem Buch wurde uns dann auch mit Erschrecken deutlich, was wir uns aufgehalst hatten: ein objektiv-neutrales Abbild war nicht herzustellen. Als wir die 1000 Fettnäpfchen sahen, die uns der gesellschaftliche Kontext und die »Frauenscene« bereithielten, beschlossen wir, gleich ein Vollbad drin zu nehmen, statt einfach nur reinzutapsen. Und dabei gehören wir selbst zu dieser »Frauenscene«, als Mitstreiterinnen der Frauengruppe im Sozialistischen Zentrum und durch die hinter uns liegende kommunalpolitische Arbeit innerhalb des Parteifreien Bündnisses.

Aber immerhin, wir haben uns abgemüht für dieses Frauenbuch, trotz Doppel- und oft auch Dreifachrollen in Beruf, Familie und mit den Kindern. Wir haben keinen Beitrag unterschlagen, keinen zensiert, nur allzuprivate draußen gelassen und redaktionelle Arbeit geleistet.

Zum Verrücktwerden war's oft. Mit Chaotinnen und Ordnungsfanatikerinnen, mit Moralapostelinnen und Anarchistinnen, mit Gemäßigten und Radikalen auszukommen, aber wir hielten uns krampfhaft an der 150-Jahre alten Devise fest: »Ich wäre verrückt, wenn es sein muß, die Verrückten haben die Welt gerettet.« (Flora Tristan, franz. Frühsozialistin). Wir meinen aber damit jene sensible Verrücktheit, die im hergebrachten »Normalen« das Quälende sieht, das es zu verändern gilt.

In diesem Sinne, Euch allen, die Ihr uns unterstützt habt: Dankeschön!

14. Nov. 81 Demo Karlsruhe

# I. Verschüttete Geschichte

Der folgende Teil dieses Buches erhebt natürlich keinen Anspruch auf eine umfassende und vollständige historische Darstellung. Die Beiträge sind aus einem spontanen Interesse der Autorinnen entstanden. Der historische Teil besteht deshalb überwiegend aus Portraits von Frauen, die jede auf ihre Weise und mehr oder weniger bewußt gegen die Unterdrückung der Frauen gekämpft haben. Es fehlen also Portraits der aus der traditionellen Geschichtsschreibung hinreichend bekannten Prinzessinnen, Mätressen und Stifterinnen. Die Liste der in diesem Teil vorgestellten Frauen ist allerdings vollkommen unvollständig. So fehlt unter anderen in ihm ein Hinweis auf Gudrun Ensslin. Wir mußten die Vorstellungen ihrer Angehörigen und Genossen respektieren, daß es noch zu früh wäre, ihr Leben und ihre Aktivitäten in einem solchen Buch darzustellen. Die Portraits sollen insofern auch eine Anregung sein, sich mehr mit der unterdrückten Geschichte der Frauenemanzipation in Stuttgart zu beschäftigen.

»*Ich verstehe nicht, was sie mit 'Glocke' meinen*«, *sagte Alice.*
*Goggenmoggel lächelte verächtlich.*
»*Wie solltest du auch - ich muß es dir doch zuerst sagen. Ich meinte: 'Wenn das kein einmalig schlagender Beweis ist!'*«
»*Aber 'Glocke' heißt doch gar nicht 'einmalig schlagender Beweis'*«, *wandte Alice ein.*
»*Wenn ich ein Wort gebrauche*«, *sagte Goggenmoggel in recht hochmütigem Ton,* »*dann heißt es genau, was ich für richtig halte - nicht mehr und nicht weniger.*«
»*Es fragt sich nur*«, *sagte Alice,* »*ob man Wörter einfach etwas anderes heißen lassen kann.*«
»*Es fragt sich nur*«, *sagte Goggenmoggel,* »*wer der Stärkere ist, weiter nichts*«.

*Lewis Carrol, Alice im Wunderland*

## Der Hexenprozeß gegen Katharina Kepler

**Hexe:**

*die Mensch, Vieh, Saat und Flur schädigende, mit übernatürlichen Kräften ausgestattete und mit dem Teufel im Bund stehende Unholdin.*

Die Hexenverfolgungen fanden in ganz Europa statt, in Deutschland und England genauso wie in Schweden, in Spanien, der Schweiz, Ungarn, den Niederlanden, in Frankreich und Italien. Man kann die Schuld an der Ausweitung und Ausbreitung des Hexenwahns in Deutschland daher weder den von Papst Innozenz VIII. 1484 eingesetzten Inquisitoren Sprenger und Institor, noch der Reformation oder Gegenreformation zuschieben. Die Zahl der von 1300 - 1700 unschuldig, auf grausamste Weise, nach erpressten Geständnissen zu Tode Gekommenen, wird auf über 1 Million geschätzt. Bezeichnenderweise heißt es »die Hexe«, die Zahl der verfolgten »Zauberer« war verschwindend klein im Vergleich zu den angeklagten und verurteilten Frauen. Vom 12. - 14. Jahrhundert hatte man den Frauen gewisse Freiheiten, hauptsächlich in den als typisch weiblich geltenden textilen Zünften sowie im Krämerhandel eingeräumt. Volle Selbständigkeit konnten sie jedoch nicht durchsetzen. Nach außen hin mußten sie sich durch einen Zunftmeister vertreten lassen. Der einzig selbständig auszuübende Beruf war der Beruf der Hebamme, der aber von den Universitätsmedizinern zu Anfang des 14. Jahrhunderts weitgehend zurückgedrängt wurde. Besonders Hebammen und naturheilkundige weise Frauen waren allein schon durch ihr Wissen, ihre Naturverbundenheit und ihre Tätigkeit bösem Verdacht ausgesetzt. In ihrer Hand lag die Geburtenregelung, sie kannten Zaubermittel gegen Fruchtbarkeit, Tränke für und gegen die Liebe bzw. deren Folgen. Klerus und Patriarchat waren entschlossen, den Einfluß der Frauen rigoros einzudämmen. Ihre Sexualität, die sie im Grunde fürchteten, wurde für die bestehende Ordnung auch von seiten der aufstrebenden Naturwissenschaften als Bedrohung schlechthin angesehen. Dies kam in zahlreichen Hetzschriften, auch im später erwähnten Hexenhammer deutlich zum Ausdruck. Hatte in den Badestuben des frühen Mittelalters, zeitgenössische Darstellungen beweisen dies, noch muntere Freizügigkeit geherrscht, wehte nun der Wind der Askese, leib- und sinnlichkeitsfeindlich.
Brackert (Suhrkampf, 1977) nennt als Gründe für den Hexenwahn u.a. Sexualängste der Männer gegenüber den Frauen und Sexualunterdrückung im allgemeinen. Nikolaus Paulus (1908) untersucht, warum

ungleich mehr Hexen als Zauberer verfolgt und hingerichtet wurden. Er kommt zum Ergebnis, daß es auf den Hexenhammer (malleus maleficarum) und die Geringschätzung der Weiber nur drei Hinweise gibt. Auf heidnische Kulte und Vorbilder greifen 12 der Gelehrten, Mediziner und Theologen zurück, von allgemeiner Erfahrung sprechen 6. Über 40 Untersuchungen gehen von Evas Sündenfall aus und berufen sich auf die Bibel. Außerdem wären die Weiber fremden Einsprechungen leichter zugänglich, verführbar, neugierig, lüstern, rachsüchtig und zum Aberglauben neigend. Kirche und Patriarchat, um dies nochmals zu betonen, zerrten am schwächsten Glied der Kette. Die Frau wurde zurück ins Haus kommandiert. Dort war sie am einfachsten zu kontrollieren. Es ist jedoch zu berücksichtigen, daß während des Mittelalters breite Bevölkerungsschichten durch bisher unvorstellbare Umbrüche innerhalb ihres Lebens- und Weltbildes in starkem Maße verunsichert waren. Dieses Klima der sozialen Verunsicherung trug entscheidend zu der Stimmung bei, die die folgenschwere Denunziation und Verfolgung von Frauen als Hexen ermöglichte.

In den Städten suchte und fand man weit weniger Hexen, als in den engen Dorfgemeinschaften, in denen jeder jeden kannte. Eine an Sensation karge Zeit bot einen fruchtbaren Nährboden für Gerüchte und Verdächtigungen. In der Stadt war der Bezug zu Natur und Vieh weitgehend vergessen und in den Hintergrund gedrängt. Auf dem Dorf genügte ein Gerücht zur Anklage. Hatte Hagelschlag die Ernte zerstört, erkrankte jemand an einer rätselhaften Krankheit oder fiel ein Stück Vieh um, so zweifelte niemand daran, daß eine Hexe der Grund allen Übels war. Seuchen, Blitzschläge, Brände, Unglücksfälle, alles wurde den Hexen und ihrem Schadenszauber zugeschrieben. War eine Anklage erfolgt, gab es kaum mehr ein Entrinnen.
Beim Verdacht auf Zauberei, die als besonders schweres Verbrechen galt, schritt man ohne Gewissensbisse sofort zur Folter, um so durch unerträgliche Qualen den Verdächtigen Geständnisse abzunötigen. Daumenstock, Beinschraube, Spanische Stiefel, gezähnte Beinschrauben, Keile unter die Fingernägel, aufziehen mit ausgerenkten Armen und auf dem Rücken aneinandergebundenen Händen, hochziehen und unversehens auf ein Nagelbrett zurückschnellen lassen, eintauchen in siedendes Wasser, in kochendes Öl - die Liste ließe sich fortsetzen mit greulichen, kaum ausdenkbaren Peinigungen.
Bei den meisten Prozessen gab es nur kurze Protokolle. Charakteristisch war die Struktur der Befragung, die so angelegt war, daß die Antwort der Beklagten in jedem Fall als Beweis der Schuld angesehen werden konnte. Zudem mußten die Betroffenen, abgesehen von der physischen Folter, die rücksichtslose und bis ins Detail gehende Durchleuchtung ihres Privatlebens über sich ergehen lassen.
1527 wurde in Stuttgart Margarete Lösin gefangen genommen. Sie war

der Teufelsbuhlschaft verdächtig und soll angeblich auf der Ofengabel zum Kamin hinaus und durch die Lüfte geritten sein. Ihr Ziel soll nicht der Brocken, sondern der Heuberg bei Balingen gewesen sein, der schon 1506 urkundlich die Nebenbezeichnung »Blocksberg« führte. Sie wurde, als sie trotz Martern kein Geständnis ablegte, 3 Jahre im dachlosen Turm auf dem Reichenberg eingesperrt, wo sie Wetter, Unrat, Unflat, Hunger, Kälte und Nässe ungeschützt preisgegeben war.

1562 ging ein verheerendes Unwetter über Stuttgart und Umgebung nieder. Die Ursache dieses Unglücks wurde in der Bosheit der Hexen gesucht. Schließlich fand man 15 verdächtige Weiber, 9 von ihnen gestanden, ihrer Sinne nicht mehr mächtig, während der Folter wunderliche Dinge. Herzog Christoph ließ sie zum Tode auf dem Scheiterhaufen verurteilen.

Außer dem Fall der Margarete Lösin und dem Pauschalurteil des Herzog Christoph ist über Stuttgarter Hexenverfolgungen nichts festzustellen. Es wäre denkbar, daß entsprechende Akten, um das düstere Kapitel ohne viel Aufsehen abzuschließen, vernichtet wurden.

**Ein Hexenprozeß am Beispiel der Katharina Kepler.**

Entgegen der Sitte der Zeit wurde der Hexenprozeß gegen Katharina Kepler schriftlich geführt. Die Akten schwollen in den Jahren 1615 - 1621 durch wortreiche Anklagen und Gegenklagen, Protokolle und Eingaben zu dicken Bündeln an. Sie hatte es letztlich nur ihrem Sohn Johannes zu danken, daß sie vor dem Scheiterhaufen bewahrt wurde.

Katharina Guldemann aus Eltingen und Heinrich Kepler aus Weil der Stadt, beide Bürgermeisterkinder, heirateten am 15. Mai 1571. Sie brachte 3000, er 1000 Gulden mit in die Ehe, ein beträchtliches Vermögen. (Zum Vergleich: Johannes Kepler bezog in Graz ein Jahresgehalt von 150 Gulden). Katharinas Mutter kränkelte und litt zeitweise an Bewußtseinsstörungen, das Kind war deshalb meist der Obhut einer Base, Renate Streicher, anvertraut. Diese war übel beleumundet und wurde später als Hexe verbrannt. Man sagte Katharina nach, daß sie von schwierigem Charakter und wenig umgänglich war.
Sohn Johannes kam am 27. Dezember 1571 zur Welt, was auf mutige, voreheliche Beziehungen schließen läßt. Heinrich, der für ein Familienleben nicht geschaffen schien, zog als Söldner des Herzogs von Alba gegen die Niederländer in den Krieg. Katharina folgte ihm, überließ ihren Sohn einer Pflegerin und den Schwiegereltern und kehrte erst nach einigen Jahren mit ihrem Mann zurück. Leichtfertigerweise leistete Hein-

rich eine Bürgschaft, erntete von der haushälterischen Katharina deswegen bittere Vorwürfe und zog es nach einem kurzen Zwischenspiel als Gastwirt in Elmendingen vor, wieder in den Krieg zu ziehen. Diesmal mit den Österreichern gegen die Türken. Man hat Katharina vorgeworfen, sie habe ihren Mann aus dem Haus getrieben, dieser Umstand wurde im späteren Prozess sehr ungünstig beurteilt. Ihre Tochter Margarethe, die einst Herrn Einhorn, von dem noch die Rede sein wird, abblitzen ließ, hatte den Pfarrer Binder aus Heumaden geheiratet. Sohn Christoph war Zinngießer in Leonberg, wohin die Mutter inzwischen zurückgekehrt war. Sohn Heinrich war wie der Vater in Kriegsdiensten und wird als unstet geschildert. Eine den Frauen über Jahrhunderte zugestandene Tätigkeit in Dorfgemeinschaften war die Pflege von Kranken. Dies erforderte eine gewisse Kenntnis in der Herstellung von Salben, Heilmitteln und Kräutertränken. Katharina Kepler nun war in diesen Dingen ganz bewandert und hatte durch die nachher als Hexe verbrannte Base Streicher manches gelernt. Nur hatte sie in der Anwendung ihrer Salben und Getränke offenbar keine glückliche Hand. Auch mit dem Segensprechen wollte es nicht so recht klappen. Ihr Spruch:

*Heiss mir Gott willkommen*
*Sonn und Sonnentag*
*kommst daher geritten*
*da steht ein Mensch, laß dich bitten*
*Gott, Vater, Sohn und Heiliger Geist*
*und die Heilige Dreifaltigkeit*
*gib diesem Menschen Blut und Fleisch*
*auch gute Gesundheit*

ein arg holpriges Verslein, wollte sich nicht erfüllen. Ein Kind, das sie mit diesem Segen heilen wollte, starb am Tage darauf. Kurz und gut, sie bekam Feinde. Da waren die Lehrer Beittelspacher und Michel Meyer, die beide angeblich von ihren Tränken siech geworden waren, und ihre frühere Freundin Ursula Reinhold geb. Kräutlein. Sohn Heinrich, der erfolglose Krieger, ließ sich nicht gerade vorteilhaft über seine Mutter aus, und eines Tages war es soweit. Ursula Reinbold ging in die Häuser und streute Gerüchte aus. Sohn Christoph wollte Ursula das Maul stopfen und hielt ihr ihren liederlichen Lebenswandel vor. Ursula schwor Rache und brachte den Untervogt Lutherus Einhorn auf ihre Seite. Dieser war jung, ehrgeizig, eifrig und brauchte Erfolg. Ursula war zu Gange und schürte. Von Zaubertränken war die Rede, von verendetem Vieh, das durch den bösen Blick der Keplerin krepiert war. Sie war auf einem Feld gesehen worden, kurz darauf ging ein Gewitter hernieder. Man stellte ihr Fallen. Ursulas Bruder, Leibbarbier Urban Kräutlein, Lutherus Einhorn, der Bruder des Regenten, Prinz Achilles, der Schwager Ursulas, Forstmeister Reinhold und Gerichtsbeisitzer Frick trafen sich anlässlich eines Jagdessens im August 1615. Geschickt brachten sie die Sprache auf die Verdächtigungen gegen Katharina Kepler, und reichlich bezecht beschieden sie Katharina und Ursula vor die Schranken des Gerichts. Ursula, die angeblich an furchtbaren Leibkrämpfen litt, schrieb dies der Katharina und ihren Tränken zu. Katharina hingegen wollte nichts damit zu tun haben und sprach das aus, was alle in Eltingen wußten, Ursula wäre ein leichtfertiges Weib, ihre Krämpfe kämen von Trunk eines Apothekergesellen. Einhorn, Kräutlein und Ursula schrien auf das zitternde Weib ein, jedermann wisse, sie sei eine Hexe, und sie solle nun endlich bekennen.

Katharina flehte unter Tränen, man solle sie in Ruhe lassen. Nach stundenlangen Mißhandlungen schickte man sie nach Hause. Auf Grund dieses mißlichen Vorfalls reichten Pfarrer Binder und Sohn Christoph eine Verleumdungsklage beim Stadtgericht Leonberg ein. Sie schonten dabei weder Einhorn noch Kräutlein, und diese zwei schlugen zurück.

Im Januar 1616 machte Johannes Kepler seine erste Eingabe an das Gericht in Leonberg, empört über die schimpfliche Behandlung seiner Mutter und nicht willens, die Verleumdungsklage zurückzunehmen. Ursula, Einhorn und Kräutlein sammelten eifrig Beweise, um zu erreichen, daß die Klägerin zur Beklagten wurde. Katharina war zu ihrer Tochter Margarethe nach Heumaden gezogen, im Oktober 1616 kam sie zum Zeugenverhör nach Leonberg zurück. Unterwegs kam sie an der Ziegelei Leibbrandt vorüber. Dort trugen zehnjährige Kinder Lehmsteine in den Brennofen. Eines dieser Kinder, das wohl Schmerzen vom Ziegeltragen hatte, sagte später vor Gericht aus (in den Hexenprozessen galten auch Aussagen von Kindern) Frau Kepler habe es auf den Arm geschlagen, so daß er nun ganz steif sei.

Als weiterer Zeuge trat Jörg Haller auf, dessen Buben die Kepler verhext haben solle. Eine Anklage folgte auf die andere, die Gehässigkeit der Anschuldigungen wuchs. Minister Faber und Jurist Besold wurden von Johannes Kepler eingeschaltet. Katharina wurde zu Johannes nach Linz gebracht, sie hatte törichte Dinge getan, die ihre Lage verschlimmerten. Dem Vogt wollte sie einen silbernen Becher schenken, vom Totengräber verlangte sie den Schädel ihres verstorbenen Vaters.

Immer neue Zeugen traten auf den Plan. Die Eingaben Johannes Keplers wurden demütiger. Hatte er sich anfangs noch auf seine Stellung als Hof-Mathematiker berufen, so gab er sich nun nur noch als sorgender Sohn. Pfarrer Binder bangte um seine Stellung und Glaubwürdigkeit. Wie konnte er von der Kanzel gegen die Hexen wettern, wenn seine Schwiegermutter selbst der Hexerei verdächtigt wurde.

Katharina reiste hin und her, von Linz nach Leonberg, von Leonberg nach Heumaden, von Heumaden nach Ulm und wieder nach Linz. Erstaunlich, wie sie bei ihrem Alter alle diese Strapazen aushalten konnte. Sie lebte in ständiger Angst und Unruhe. Immer wieder wurden Verhöre angesetzt, verschoben, vertagt. Noch war nichts entschieden, aber im August des Jahres 1620 holten ihre Feinde zum entscheidenden Schlag aus. Sie wurde verhaftet, nachts, im Pfarrhaus zu Heumaden. Die zitternde Margarethe hatte ihre Mutter in eine Truhe gesteckt, in dieser wurde sie abtransportiert, und der Prozess begann. Neue, von der Reinbold bearbeitete Zeugen erschienen, die Kepler sei durch verschlossene Türen gegangen und zum Schrecken der Ahnungslosen plötzlich vor ihnen gestanden. Sohn Christoph, der um Geschäftsgang und den Ruf von Frau und Kindern bangte, erreichte, daß die Gefangene nach Güglingen verlegt wurde. Dort wurde die 74jährige von zwei Hütern bewacht und gefesselt an der Mauer angekettet. Monate des Leidens begannen. Sohn Johannes reiste nach Güglingen, um der bedrängten Mutter beizustehen. Eines der Protokolle beginnt bezeichnenderweise: ...»leider« mit Beistand ihres Sohnes, des Mathematikers Johannes Kepler.
Der 28. September 1621 war zum Vollzug des Urteils bestimmt. Es war der sogenannte »Peinliche Rechtstag«. Katharina Kepler wurde eröffnet, daß sie gefoltert werden solle, wenn sie nicht freiwillig ihren Bund mit dem Teufel und ihre mit seiner Hilfe begangenen Schandtaten bekenne. Sie blieb standhaft. Der Scharfrichter führte sie in die Folterkammer. Die alte ausgemergelte Frau brach ohnmächtig zusammen.
Im November endlich wurde sie auf freien Fuß gesetzt.
Sie kam nicht mehr zur Ruhe, die körperlichen und seelischen Leiden hatten ihre Kräfte aufgezehrt.
Am 13. April 1622 starb sie in Leonberg.
Dem Umstand, daß die Akten dieses Prozesses völlig eingestaubt 1882 entdeckt wurden und durch Zufall der Vernichtung entgingen, verdanken wir die Möglichkeit, einen Prozess, der nur durch Denunziation zustande kam, der aus üblen Verleumdungen und lächerlichen Nichtigkeiten bestand, in seinem Ablauf schildern zu können. Er soll stellvertretend sein für viele Prozesse, die nur mündlich geführt wurden. Man darf nicht fragen, wer waren die Richter? Wer waren die Geschworenen? Wer waren die Verteidiger? Wer schrieb die Bücher? Wer machte die Gesetze? Man muß die Zeit berücksichtigen, das Lebensgefüge des Mittelalters. Hunger und Not, Pest und Syphilis, Kriege, Verwüstungen, Machtkämpfe, Reformation und Gegenreformation prägten die Zeit und die Menschen. »Aus welcher Zeit datiert die Hexe? Ich sage es ohne Zögern: aus der Zeit der Verzweiflung«. (Michelet).

**MARIANNE MÜHLEISEN**

**LITERATUR:**
BECKER, Bovenschen, Brackert u.a.
Genese u. Aktualität des Hexenbildes (Suhrkamp 1977)
DROSS, Annemarie, Die erste Walpurgisnacht (rororo 1981)
GÜNTHER, Ludwig, Ein Hexenprozeß, Leipzig 1905
KIDERLEN, Elisabeth, Die Bernsteinhexe (Insel 1978)


## Scherbenlied

*Ich such den alten Hexenpfad*
*den Glaswaldpfad den Feuerpfad*
*ich such das alte Zauberlied*
*das haben sie vergraben*

*Ich reite durch den Nachtglaswald*
*Spiegelglaswald kein Flammenwald*
*ich trag in meiner Hand den Blitz*
*den laß ich niederfahren*

*Das Glas zerspringt wie Glockenton*
*im Scherbenwald im Feuerwald*
*ich sing ein neues Zauberlied*
*hin über alle Scherben*

Sylvia Frueh Keyserling

## Nanette Ruthardt

Warum wurde die in Stuttgart am 27. Juni 1845 auf der Feuerbacher Heide hingerichtete Nanette Ruthard zur Gattenmörderin? Mit ihrer Tat, der Leiden und Verzweiflung vorausgingen, steht ihr Fall nicht alleine: auch die Bremerin Gesina Margaretha Gottfried (Gesche) und Marie Lafarge aus der französischen Provinz hatten ein gebrochenes Leben hinter sich, ein ähnliches Schicksal. Sie heirateten aus gesellschaftlichen Zwängen, litten unter ihrer täglichen Unterdrückung und ihrer Chancenlosigkeit.
Für Presse und Justiz waren diese Frauen ein gefundenes Fressen. Sie wurden als Monster, Bestien und Scheusale bezeichnet. Auf ihre seelischen Nöte, auf ihre Verweigerungen wurde damals nicht eingegangen - heute werden sie rücksichtslos vermarktet, wie die Berichterstattung im Fall Marianne Bachmeier zeigt. 1845-1983- dazwischen liegen 138 sexistische Jahre.

### Wie Männer mit Nanette Ruthardt verfuhren

Originalauszüge aus Akten, Volksbüchern und Schriften des Tagblatts:

Am 20.Dezember 1844 war das öffentliche Schlußverfahren beim Gerichtshofe in Esslingen anberaumt. Es kam zu ungeheurem Andrang und zum Kartenhandel. Nanette Ruthardt, so die Akten, trug ein dunkelgrünes, blaurötliches Kleid, schwarze Handschuhe, ein größeres geblümtes Halstuch mit schwarzem Grunde, unter diesem ein kleines Tuch. Es wurde erkannt, daß sie in ihrer Jugend sehr hübsch gewesen sein mußte, jedoch wie ihre unedel geformte, mit Sattel versehene und stumpfig ausgeschweifte Nase auf ungewöhnliche Sinnlichkeit hin. Sie trug das Haar glatt nach hinten zu einem Nest geformt. In den Ohren kleine Ringe. Spuren von Reue und Zerknirschung nahm man nicht wahr. Die Anklage lautete: Die Beschuldigte habe vom 21. April bis zum 9.Mai 1844 ihrem Manne 3 mal Arsenik verabreicht.
Die Angeklagt habe die Tat mit Vorbedacht unternommen, und es wurde deshalb ein Antrag auf Verurteilung wegen Mordes zur Strafe des Todes durch Enthauptung gestellt. Der Verteidiger zeigte auf, daß an der Angeklagten fast ebensoviele Verbrechen begangen worden seien, daß sie eben durch diese unnatürlichen Vergehungen an ihr selbst in einen solchen Abgrund des Verbrechens hinabgestoßen worden sei.

Das Gericht wollte von alledem nichts wissen, jedoch wurde nicht direkt in Abrede gestellt, daß die Nanette Ruthardt »unnatürlich« behandelt worden war.

Hier ist sie, die erwachs'ne Schlange,
Der Wurm, der anfangs fast zertreten ward,
Konnte doch noch Gift erzeugen.

Quelle: Wttbg. Landesbibliothek, Stuttgart

Was hatte sie hinter sich?

Der Vater war ein sehr angesehener Mann und ein berühmter Arzt. Die Mutter, welche am Tage der Hinrichtung ihrer Tochter noch gelebt hatte, gehörte ebenfalls den höheren Ständen an. Die Namen der beiden wurden aber weder in der öffentlichen Gerichtsverhandlung noch sonst genannt. Sie lebten im verwitweten Stande und es war eine Verheiratung geplant. Ehe diese Verbindung jedoch zustande kam, wurde die Angeklagte am 11. August 1804 geboren und unverzüglich zu einer Frau in Metzingen um jährlich 100 fl. in Kost und Pflege gebracht. Hier blieb sie bis zum 18. Juni 1805, wo sie um 132 fl. jährlich bis zum 4. Januar 1810 bei einer Pfarrersfamilie Aufnahme fand. Aus der Heirat zwischen Vater und Mutter war nichts geworden; sämtliche Erziehungskosten wurden vom Vater des Kindes bis zum Jahre 1812 bezahlt, von da an nahm seine Schwester, ebenfalls eine vornehme Dame, welche in den Gerichtsakten als »Tante« aufgeführt ist, sich des Mädchens an. Diese behandelte Nannette wie ihr eigenes Kind. Sie erlebte aber keine große Freude an ihr. Die Angeklagte begann, um ihre Naschhaftigkeit befriedigen zu können, zu stehlen und auch andere, namentlich unflätige Eigenschaften, traten zutage..

Am 15. März 1817 trat Nanette in das Erziehungsinstitut zu Königsfeld ein. Obwohl sie sich hier ebenfalls einige Entwendungen zu schulden kommen ließ und insbesondere durch Verdächtigung Unschuldiger mehr und mehr boshaftes Gemüt bekundete, behielt man sie doch bis nach ihrer Konfirmation am 17. April 1819.
Nun kehrte sie wieder in das Haus der Tante nach Stuttgart zurück. Sie erhielt Anleitung zu allen weiblichen Arbeiten und zeigte auch eine große Geschicklichkeit, aber in gleichem Maße traten die schlimmen Seiten ihres Charakters, Lügenhaftigkeit, Genußsucht und Bosheit in immer beunruhigenderer Weise hervor. Alle Wohltaten und Ermahnungen waren umsonst. Im Jahre 1823 knüpfte sie einen Liebeshandel mit einem Offizier an und schlich sich wiederholt heimlich zu Stelldichein aus dem Haus.

Diese Sache kam ans Tageslicht und Nanette wurde von der Tante aus Stuttgart entfernt. Sie erhielt eine Stelle als Kammermädchen bei einer adeligen Dame in Brandenburg bei Ulm, tat aber nicht gut. Sie ging nach Ulm und von da nach München, wo sie verschiedene Stellungen annahm. In dieser großen Stadt mit ihren vielfachen Gelegenheiten scheint sie ein Leben geführt zu haben, für welches die Bezeichnung »leichtsinnig« nicht mehr genügt, und infolge dessen die angeborene Sinnlichkeit vollends über sie die unbeschränkte Herrschaft nahm. Im Jahre 1830 kehrte sie nach Stuttgart zurück, und die Tante kaufte sie in das

das Stuttgarter Bürgerrecht ein. Im Oktober desselben Jahres wurde sie von letzterer auf ihre Kosten in einer angesehenen Familie zu Altensteig untergebracht. Sie lief jedoch bald wieder weg und begab sich nach Reutlingen, wo die erste, nachher so verhängnisvoll gewordene Begegnung mit dem Engländer, der sich Lord nannte, stattfand. Dieser scheint ein stattlicher Mann gewesen zu sein, der den Anforderungen der sinnlich angelegten Nanette entsprach, denn sie warf sich ihm ganz in die Arme. Der Lord war jedoch verheiratet, was er seiner Geliebten mitteilte, ohne daß diese daran Anstoß nahm, da sie von ihm das Versprechen, sie heimzuführen, sobald er seine Ehescheidung bewerkstelligt habe, erhielt. Die Angeklagte behauptete, von diesem Engländer in den nächsten 8-9 Jahren nichts mehr gehört zu haben, was aber nicht glaubhaft erscheint.

Sie kam wieder nach Stuttgart und suchte sich ihrer Mutter, deren Namen sie indessen erfahren hatte, zu nähern, aber diese wies sie, obgleich sie in ganz angenehmen Verhältnissen lebte, zurück und verweigerte sogar die offene Anerkennung der Mutterschaft.

Von verschiedenen Seiten scheinen der Angeklagten Heiratsanträge gemacht worden zu sein, aber sie blieben jedesmal ohne Erfolg, da den Bewerbern die Verbindung mit einem Mädchen ohne Namen und Eltern denn doch etwas zu bedenklich erschien.

Endlich im Jahre 1839 verheiratete Nanette sich mit dem Goldarbeiter Ruthardt und erreichte hier nach ihrer eigenen Aussage dem Untersuchungsrichter gegenüber, was sie ihr ganzes Leben hindurch vergeblich gesucht haben will - einen Namen, einen selbstständigen Haushalt und einen durchaus redlichen und unermüdlich fleißigen Mann. Und dennoch gab sie ihm schon nach fünf Jahren Gift. Zu dieser Untat wurde sie zweifellos nicht - wie sie behauptete - durch Nahrungssorgen und kleinere Zwistigkeiten, die ja in vielen Familien vorkommen, bestimmt; es muß vielmehr ein anderer tieferer Grund vorhanden gewesen sein, durch den sie sich zu dem schauerlichen Verbrechen hinreißen ließ.

Nach ihrer Angabe hatte sie sich anfangs, um den mißlichen Verhältnissen ein Ende zu machen, selbst den Tod geben wollen. Bald jedoch besann sie sich mit Rücksicht auf ihr Kind eines andern und der Entschluß, den ahnungslosen Gatten zu morden, reifte in ihr. Wörtlich äußerte sie sich hierüber:» Eines von uns mußte das Opfer werden und da dachte ich, es sei besser, er werde es, als ich. Es hat mich einen schrecklichen Kampf gekostet, den Entschluß zu fassen, meinen Mann durch Gift umzubringen, aber die Schulden wollten bezahlt sein und ich dachte, wenn der Mann weggeschafft ist, so zahle ich nach und nach.«

Man kann nicht begreifen, wie die kluge und gebildete Frau zu einem solch unsinnigen Vorgehen kam. Womit wollte denn sie die Schulden bezahlen - wenn es nicht durch den rastlosen Fleiß des Mannes gelang? Es bleibt deshalb nur die Annahme, daß sie durch das drückende Schuldbewußtsein um die Fähigkeit zu einem klaren Denken gebracht worden ist.

Die Fragen des Gerichtes beantwortete die Angeklagte ohne ein Zeichen von Erschrockenheit oder innerer Reue in wohlgesetzter Sprache und mit lauter Stimme in einer kecken, fast frechen Weise, als handele es sich um eine Heldentat. Dadurch machte sie sowohl auf die Menge im Zuschauerraum als auch auf die Richter einen sehr schlimmen Eindruck.

### Die Vollstreckung auf der Feuerbacher Heide

Am Mittwoch, den 25.Juni 1845, wurde Nanette Ruthardt das Todesurteil verkündigt, zugleich mit der Eröffnung, daß der König von seinem Begnadigungsrecht keinen Gebrach gemacht habe und deshalb ihr Leben verwirkt sei. Sie hörte die furchtbare Kunde mit einer Ruhe an, welche sie im Kerker niemals verlor.»Sie werden sehen, ich werde mit Mut und Würde sterben.« Mit den gleichen Worten schied sie von ihrem Anwalt. Sie muß ein starkes Weib gewesen sein, daß sie während der drei Tage zwischen der Verkündigung des Urteils und dem Vollzug desselben nicht die Fassung verlor. Ruhig schlief sie jede Nacht. Zwei Männer standen Tag und Nacht mit blanken Säbeln neben ihrem Lager und bewachten jede ihrer Bewegungen, um zu verhindern, daß sie sich nicht etwa durch Selbstmord dem strafenden Arm des Gerichts entzog.

Übrigens war der Tag der Hinrichtung schon acht Tage vorher so ziemlich bekannt. Der letzte Zweifel wurde genommen, als am Donnerstag Abend bekannt gemacht wurde, man solle am folgenden Tage vor und nach der Hinrichtung der Ruthardt keine Kinder die Straßen passieren lassen. Das war von den Behörden sehr klug ausgedacht, denn nun sammelte sich die Volksmenge in den betreffenden Straßen erst recht.

Am Freitag, den 27.Juni früh um 5 Uhr fand das peinliche Gericht mit der Verbrecherin öffentlich im Stuttgarter Rathaus statt. Es war ein trüber Morgen und Regen in Sicht. Der Wagen mit der Giftmischerin fuhr vor dem Rathause vor und hielt an. Sie stieg aus und schritt allein und ohne Unterstützung die Rathaustreppen hinauf.

Das helle, gräuliche Kleid, das mattrot durchwirkte Halstuch, das in der abgemagerten Hand gehaltene Sacktückel haltend, bot sie das ganz gleiche unbewegliche Bild wie vor dem Gerichtshofe in Esslingen, dasselbe undurchdringlich kalte, blasse, marmorne Gesicht.

Es war erstaunenswert, mit welcher Ruhe dieses Weib die vorgelesene Beschreibung ihres schuldvollen Lebens und die abermalige feierliche Verkündigung des Todesurteils vernahm. Keine Linie veränderte sich in ihrem Gesicht, als der Stab über sie gebrochen und mit den fürchterlichen Worten zu Füßen geschleudert wurde: »Ihr habt Euer Leben verwirkt; Gott sei Eurer Seele gnädig.« Auch die Übergabe an den im roten Mantel und mit an und für sich schon grauenhafter Ausstattung anwesenden Scharfrichter rief kaum eine Bewegung in ihr hervor.

Sie wurde in das Armesünderstübchen geführt und hier äußerte sie: »Gottlob, so ist auch dieses vorbei.« Gleich darauf mußte sie den Wagen wieder besteigen und tat es, ohne daß ihr jemand dabei half. Indessen hatte sich eine Unmasse von Menschen eingefunden. Die Unglückliche wurde jedoch von niemandem verhöhnt, obgleich das Publikum nicht aus besseren Leuten, sondern fast durchweg aus Knaben vom achten Jahre an und jungen, der niedrigen Volksklasse angehörigen Mädchen bestand.

Langsam bewegte sich der Zug, während das Armensünderglöcklein geläutet wurde. Merkwürdig war es, mit welcher Gelassenheit die Verurteilte den Ort verließ, wo sie soeben die öffentliche Verkündigung des Todesurteils angehört hatte und mit welcher Leichtigkeit sie den Wagen bestieg. Dabei vergaß sie selbst die Etikette nicht. Sie ließ sich auf den Rücksitz nieder und nahm erst den vorderen Platz ein, als der Geistliche ihr diesen anwies. Sie tat freundlich mit diesem und den beiden im Wagen befindlichen Landjägern und lächelte, als bemerkte sie die ringsum wogende zahllose Menge gar nicht. Ja, sie lächelte, zum Tode gleichsam spazieren fahrend, bis zum Richtplatz und hob da noch mit malerischer Bewegung Augen und Hände zum Himmel empor.

Bei der Herzlosigkeit des Verurteilten, ihrer durch die Oberfläche äußerer Bildung versteckten Seelenlosigkeit und ihrem in der Tat nicht gewöhnlichen Geist, hätte sie unter anderen Verhältnissen geboren, vielleicht einer jener sozialer Stellungen eingenommen, in welchem durch Weiber von loser Sitte bekanntlich schon mehr als einmal einflußreiche, aber freilich auch für viele verhängnisvolle Rollen gespielt worden sind.

Sie schien die Bretter des Schafotts noch als Kulissen zu betrachten und gefiel sich darin, mit allem zu kotettieren, selbst mit dem letzten Schicksal.

Der Zug der Veruruteilten hatte endlich den Richtplatz erreicht. Glänzende Uniformen befanden sich an der Spitze. Außer einer beträchtlichen Anzahl von Gendarmen und Polizeidienern, dem Polizeikommissar, Stadtdirektor und vielfachem anderen Gerichtspersonal, außer manchen Beamten, welche, obgleich zu diesem Liebesdienste nicht verpflichtet, den Zug freiwillig vermehrt hatten, war sogar das Bürgermilitär ausgerückt und nahm seine Aufstellung in breiter Front vor dem Schafott.

Die Verurteilte saß aufrecht im Wagen. Auch jetzt noch zeigte sich auf ihrem unbeweglichen Gesicht keine Spur von Aufregung.

Sie war einen flüchtigen Blick nach dem Richtplatz hinauf, wo der Scharfrichter sie mit seinen Gehilfen bereits erwartete, sprach noch einige Wort mit dem Geistlichen, hob sich rasch und hoch empor und verließ den Wagen. Beim Aussteigen streichelte sie ein wenig über ihr Kleid, hob es aber sogleich auf und stieg vom Scharfrichter geleitet die Stiege hinauf. Der Geistliche blieb unten stehen. Er begleitete sie nicht. Nun begann sie doch etwas zu schwanken und unsicher zu werden. Kein Wunder. Die Todesschauer rieselten ja bereits durch ihre Glieder. Gleichwohl behielt sie den Körper in ihrer Gewalt. Als sie vor dem Schemel stand, faltete sie die Hände und während sie mit klarer Stimme das Nötige anordnete, steckte sie die Hände, wie zu sehn mit einigem Unwillen, in die Bande.

Der Ulmer Scharfrichter zeigte den blutigen Kopf der Menge, der sofort samt dem Leichname in den Kasten gelegt wurde. Nun bestieg Diakonus Mehl das Schafott und hielt eine Rede, in welcher er die Textesworte zu Grunde legte: »Wer steht, sehe zu, daß er nicht falle.«

Die Leiche wurde unter teilweiser Bedeckung nach Tübingen geführt, wo sich bei den Untersuchungen ergeben hat, daß die Enthauptete kaum mehr als 8 Tage zu leben gehabt hätte, ja, daß ihr Tod auf natürlichem Wege schon innerhalb 2-3 Tagen hätte erfolgen können. Der Herzbeutel war nämlich fast ganz mit Wasser angefüllt und die Füße hatten bereits angefangen aufzuschwellen. Der Körper war also schon im letzten Stadium der Schwäche und ward nur vom starken Geist noch aufrecht erhalten.

Nanette Ruthardt war 40 Jahre alt. Ihre Enthauptung war die letzte öffentliche Hinrichtung in Württemberg.

Esky Bail-Reck

## Henriette Arendt, Polizeiassistentin

Am 1.2.1903 erhält Henriette Arendt in Stuttgart als erste Frau in Deutschland eine Anstellung am Stadtpolizeiamt. Als Polizeiassistentin ist sie verantwortlich für die Betreuung und Überwachung der eingelieferten weiblichen Gefangenen und für deren Fürsorge nach ihrer Entlassung; was heißt: sie hat es vorwiegend mit Prostitution, Abtreibung, Kindesmißhandlung, mit Frauen- und Kinderelend, deren Ursachen und Folgen zu tun, Bereiche also, die, wenn überhaupt, bislang mehr schlecht als recht den Kirchen oblagen.

Über ihre Herkunft weiß man heute wenig und Ungenaues. Einer von vielen anonymen Briefen weist sie als »... hergelaufene Jüdin aus Königsberg ...« aus, die nach Stuttgart gekommen wäre, um sich »... durch Kuppelei und Unterschlagung zu bereichern ...« - wobei, bedenkt man die häufig angewandte Praxis, Andersdenkende/Andershandelnde als Juden zu denunzieren, nur der Hinweis auf Königsberg relevant sein kann. Verläßlichere Quellen belegen ihre Zugehörigkeit zur »Berufsorganisation der Krankenpflegerinnen Deutschlands« seit ca. 1895; sie war also Krankenschwester bei Dienstantritt, trug auch weiterhin Schwestern-Kleidung, wurde von ihren »Schützlingen« Schwester Henny genannt und war wohl eine Frau um dreißig, die sich mit Elan ihren neuen Aufgaben widmete.

Bereits im Jahre 1904 erscheinen erste Artikel in den hiesigen Blättern, die von der Not und dem Elend der ihr anvertrauten Frauen handeln, weitere folgen - sie hält Vorträge, publiziert im »Frauenberuf« einen ersten Jahresbericht, der vor allem auch die Notwendigkeit betont, als Frau in die von Männern besetzten staatlichen Institutionen zu gehen, um hier eher und besser den in Not geratenen »gefallenen Mit-Schwestern« helfen zu können; und beginnt (noch mit Zustimmung des Stadtschultheißenamtes) ihr erstes Buch »Bilder aus der Gefängniswelt« zu schreiben, dem sieben weitere folgen, und die heute, wenngleich in den Bäuchen der Bibliotheken vergessen, Zeugnis leisten können von den Kämpfen einer Frau um soziale Gerechtigkeit und eine menschlichere Zukunft.

## Prostitution

Die Schaffung einer Dienststelle, wie sie die Arendt innehatte und die wir heute »Sitte« nennen, war wohl kaum auf die Einsicht zurückzuführen, den Beruf für Frauen zu öffnen; Tatsache war, daß die wilhelminische Gesellschaft samt ihren Ordnungsorganen mit der Flut von wilder und reglementierter Prostitution, mit Geschlechtskrankheiten, unehelichen Kindern und dem sozialen Elend nicht mehr zu Rande kam.

Eine Situation, in der sich die Polizeiassistentin Arendt wiederfand, die zwar Zusammenhänge und Ursachen aufdecken konnte, aber kaum Möglichkeiten zur Lösung dieser Probleme sah.

So beschreibt sie 1907 in »Menschen, die den Pfad verloren«, wie zwangsläufig für die Mehrzahl der proletarischen Frauen der Weg in die Prostitution erfolgt:

»... *dem Beruf nach sind die meisten weiblichen Gefangenen größtenteils Kellnerinnen, Fabrikarbeiterinnen und Dienstmädchen ... die Mädchen, welche das Elternhaus verlassen, um einen Erwerb zu suchen, gehen in der Regel zuerst in einen Dienst. Dort gefällt es ihnen bald aus den verschiedensten Gründen nicht. Sei es, daß der Lohn (jährlich meistens 120 bis 240 Mark) ihnen zu gering, die Kost eine zu magere, die Arbeitszeit eine unbegrenzt lange ist, daß die Dienstherrin sie tyrannisiert, immer etwas zu tadeln findet, kurz die Mädchen fühlen sich unter diesen Verhältnissen nicht wohl und sehnen sich fort... die Gewohnheit, die Mädchen in einer kalten kleinen Dachkammer schlafen zu lassen, trägt auch dazu bei, sie immer mehr zu isolieren und mit ihrer sozialen Stellung unzufrieden zu machen.*

*Alle diese Umstände führen dahin, daß das Mädchen sich nach größerer Freiheit sehnt. Sie verläßt den Dienst und wird Fabrikarbeiterin. Jetzt ist sie zwar ihr eigener Herr, der Verdienst ist aber nur gering, etwa M 1.20 - 2.50 pro Tag. Davon muß sie nun Logis, Verpflegung und Kleidung zahlen. Am Sonntag will sie aber doch auch ein Vergnügen haben, sich hübsch kleiden, auf den Tanzboden gehen usw. Sie muß daher sparsam sein, um auch nur ein kümmerliches Dasein fristen zu können, und kann sich Vergnügungen nur erlauben, wenn sie Gelegenheitsprostitution treibt. Hat sie dann noch ein oder gar mehrere Kinder, so verschlimmert sich ihre Lage immer mehr. Es gibt zwar Wohltätigkeitsvereine, die ein solches Mädchen beim ersten Kinde unterstützen würden, verschiedene Anstalten, die gegen Verpflegungskosten Kinder aufnehmen. Sie ist aber gar nicht darüber orientiert, bringt ihre Kinder in Kosthäuser, wo sie unverhältnismäßig viel zahlen muß, oder verfällt gar der Anfechtung, Kindesmord zu verüben.*

*Aber auch ohne Kind genügt ihr der Verdienst als Fabrikarbeiterin bald nicht mehr. Sie wird jetzt nebenher Aushilfs-Kellnerin. Dafür erhält sie an einem Abend vom Wirt etwa M 1.50 und das Essen, verdient ebensoviel an Trinkgeldern, am Sonntag ca. 4 M mit Trinkgeld, je nach Lokal. Einige Zeit treibt sie dies nur neben ihrem Beruf als Fabrikarbeiterin. Der bessere Verdienst lockt sie dann aber, sich ganz dem Kellnerinnen-*

*beruf zu widmen. Wenn sie in einem besseren Lokal angestellt ist, kann sie bis M 10 täglich an Trinkgeldern verdienen.*

*Als Kellnerin wird sie mehr noch, wie als Dienstmädchen und Fabrikarbeiterin, von den Männern als »Freiwild« betrachtet. Galt sie bisher nur als minderwertiger Mensch, der für so manchen Haus- resp. Fabrikherrn jede Zeit »zu Diensten« stehen sollte, so wird sie als Kellnerin ganz als käufliche Ware angesehen. Verführung, reichlicher Alkoholgenuß, mangelnder Familienrückhalt, ein natürliches Liebesbedürfnis, bringen sie bald auf die abschüssige Bahn. Zuerst hat sie ein Verhältnis. Nachdem der erste Liebhaber sie verlassen, »tröstet« sie der nächste und so verfällt sie auf diesem Wege nur zu leicht der Prostitution ...«*

Wie häufig diese Entwicklung der Realität entspricht, zeigen mehrere Beispiele in diesem Band, unter anderem das eines siebzehnjährigen Dienstmädchens vom Lande, welches in Abwesenheit der Hausfrau vom Herrn »verführt« worden war, und, nachdem es dies in ihrer Naivität der Herrin gestanden hatte, auf der Stelle entlassen wurde.

*»... das Mädchen wagte nicht nach Hause zu gehen. Sie wollte sich in ihrer Verzweiflung das Leben nehmen und ging gegen Abend nach Cannstatt, um in den Neckar zu springen. Unterwegs sprach sie ein Herr an. Er war sehr freundlich und lud sie ein mit ihm zu Abend zu essen. Sie nahm hocherfreut an. Er schenkte ihr ziemlich viel Wein ein, nahm sie dann mit in seine Wohnung. Am folgenden morgen stand sie wieder auf der Straße. Es fanden sich noch mehr »freundliche Herren« und nach 2 Tagen schon wurde sie als Prostituierte auf der Polizei eingeliefert ...«*

Der Zusammenhang von sozialem Status und Prostitution, der ohnmächtige Versuch »minderbemittelter« Mädchen und Frauen, sich durch Arbeit materielle Selbständigkeit und Unabhängigkeit zu schaffen, und der so oft in der Prostitution endete, war sicher weder auf Stuttgart noch auf die Zeit beschränkt. Im März 1850 beschreibt die »Frauenzeitung« das Elend der Berliner Dienstmädchen, die gleich einem Sklavenmarkt auf den Stufen des Schauspielhauses auf Unterhändler harrten, die sie, sobald die Not sie dazu trieb, in unwürdige und schlechtbezahlte Stellungen verschacherten. Den Mädchen, die die Not vom Land in die Stadt getrieben hatte, blieb meist keine andere Wahl als in solchen Diensten 'aufzugehen'.

Bei Theweleit findet sich der Hinweis, daß noch 1926 von den registrierten Prostituierten Wiens ca. 70 % Dienstmädchen, Fabrik- und Hilfsarbeiterinnen waren.

Unter solchen Verhältnissen war die Lage der proletarischen Frauen nahezu ausweglos, die einzige Möglichkeit, aus dem Milieu auszubrechen und wenigstens in gewissem Maße soziale Anerkennung zu erlangen, bot sich in der wilhelminischen Gesellschaft nur durch Heirat.

Untersucht man diesen 'Strohhalm' vor der Folie, daß Frauen nicht heirateten, sondern geheiratet wurden, daß für viele Männer durch die fortschreitende Industrialisierung zwar die Möglichkeit einer erweiterten Frauenwahl geschaffen wurde, die finanzielle Situation es jedoch kaum erlaubte, eine Familie zu gründen, daß 'Scheidung' mehr und mehr von Männern praktiziert wurde, daß nach einer Volkszählung im Jahre 1900 in Deutschland 44 % der Frauen zwischen 18 und 40 Jahren unverheiratet waren (und dies bei einer gesellschaftlichen Moral, für die die ledige Frau »ein nationales Unrecht, fast so schlimm wie die Prostitution« darstellte), - leuchtet erst so richtig ein, in welch ohnmächtiger Lage sich vor allem die proletatische Frau um die Jahrhundertwende befand.

Henriette Arendt, dem ausgesetzt und, anders als ihre weniger vergessenen Streiterinnen für die Sache der proletarischen Frau, um praktische Möglichkeiten bemüht (weil nicht nur mit soziologischen Material, sondern mit den leibhaftigen Opfern konfrontiert), beginnt zu schreiben um anzuklagen, aber auch um Mittel zur tätigen Hilfe in die Hände zu bekommen. Sie bricht mit den Unzulänglichkeiten bislang praktizierter »Nächstenliebe« der kirchlichen Rettungsvereine und »fürstlich« protegierten Wohlfahrt-Clubs, setzt sich vehement für eine staatliche Verantwortlichkeit ein (in diesem Zusammenhang zitiert sie: »... ihr führt ins Leben uns hinein/ihr laßt den Armen schuldig werden/dann überlaßt ihr ihn der Pein ...«) und realisiert mit bescheidenen Mitteln ihr »Vorasyl«, das sie zuerst in ihrer Zweizimmerwohnung, später mit einer Freundin und Mitschwestern in einer größeren Mietwohnung einrichtet, um den entlassenen Frauen wenigstens eine »Verschnaufpause« zu ermöglichen, bevor sie wieder, zerrissen zwischen Zuhälter, Armut und »Gerechtigkeit«, vom Leben gebeutelt werden.

*»... die Straßendirnen wandern von einem Gefängnis ins andere. Auch hier gilt wiedermal der Grundsatz: die kleinen Diebe hängt man, die großen läßt man laufen. Je vornehmer die Dirne ist und je vornehmer ihre Kundschaft, umso weniger wird sie von der Polizei belästigt, die arme, in Fetzen dahinschreitende Fabrikarbeiterin dagegen, ist eine leicht zu erhaschende Beute für jeden Schutzmann ...«*

*»... nicht damit ist den im Erwerbsleben stehenden Frauen geholfen, daß sie durch Fürsorgevereine ständig am Gängelband geführt werden, sondern es muß in ihnen das Selbständigkeitsgefühl geweckt werden, damit sie anfangen ihre Berufsinteressen selbst zu vertreten und an der*

*Hebung ihres Standes, Erhöhung der Löhne, Herabsetzung der Arbeitszeit usw. mitarbeiten ...«*

In Folge ihres Engagements konstituieren sich Kellnerinnenvereine, Dienstmädchen- und Gasthofgehilfinnen, Versammlungen reichen Forderungen an das Reichsamt des Inneren ein, Heime für erwerbstätige Frauen werden gegründet und nach »Stuttgarter Modell« auch in anderen Städten ins Leben gerufen. Und doch ist ihre Arbeit mühselig, stößt kaum auf Resonanz. Sie weiß um ihr hilfloses Helfen, weiß, daß sie nur Nischen für wenige und für kurze Zeit schaffen kann, und stemmt sich doch mit aller Kraft gegen die Zwänge dieser Gesellschaft - empört sich gegen die Ungerechtigkeit, die ihr auf Schritt und Tritt begegnet.

*»... Männer, die oft Dutzende von solchen Mädchen auf dem Gewissen haben, werden aber in keiner Weise von der Polizei behelligt. Nur das Weib ist es, das eingefangen und bestraft wird, der Mann, der Mitschuldige, oft der Verführer, geht frei aus, ja die Polizei bedankt sich noch bei ihm, wenn er ihr in niedriger Weise denunziert, mit welchem Mädchen er verkehrt und wieviel er bezahlt hat. Das ist das vielgerühmte Aufsichtssystem der Polizei über die »wilde« Prostitution ... Mädchen, die auf solche Art, ohne sich viel Böses bei Begehung ihres Verschuldens gedacht zu haben, zum ersten mal Bekanntschaft mit den Organen der Polizei und der Justiz machen, werden aller guten Charaktereigenschaften dadurch entkleidet. Sie haben die berechtigte Empfindung, daß der Staat ihnen ein Unrecht zufügt, indem er sie wie moralisch Aussätzige behandelt, während ihre Verführer, die eigentlich Schuldigen, unbehelligt läßt, ... die Fürsorge des Staates für die »reglementierten« Prostituierten, d.h. für diejenigen, welche sich den polizeilichen Vorschriften fügen, ist eine ganz andere. Nicht nur, daß diese Frauen nicht gestraft werden, sie erhalten sogar einen Gewerbeschein von der Polizei, damit sie ihr Gewerbe ungeniert ausüben können. Der Staat sorgt, daß diese Mädchen geeignete Wohnungen erhalten und breitet seinen schützenden Arm über sie aus .... dafür ist die »reglementierte« aber auch ganz die Sklavin der Polizei: ein solches Mädchen darf nie ihr Fenster öffnen, sie darf gewisse Straßen nicht betreten, sie darf kein Theater besuchen, nicht im offenen Wagen fahren, nach sechs Uhr abends nicht ausgehen - kurz alles wird ihr verboten, nur zum Unzucht treiben hat sie die Genehmigung. Und warum nimmt sich der Staat so der »reglementierten« an? Weil der Mann nach der Meinung des Staates Geschlechtsverkehr braucht und weil sich der Staat verpflichtet fühlt für die Bedürfnisse seiner Bürger zu sorgen, nicht zuletzt, weil der Wüstling eine Gelegenheit zum Ausüben seiner Perversitäten haben muß ...*

*Die Reglementierung ist ein Hohn auf unsere ganze Zivilisation, ein Schandfleck unserer Kultur! Man muß sich nur wundern, daß die*

*Frauen gegen diese schreiende Ungerechtigkeit nicht schon lange protestiert haben. Diese Handhabung des Gesetzes ist eine Schmach für das ganze Frauengeschlecht. Wenn die Frauen sich nicht durch anerzogene Prüderie bisher so wenig um das Wohl ihrer gefallenen Mitschwestern gekümmert hätten, so würden wir heute wohl schon ganz andere Sittengesetze haben. Wenn eine sittliche Hebung des Volkes angestrebt werden soll, wenn wir bessere moralische Zustände haben wollen, weniger Zuhälter, weniger Prostituierte, so muß vor allem die herrschende Anschauung von der doppelten Moral für Mann und Frau fallen. Es gibt nur eine Moral, sie ist die gleiche für Mann und Frau. Keine Sittenlehre, keine Religion lehrt eine doppelte Moral. - Die Fürsorge des Staates muß eine andere werden. Er muß erzieherisch auf die heruntergekommenen Menschen einwirken, umfassende Maßnahmen zu ihrer Hilfe treffen, statt sie immer weiter in den Sumpf hineinzuziehen ...«*

Trotz der scheinbaren Aussichtslosigkeit sucht sie nach Ansätzen, die Not zu lindern.

### Kinder

Ein Schlüsselerlebnis für ihre weitere Arbeit ist für sie wohl ein Ereignis im Juni 1906. Sie wird vom Gemeinde-Waisenrat als Waisenpflegerin für einen drei Monate alten Säugling eingesetzt, dessen Mutter aufgrund mieser sozialer Verhältnisse und somit bedingtem Lebenswandel, selten zuhause ist und das Kind völlig vernachlässigt. Sie findet denn auch haarsträubende Verhältnisse vor:

*»... in der schmutzstarrenden Stube spielten einige ganz verwahrloste Kinder. Der Säugling befand sich in einem Korbe in unbeschreiblichem Zustand. Es hatte den Anschein, als ob er noch nie gereinigt worden wäre. Das Bettchen strömte einen furchtbaren Geruch aus, das Kind schien schwerkrank; es atmete mit großer Anstrengung, in den halb offenen eiternden Augen saßen eine Menge Fliegen, neben dem Kissen lag eine Flasche mit saurer dicker Milch ...«*

Sie versucht noch am gleichen Tage einen Arzt zu dem Kind zu senden, um dieses in das Olgahospital einweisen zu lassen. Aber der Repräsentant des Gemeinde-Waisenrats fordert einen schriftlichen Bericht, der Waisenarzt hat keine Zeit (»... in den nächsten Tagen einmal danach sehen ...«), den Stadtarzt, bzw. dessen vorgesetzte Behörde »geht der Fall nichts an«. Als sie Tage später unter Drohungen einen Arzt auftreibt und ihn in die Wohnung schleppt, finden sie nur noch die bis zum Skelett abgemagerte kleine Leiche.

Erfahrungen dieser Art mehren sich. In »Menschen, die den Pfad verloren« beschreibt sie den Fall eines Kindermädchens, das vergewaltigt wurde, und, da eine Abtreibung untersagt war, Zwillinge zur Welt brachte. Das Mädchen, völlig allein und mittellos, wußte sich in ihrer Verzweiflung nicht anders zu helfen, als daß sie den Kindern Lutschpfropfen in den Hals steckte um sie zu ersticken, oder sie flehte inständig vor ihren Bettchen: »Wilhelmle, Monikale, sterbt doch scho endlich, was tut ihr auch auf dere Welt, beim liebe Heiland habt ihr's ja viel besser, geht, macht eurer Mutter die Freid und werdet Engele ...«.

Bei einer Frau, die es überhaupt wagt, in der Öffentlichkeit aufzutreten und Kritik zu äußern, wundert es nicht, daß die Ressentiments, denen sie allenthalben ausgesetzt ist und die sie, wo es ihr um »die Sache« geht, auch provoziert, in Schikanen, Schmähungen und Disziplinierung umschlagen. Einige Tage nach einem Vortrag mit dem Titel »mehr staatliche Fürsorge für Gefallene und Gefährdete. Der beste Weg zur Bekämpfung der Geschlechtskrankheiten« am 1.2.1907, wird eine Untersuchung wegen schwerer Beleidigung der Behörden und Verletzung des Amtsgeheimnisses gegen sie eingeleitet.

Zunächst wird ihr noch mündlich bedeutet, daß eine Beamtin wie sie in den Annalen der städtischen und staatlichen Behörden von ganz Württemberg noch nicht dagewesen sei. Tage später wird ihr ein Schreiben des Stadtschultheißenamtes unterbreitet:

*»An das Stadtpolizeiamt,*

*es wäre dringend erwünscht, daß die Arendt mit laufenden Geschäften so bedacht würde, daß sie keine Zeit dazu findet, lange Zeit hindurch den Annoncen in den Tageszeitungen nachzugehen. Dafür hat sie der Gemeinderat nicht angestellt, ganz abgesehen davon, daß diese Adoptionsgeschichten eine altbekannte Misere sind. Das mißliche bei der Sensationsschriftstellerei der Arendt ist das, daß sie regelmäßig dabei ihrer amtlichen Eigenschaft als »Polizeiassistentin in Stuttgart« krebsen geht und so die Stadt Stuttgart in den Verruf bringt, als ob alles, was sie findet, spezifisch stuttgarterisch ist. - Mir persönlich vollständig gleichgültig, aber in weiten Kreisen mißfällig bemerkt ist auch das, daß sie, wie keine andere irgendwo und irgendwie beamtete Person fortgesetzt Material zur Schlechtmachung der bestehenden Gesellschaft liefert. Jeder andere Polizeibeamte usf. könnte das ebenso gut, alle anderen sind zu taktvoll dazu und - zu gut dienstlich gezogen.*
*Stadtschultheißenamt*
*15.8.1907                                                    gez. Gemeinderat Dr. Rettich*

Diesen Vorwürfen kam sie noch entschieden und aufmüpfig entgegnen.

Sie schreibt zurück, daß dies keine Vorwürfe für sie seien, denn, wenn es mehr Beamte gäbe, die weder Disziplinarverfahren noch Entlassung fürchteten, sondern entschieden für ihr Amt enträten, so würde nicht nur in Württemberg, sondern im ganzen deutschen Reiche mit dem engherzigen Bürokratismus aufgeräumt werden, und es würde nicht mehr so viel Jammer und Not unter den mißhandelten Proletarierkindern geben. Zu dem Passus, daß sie »fortgesetzt Material zur Schlechtmachung der bestehenden Gesellschaft liefere«, bemerkt sie, daß dies nicht unbedingt in ihrer Absicht läge.
»*Wenn die Natur des Materials diese Wirkung hat, so liegt es nicht in meiner Macht, das zu ändern*«.

Aber die Auseinandersetzung mit den Vorgesetzten und der Stadt beginnt Kreise zu ziehen.

Von nun an wird ihre Stellung in Stuttgart systematisch untergraben. Sie wird aus dem Pflegeschwesternverband ausgeschlossen. Die Vorsteherin, die sich eine Frauenrechtlerin nennt und eine Frauenzeitschrift redigiert, mißbilligt nicht nur ihre Arbeit nebst Schriftstellerei, sondern vor allem auch, »*daß sie in ihren Angriffen sogar sehr hochgestellte Persönlichkeiten nicht schone*«. Es wird ihr dienstlich eröffnet, daß sie alle die Tätigkeit irgendwie betreffenden, ein- und auslaufenden Briefe täglich einem bestimmten Polizei-Kommissär vorzulegen habe, welcher sie dann nach Durchsicht und Einverständnis dem Herrn Amtsvorstand in den Einlauf bringen werde. Kurz danach hat sie sämtliche an sie adressierte und von ihr geschriebenen Briefe vorzulegen.

So etwas »*will sie sich nicht gefallen lassen*« Sie droht mit einer Anzeige, falls es das Stadtpolizeiamt wagen sollte »*auch nur einen einzigen Brief von mir zu öffnen*«. - Weitere Schikanen sind die Folge.

Die Flut eingehender anonymer Schmähbriefe, die sie der Kuppelei und Unterschlagung bezichtigen, von der »*Jüdin die nur froh ist, wenn sie den Judenbeutel voll hat*«, handeln, werden zum Anlaß genommen, weitere Verhöre durchzuführen. Sie hat nun 40 - 60 sogenannte Anhörungen über sich ergehen zu lassen, die samt und sonders einer Grundlage entbehren und die folglich auch keine strafrechtlichen oder diziplinarischen Resultate ergeben.

Müde und auch gesundheitlich mittlerweile stark angegriffen, verlangt die Arendt ein ordentliches Verfahren, um »*ein für alle mal die G'schichte aus der Welt zu schaffen*«, was ihr jedoch bezeichnenderweise nicht bewilligt wird. Sie ist es leid, permanent Rechenschaft für ihr vergangenes wie präsentes Tun und Denken ablegen zu müssen und will sich doch nicht durch freiwillige Kündigung eine weitere Blöße zufügen lassen.

Dann wird ein weiterer Untersuchungspunkt gefunden, der, typisch für den Umgang mit Frauen, den unsittlichen Lebenswandel der Henriette Arendt zum Inhalt hat. Sie beschreibt ein solches Verhör:
»... zwei Tage später telefonierte Dr. A. bei mir an, ob ich mich »wohler« fühle und geneigt sei, ihn zu einer »privaten Rücksprache« auf meiner Kanzlei zu empfangen. Sofort bei seiner Ankunft bat er mich, diesen Besuch als »rein privaten« zu betrachten. »Meine Angelegenheit verfolge ihn Tag und Nacht.« Er habe vom Stadtschultheißenamt den Auftrag erhalten »Grund zu machen« und müsse als gewissenhafter Beamter diesem Auftrag nachkommen. Jetzt handele es sich hauptsächlich darum, daß von einwandfreier Seite behauptet werde, vor drei Jahren seien zwischen mir und Regierungsassessor B., der damals Polizeikommissär war, sehr bedenkliche Dinge passiert. Wenn ich der ganzen Angelegenheit nun nicht ein Ende mache, indem ich freiwillig kündige, so bliebe ihm nichts anderes übrig, als Assesor B. vorzuladen, und zu befragen. Stelle es sich heraus, daß B. ein Liebhaber von mir gewesen sei, so würde das Stadtschultheißenamt zweifellos noch andere Liebhaber ermitteln. In meinem eigensten Interesse rate er mir daher dringlich, es nicht zu diesen Enthüllungen kommen zu lassen ...«*

Sie entgegnete:
»... wenn man mal bei ihnen und den anderen Herren Beamten Grund machen wollte, darüber, wieviele Liebschaften sie haben, bzw. gehabt haben und wieviele Kinder sie etwa Alimente zahlen müssen! Ich glaube, wenn das bei den Herren Beamten ein Kündigungsgrund wäre, so würden nicht viele im Dienst bleiben.« Er: »Das ist bei einem Manne eben ganz etwas anders ...«
»... Assessor B. wurde wirklich darüber interpelliert und gab eidlich zu Protokoll, seine Beziehungen zu mir seien nur freundschaftlicher Natur gewesen. Er hätte sie nur aus Furcht so lange fortgesetzt, denn ich wäre eine ganz gefährliche Person, die immer Waffen und Gift bei sich trüge und schon ihren bissigen Hund auf ihn gehetzt hätte ...«

Sie fühlt sich nun tatsächlich außerstande, das endlose Verfahren in dieser Art weiterdurchzumachen. Sie nimmt sich einen Rechtsanwalt, der in ihrem Auftrag förmlich die Aufnahme eines Disziplinarverfahrens beantragt.
Wie gehabt, weist das Stadtschultheißenamt die Einleitung eines Verfahrens als »nicht möglich« ab.
Nachdem sich dann ein siebter Untersuchungsrichter findet, der neuen Aspekten im Fall Arendt nachgeht, läßt sie schließlich anfragen, warum das Stadtschultheißenamt ihr nicht kündigt, das sich doch soviel Belastungsmaterial angesammelt hat. In der Erwiderung heißt es: »... *eine Kündigung ohne Gründe ist nicht angängig. Sobald sich im Laufe der Verhandlung aber ein Grund zur Kündigung findet, so wird ihnen ge-*

*kündigt werden ...«*

Wochenlange Krankenhausaufenthalte und die Aussichtslosigkeit, sich wieder unbelastet ihrer Arbeit widmen zu können, lassen sie am 19.11.1908 schließlich kündigen, die ihr zustehende Pensionsberechtigung wird ihr verwehrt.

In den »Erlebnissen einer Polizeiassistentin« schreibt sie«

*»... wie mir mitgeteilt wurde, begnügt man sich im frommen Württemberg aber nicht damit, die »Hochstaplerin« und »Ketzerin« zu vertreiben, sondern auch mein Geist soll vertrieben werden. Die von mir begründete »Zufluchtsstätte für Frauen und Mädchen«, die jedes bedürftige Weib, ohne Unterschied der Konfession aufnahm und ohne Zwang religiöser Heuchelei, ist christianisiert worden. Nur solche Mädchen sollen aufgenommen werden, die sich »bekehren« wollen. Zur Schaffung solcher Zufluchtsstätten, »die im entschieden christlichen Sinne zu führen sind«, hat die Frau Herzogin Wera von Württemberg eine Summe von Mk. 160.000,- gestiftet ...«*

»... Ich klage an!«

*»j'accuse! mit diesen Worten begann einst Zola seine Anklageschrift gegen die Richter des zu Unrecht verurteilten Hauptmanns Dreyfuß. J'accuse! Ich klage an! Ich möchte dieses Wort an den Schluß dieser düsteren Kapitel setzen, denn eine Anklageschrift soll sie sein gegen die ganze menschliche Gesellschaft und durch sie gegen die Kirche und den Staat.*

*Ich klage die Kirche an, die obzwar jahrhundertelang darauf bedacht, das Seelenheil der Kinder durch das Sakrament der Taufe zu sichern ... es doch nicht zu verhindern wußte, daß unendlich vielen von diesen in ihren Schoß aufgenommenen Kindern hier auf Erden das unbarmherzigste Schicksal zu teil wird. - Hier genügt nicht, zu verurteilen, sondern hier muß das nötigste geschehen.*

*Ich klage an den Staat, dessen Gesetze allen Menschen Schutz und Recht verheißen sollen, und der doch eine Lücke in der Gesetzgebung hinterließ, durch deren Ausfüllung den Ärmsten und Hilfsbedürftigsten, den Kindern, Schutz gegen Tötung, Mißhandlung, Ausbeutung zu gewähren ist.*

*Ich klage an die ganze menschliche Gesellschaft, die fast täglich Zeuge ist von dem schrecklichen Los, das ein Teil von ihr, armen verlassenen Kindern bereitet und die so wenig noch getan hat, das Los der Kinder zu bessern, ihnen zu helfen, daß sie nicht mehr zu den Ausgestoßenen, zu den Vogelfreien gehören ...«*

Die das schrieb, ist längst vergessen, ihre Arbeit ist aufgegangen in den Wirren der Zeit, und doch wären selbst bescheidene soziale Errungenschaften ohne das Ringen einer Frau wie Henriette Arendt nicht denkbar. In den »Erlebnissen einer Polizeiassistentin« schreibt sie: »*...vielleicht kommt aber auch für das was ich wollte die Zeit. Bin ich selbst auch längst vergessen, was liegt daran! Bleibt nur eine Spur von meinem Wirken, so habe ich doch nicht umsonst gelebt und gekämpft!...*«

Und doch muß viel daran liegen, die Geschichte nicht nur den aufgeblasenen Kultur- und Kriegsträgern zu überlassen.
Menschen wie Henriette Arendt, die sehr unpopulär und mit ungleich mehr Courage und Engagement für ein Ändern der Verhältnisse sich einsetzen, gegen die tagtägliche Ungerechtigkeit stemmen, werden nur zu gern vergessen, die Spuren ihrer Arbeit getilgt und die Bedeutung eines Lebens bis zur Unkenntlichkeit verwischt; »Verniemandung« nennt Peter Paul Zahl einen solchen Prozess. Ab 1913 verliert sich ihr Leben, sie schreibt nicht weiter.

A. STRECKER


*Kinder mit Verziehungsschwierigkeiten*
*werden in Verziehungsheime gesteckt*

*Aber da die Kinder die Schwierigkeiten haben*
*also deren Verzieher unschuldig sind*
*ist das natürlich zwecklos*

*Es wäre besser die Verzieher*
*deren Kinder Verziehungsschwierigkeiten haben*
*in einem Heim vor den Kindern zu verstecken*

Petra Wolf

## Clara Zetkin

Als man Clara Zetkin auf dem dritten Weltkongreß der Kommunistischen Internationale im Jahr 1921 anläßlich ihres 64. Geburtstags als revolutionäre Kämpferin ehrte, wies sie in ihrer Dankesrede jedes Lob von sich. Sie meinte:
*»Genossen und Genossinen, was ich getan habe, war so selbstverständlich wie nur etwas. Ich habe immer nur meiner Natur gehorcht und verdiene dafür kein Lob. Und so habe ich der Revolution gedient, weil ich aus innerer Notwendigkeit der Revolution dienen mußte.«*
Diese Notwendigkeit, der Revolution zu dienen, hat sich bei Clara Zetkin, die am 5. Juli 1857 als Tochter eines Dorfschullehrers in Wiederau, einem kleinen Ort in der Nähe von Leipzig, geboren ist, schon sehr frühzeitig bemerkbar gemacht und sie in jeder Phase ihres Lebens zu einem Handeln veranlaßt, das durch einen beispiellosen Mut und durch eine beispiellose Unmißverständlichkeit in gleicher Weise gekennzeichnet ist wie durch eine frappierende Unbeirrbarkeit hinsichtlich der Konsequenzen, die es nach sich zog.
Bereits die erste politische Entscheidung, die sie traf, nachdem sie im Jahr 1878 in Leipzig eine Lehrerinnenausbildung im Lehrerinnenseminar der Frauenrechtlerin Auguste Schmidt mit dem Examen abgeschlossen hatte, nämlich die Entscheidung, sich trotz des gerade in Kraft getretenen Sozialistengesetzes für die Sozialdemokratische Partei zu engagieren, blieb alles andere als folgenlos. Clara Zetkin setzte sich mit diesem Schritt nicht nur den Repressalien der Polizei aus. Ihr Engagment für die Sozialdemokratische Partei, das nicht zuletzt auf den Einfluß des russischen Emigranten Ossip Zetkin, ihres späteren Lebensgefährten, zurückzuführen ist, hatte die Entzweiung mit der einflußreichen Leiterin des Leipziger Lehrerinnenseminars, der Frauenrechtlerin Auguste Schmidt zur Folge, die es von nun an unterließ, ihre aufmüpfige ehemalige Schülerin weiter zu fördern, so daß sich Clara Zetkin schließlich gezwungen sah, die schlechtbezahlte Stellung einer Hauslehrerin bei einem Unternehmer anzunehmen.
Allerdings blieb sie nicht lange Hauslehrerin. Kurz nachdem Ossip Zetkin wegen der Repressalien von behördlicher Seite Deutschland verlassen hatte, folgte sie ihm nach Paris, beschäftigte sie sich mit dem Studium des Marxismus, insbesondere mit der Analyse der Frauenarbeit, die Karl Marx im »Kapital« liefert.
In dieser Analyse verurteilt er zwar die Ausbeutung der Frauen aufs schärfste. Zugleich aber stellt er fest, daß die Arbeit der Frau »in gesellschaftlich organisierten Produktionsprozessen jenseits der Sphäre des Hauswesens« unter anderen ökonomischen Bedingungen, also im Sozialismus, die ökonomische Grundlage für eine höhere Form der Familie und des Verhältnisses der Geschlechter schaffe, eine Erkenntnis, die

Quelle: Landesbildstelle, Stuttgart

auch die Forderungen bestimmte, die Marx und Engels zur Frauenfrage für die 1. Internationale, die von ihnen gegründete erste internationale Arbeitervereinigung, aufstellten und durchsetzten. Diese Forderungen lauteten: kein Kampf für das Verbot der Frauenarbeit, wie das viele nichtmarxistische Arbeitervertreter damals forderten, sondern vielmehr gemeinsamer Kampf von Männern und Frauen gegen den Kapitalismus, verbunden mit dem Ringen um besondere Schutzbestimmungen für die Frau.

Clare Zetkin hat die Forderungen von Marx und Engels hinsichtlich der Frauenfrage ihr Leben lang mit unverminderter Vehemenz ihrerseits gestellt. Öffentlich tat sie dies zum ersten Mal anläßlich der Gründung der 2. Internationale im Jahr 1889.

Ihr Auftreten trug wesentlich dazu bei, daß sich der Kongreß für die Berufsarbeit der Frau erklärte und die Parteien verpflichtete, die Einbeziehung der Frauen und Mädchen in die sozialistische Bewegung durchzusetzen.

Eine solche Einbeziehung möglichst vieler Frauen und Mädchen in die sozialistische Bewegung war auch Clara Zetkins vorrangigstes Ziel. Um diesem Ziel näherzukommen, übernahm sie, nach dem Fall des Sozialistengesetzes nach Deutschland zurückgekehrt, die Redaktion der Zeitschrift: »Die Gleichheit«, eine Zeitschrift für die Interessen der Arbeiterinnen, die ein von Heinrich Wilhelm Dietz geleiteter sozialdemokratischer Verlag herausgab. Die Zeitschrift wurde rasch zum Motor der proletarischen Frauenbewegung. Sie enthielt Artikel über die Lage der Arbeiterinnen in Deutschland und in anderen Ländern. Sie belehrte ihre Leserinnen über die Grundbegriffe des Marxismus und über das Wesen der kapitalistischen Ausbeutung. Zudem bildete Clara Zetkin Arbeiterkorrespondenten und Arbeiterkorrespondentinnen aus. Funktionäre der Sozialdemokratischen Partei und der Gewerkschaften, Betriebsarbeiterinnen, Landarbeiterinnen, Dienstmädchen und proletarische Hausfrauen berichteten über die Lebensverhältnisse und Arbeitsbedingungen.

Im Jahr 1895 war die Zahl der ins Erwerbsleben einbezogenen Frauen auf 6.780.000 Millionen angeschwollen. Von diesen Frauen waren 1,5 Millionen in der Industrie, 2,7 Millionen in der Landwirtschaft und 1 Million als Dienstboten tätig. Die Arbeitstage dieser Frauen betrugen 11, 12, ja 16 bis 18 Stunden. Ihre Löhne machten zwei Drittel, oft nur die Hälfte der Männerlöhne aus. Viele von ihnen unterstanden nicht einmal der ohnehin unzureichenden Arbeiterschutzgesetzgebung. Viele arbeiteten eng aneinander gedrängt in dunklen Werkstätten, deren Luft vom Maschinenöl verpestet war. Die meisten hatten nach der Arbeit keine Aussicht auf einen Feierabend wie die Männer. Sie mußten zusätzlich die anfallende Hausarbeit verrichten.

Trotz dieser unerträglichen Lebensbedingungen war es für Clara Zetkin und ihre Mitkämpferinnen schwer, diese Frauen für die sozialistische Bewegung zu gewinnen. Sie neigten zur Schicksalsergebenheit und waren von ihrer Minderwertigkeit überzeugt. Zudem waren sie überaus bedürfnislos. Doch gerade in dieser Bedürfnislosigkeit sah Clara Zetkin keine Tugend. Vielmehr schrieb sie in einem Artikel mit dem Titel: »Schwierigkeiten der gewerkschaftlichen Organisation der Arbeiterinnen«:

*»Die unterbürtige Stellung der Frau in der Familie und der Gesellschaft hat diese verdammte Bedürfnislosigkeit großgezogen und nährt sie noch heute, und das Kapital beutet sie aus. Der Unternehmer schätzt es als eine kostbare Tugend der Arbeiterinnen, daß sie so kulturwidrig bescheiden und anspruchslos sind, mit weit weniger ihren Unterhalt bestreiten, als ihre Brüder der Fron. Diese Genügsamkeit ist ja die Quelle fetter kapitalistischer Profite.«*

In ihrer Bemühung, die Arbeiterinnen zu organisieren, war Clara Zetkin unermüdlich. Sie war entscheidend daran beteiligt, daß nach dem Fall des Sozialistengesetzes im ganzen Land sogenannte Frauenagitationskomissionen ins Leben gerufen wurden, die die Aufgabe hatten, die Arbeiterinnen aus ihrer Lethargie zu reißen, ihnen ihre Lage beuwßt werden zu lassen und sie für die proletarische Frauenbewegung zu gewinnen. Zumal in Berlin, aber auch in Dresden, Leipzig und Hamburg entstanden Zentren der proletarischen Frauenbewegung, die allerdings ihre politische Arbeit keineswegs unbehelligt ausüben konnten.

Ausgehend von Preußen und Bayern setzte sehr rasch im ganzen Land eine Verfolgungswelle der Reaktion gegen die proletarische Frauenbewegung ein. Überall erfolgten Versammlungsauflösungen. Überall wurden die Frauenagitationskommissionen verboten. Überall kam es zu Verhaftungen und zu Prozessen, in denen oft ganze Vereine vor Gericht gestellt wurden. Auch wurden die Frauen aus Gewerkschaftsversammlungen ausgewiesen.

Zu derartigen Maßnahmen ermächtigten die Behörden in den meisten deutschen Ländern gesetzliche Bestimmungen, die mehr oder weniger den Bestimmungen des Preußischen Vereinsgesetzes entsprachen, dem zufolge politischen Vereinen die Aufnahme von Frauen, Schülern und Lehrlingen verboten war. Außerdem untersagte das Preußische Vereinsgesetz den Frauen die Teilnahme an Versammlungen und Sitzungen, in denen politische Gegenstände behandelt wurden.

Die proletarischen Frauen setzten sich tapfer gegen diese Repressalien zu Wehr. Sie legten gegen jedes Gerichtsurteil Berufung ein und arbeiteten illegal weiter. Clara Zetkin traf sich mit den Mitgliedern der Agitationskommissionen in Proletarierküchen. Sie feuerte sie an, für ihr Recht auf Teilnahme am politischen Leben zu demonstrieren. Obwohl ihre Kräfte durch eine Herzkrankheit stark beeinträchtigt wurden, die oft dazu führte, daß sie auf politischen Versammlungen ohnmächtig zusammenbrach, unternahm sie Versammlungstourneen, die sie durch das ganze Land führten.

Wo immer sich ihr eine Gelegenheit bot, wo immer ihr ein Forum zur Verfügung stand, vertrat Clara Zetkin die Sache der proletarischen Frauen. Sie vertrag sie beispielsweise auf dem Internationalen Arbeiterkongreß, der im Jahr 1893 in Zürich tagte. Dort gehörte sie der Kommission an, die jenes Programm ausarbeitete, das im wesentlichen zur Grundlage der späteren Politik der Sozialisten hinsichtlich der Frauenfrage geworen ist. Es forderte unter anderem den Achtstundentag, gleichen Lohn für gleiche Leistung, eine Schonzeit für Schwangere und die Einbeziehung aller bis dahin ungeschützten Frauen in die Schutzgesetzgebung.

Auch auf den sozialdemokratischen Parteitagen vertrat Clara Zetkin die Sache der proletarischen Frauen. So hielt sie auf dem Parteitag der Sozialdemokraten im Jahr 1896 erstmalig ein Referat über die Agitation unter den werktätigen Frauen. Das Referat ist in diesem Zusammenhang insofern von Bedeutung, als sich Clara Zetkin darin ausführlich mit den Unterschieden zwischen der proletarischen und der bürgerlichen Frauenbewegung auseinandersetzte. Zwar bezeichnete sie die gesamte Frauenfrage als ein Kind der kapitalistischen Produktionsweise, die dank der maschinell hergestellten, billigen Konsumartikel die alte Familienwirtschaft, die zuvor der Masse der Frauen Lebensunterhalt und Lebensinhalt gewährt hatte, in Trümmer geschlagen hatte. Doch betonte sie zugleich, daß es keine einheitliche Frauenbewegung gäbe, weil die Gründe, die bürgerliche und proletarische Frauen in den Kampf um Gleichberechtigung trieben, völlig verschieden seien. Clara Zetkins Ausführungen zufolge verlangte die bürgerliche Frau, die gleiche Berufsausbildung und gleiche Berufstätigkeit für beide Geschlechter forderte, im Gegensatz zur Proletarierin, die dank der Fabrikarbeit längst ökonomisch selbständig geworden war, nicht etwa nur ihr eigenes Brot. Sie wollte sich vielmehr geistig ausleben und ihre Individualität entfalten und entfesselte mit dieser Forderung einen Interessengegensatz zwischen Frauen und Männern.

*»Die Konkurrenz der Frauen in den liberalen Berufen ist die treibende Kraft für den Widerstand der Männer gegen die Forderungen der bürgerlichen Frauenrechtlerinnen,«* meinte Clara Zetkin und sie kennzeichnete damit die bürgerliche Frauenbewegung als eine zwar berechtigte, aber begrenzte Bewegung, die, auf dem Boden der kapitalistischen Ordnung stehend, die Interessen der bürgerlichen Frauen vertrat, die jedoch nicht das Recht hatte, sich, wie es nicht selten aus einem verschwommenen Mitgefühl geschah, als Interessenvertreterin der Arbeiterinnen aufzuspielen. Denn Clara Zetkins Ausführungen zufolge war die proletarische Frauenbewegung im Gegensatz zur bürgerlichen eine Bewegung, die keinen Konkurrenzkampf gegen den Mann führte. Sie meinte vielmehr:

*»Für die proletarische Frau ist es das Ausbeutungsbedürfnis des Kapitals, unaufhörlich Rundschau zu halten nach den billigsten Arbeitskräften, das die Frauenfrage geschaffen hat ... Deshalb kann der Befreiungskampf der proletarischen Frau nicht ein Kampf sein wie der der bürgerlichen Frau gegen den Mann ihrer Klasse; umgekehrt, es ist der Kampf mit dem Mann ihrer Klasse gegen die Kapitalistenklasse.«*
Obwohl diese Abgrenzung von der bürgerlichen Frauenbewegung an Deutlichkeit nichts zu wünschen übrig läßt, fehlen ihr noch der polemische Charakter und die Schärfe, die in dem als Fragment hinterlassenen Werk: »Zur Geschichte der proletarischen Frauenbewegung Deutschland« zutage tritt, das Clara Zetkin in ihren letzten Lebensjahren verfaßte. Voller Hohn berichtet sie in diesem Werk über die erste Deutsche Frauentagung, die im Jahr 1865 unter der Leitung der Frauenrechtlerin Louise Otto-Peters und ihrer Schülerin, der bereits erwähnten Auguste Schmidt in Leipzig stattfand. Ihren Spott erregte vor allem ein Antrag der Frauenrechtlerinnen, in dem die Arbeit als eine Pflicht, eine Ehre und ein Recht des weiblichen Geschlechts bezeichnet wurde. Clara Zetkin stellte diesem Antrag die Wirklichkeit entgegen, mit der sich die Proletarierinnen konfrontiert sahen. Sie schrieb:
*»... Das Elend der Arbeiterfamilie und die wirtschaftlichen Fortschritte enthoben die Proletarierinnen jenes Kampfes um das 'Recht' und die 'Ehre' der Arbeit, für sie bestand nicht die 'Pflicht', nein, der grausamste Zwang zur Arbeit.«*

In der Gründung des ersten Deutschen Arbeiterinnenvereins unter der Leitung von Louise Otto-Peters, der es sich zum Ziel gesetzt hatte, die Lage der Arbeiterinnen durch belehrende und unterhaltende Vorträge und durch soziale Hilfe zu heben, sah Clara Zetkin das Bestreben liberaler Kräfte, das Proletariat im «Pferch der bürgerlichen Demokratie festzuhalten«, wie sie es hieß.
Allerdings ist es nicht so, daß Clara Zetkin kein gutes Haar an der bürgerlichen Frauenbewegung gelassen hätte. Sie erkannte das fortschrittliche Moment durchaus an, das in der Betonung der Bedeutung lag, die die bürgerliche Frauenbewegung der Berufsarbeit der Frau für die Gleichberechtigung mit dem Mann zuschrieb. Sie leugnete auch nicht den fortschrittlichen Charakter, der der Forderung der bürgerlichen Frauenbewegung nach politischen Rechten der Frau sowie ihrer Bemühung innewohnte, die Vorurteile von der Minderwertigkeit der Frau abzubauen. Zugleich grenzte Clara Zetkin in ihrem Werk die bürgerliche und die proletarische Frauenbewegung noch entschiedener und präziser voneinander ab, als sie es seinerzeit auf dem Parteitag der Sozialdemokraten getan hatte. Sie bezeichnete die Behauptung der Frauenrechtlerinnen, daß die Verwirklichung der Forderung nach Gleichwertung und Gleichstellung der Frau mit dem Mann für alle Frauen unterschiedslos die gleiche befreiende Wirkung hätte, schlichtwegs als falsch und

schrieb dann weiter:
»Die Frauenrechtlerinnen sehen nicht... die für volle soziale, menschliche Freiheit oder Sklaverei entscheidende Tatsache, daß die bürgerliche Gesellschaft... durch den unüberbrückbaren Klassengegensatz von Bourgeoisie ud Proletariat gespalten ist in Ausbeutende und Herrschende auf der einen Seite und Ausgebeutete und Beherrschte auf der anderen. Die Zugehörigkeit zu der einen oder der anderen Klasse ist letzten Endes ausschlaggebend für die Lage, die Lebensgestaltung der Frauen und nicht ihre Gemeinschaft als Geschlecht...«
Die Art und Weise, in der sich Clara Zetkin mit der bürgerlichen Frauenbewegung auseinandersetzte, läßt an Schärfe nicht nur nichts zu wünschen übrig. Ihre Argumentation verrät darüber hinaus die geschulte Marxistin. Clara Zetkin ist ihren Lehrmeistern Marx und Engels sowie in späteren Jahren Lenin immer treu geblieben. Als eine unbeirrbare Marxistin erwies sie sich jedoch nicht allein hinsichtlich der Frauenfrage. Sie zählte auch zu denjenigen, die den Revisionisten innerhalb der Sozialdemokratischen Partei sehr frühzeitig den Kampf ansagten. Bereits im Jahr 1889, als ihr Kreis noch verhältnismäßig klein war, forderte sie vom Parteitag die Zurückweisung der Auffassung Eduard Bernsteins, der die Meinung vertrat, daß sich der Sozialismus ohne die Machtergreifung der Arbeiterklasse im Rahmen der bestehenden kapitalistischen Ordnung durch einen allmählichen Ausgleich der ihr innewohnenden Widersprüche und durch eine politische Demokratisierung des kapitalistischen Staats verwirklichen lasse.

Selbstverständlich wurde ihr wiederholtes Eingreifen zugunsten der Wahrung des klassenkämpferischen Charakters der Partei von den Revisionisten keineswegs ohne Gegenmaßnahmen hingenommen. Als sie trotz der Entschiedenheit, mit der Clara Zetkin gemeinsam mit Rosa Luxemburg, Karl Liebknecht und Franz Mehring die Umwandlung der SPD in eine bürgerliche Reformpartei zu verhindern suchten, die Oberhand gewonnen hatten, holten sie zu einem Schlag gegen ihre vehemente Widersacherin aus. Nach der Abspaltung der USPD, der Clara Zetkin kurzfristig angehörte, ehe sie im Jahr 1919 in die gerade gegründete Kommunistische Partei Deutschlands eintrat, wurde sie vom Vorstand der SPD als Redakteurin der Zeitschrift »Die Gleichheit«, die sie 25 Jahre lang redigiert hatte, fristlos entlassen. Diese Entlassung erfolgte im Jahr 1917, also zu einer Zeit, da der 1. Weltkrieg längst im vollen Gange war, zu einer Zeit, da sich die SPD-Führung längst mit den imperialistischen Kriegszielen der reaktionären Kräfte im Deutschen Reich identifiziert hatte, zu einer Zeit, da Clara Zetkin als Friedenskämpferin längst in einen nicht zu vereinbarenden Widerspruch zur offiziellen Politik der sozialdemokratischen Parteiführung stand.

Schon sehr frühzeitig hat Clara Zetkin die nationalistischen Tendenzen innerhalb der SPD bekämpft. Als Gustav Noske im Jahr 1907 anläßlich

einer Militärdebatte im Reichstag versicherte, die Sozialdemokraten würden ihr Vaterland begeistert verteidigen, erwiderte sie ihm in einem Artikel mit dem Titel: »Unser Patriotismus«:
»Die... Nationalitätsgemeinschaft ist in den modernen Gesellschaftssystemen keine Kraft, welche die Klassenunterschiede aufhebt..., um Arme und Reiche..., Knechte und Herren als ein einzig Volk von Brüdern zusammenzuschweißen... Dank der herrschenden bürgerlichen Ordnung stehen die besitzenden Klassen den werktätigen Massen in der Machtposition von Eroberern... gegenüber... Kein Nationalitätsprinzip hindert sie daran, diese ihre Macht zu gebrauchen und zu mißbrauchen...«
Als die Sozialdemokratische Parteiführung die Kriegskredite bewilligte, gehörte Clara Zetkin zu den Parteiführern, die sich im Ausland öffentlich von der Politik der SPD abgrenzten. Auch entwarf sie anläßlich der Internationalen Frauenkonferenz, die im Jahr 1915 in Bern stattfand, eine Resolution, die als das sogenannte »Berner Flugblatt« in die Geschichte eingegangen ist. In diesem Flugblatt heißt es:
»Nicht die Verteidigung des Vaterlandes, seine Vergrößerung ist der Zweck dieses Krieges... Die Arbeiter haben durch diesen Krieg nichts zu gewinnen, wohl aber alles zu verlieren, was ihnen lieb und teuer ist...«
Das Flugblatt wurde in Deutschland in einer Auflage von 200.000 Exemplaren illegal verteilt. Clara Zetkin wurde allerdings wegen versuchten Landesverrats verhaftet. Man entließ sie zwar bald wieder aus der Haft. Die Anklage wurde jedoch aufrechterhalten. Als Grund für ihre Entlassung wurde ihr Gesundheitszustand angegeben.
Tatsächlich war der Gesundheitszustand der damals Achtundfünfzigjährigen seit langem schon bedenklich. Clara Zetkin litt nämlich nicht nur unter einer Herzkrankheit. Es machte ihr auch ein Augenleiden zu schaffen. Später führte eine Malaria-Infektion zu häufigen Malaria-Anfällen, schließlich mußte sie wegen eines erfrorenen Fußes am Stock gehen. Doch dachte Clara Zetkin nicht daran, sich zu schonen. Mit einer unbezwingbaren Willenskraft kam sie den Aufgaben nach, die sich ihr im Lauf der Zeit in ihrer Funktion als Mitglied des Zentralkomitees der KPD, als Mitglied des Exekutivkomitees der Kommunistischen Internationale, als Präsidentin der Internationalen Roten Hilfe und nicht zuletzt als Reichstagsabgeordnete stellten. Selbst ein Jahr vor ihrem Tod reiste sie, mittlerweile fünfundsiebzigjährig, gebrechlich und nahezu blind, aus Moskau, wo sie sich damals niedergelassen hatte, nach Berlin, um als Alterspräsidentin ihr Recht auf die Eröffnung des Deutschen Reichstags wahrzunehmen und in einem leidenschaftlichen Appell alle friedliebenden Deutschen vor der drohenden Machtergreifung der Faschisten zu warnen und sie zur Bildung einer Einheitsfront aufzurufen.

In einem Brief an ihren Sohn schrieb Clara Zetkin einmal: »Ich stehe als Soldat der Revolution auf Posten und halte aus.«

Dass viele Menschen in Clara Zetkin weitaus mehr sahen als einen Soldaten der Revolution, zeigen die Ehrerweisungen, die man ihr in der Sowjetunion bei ihrem Tod zuteil werden ließ. Über 600.000 Arbeiter, Arbeiterinnen, Schüler, Studenten und Rotarmisten gaben der selbstlosen Führerin der proletarischen Frauenbewegung und der leidenschaftlichen Friedenskämpferin das letzte Geleit. Sie wurde an der Kremlmauer beigesetzt.

GISELA ELSNER

*(gekürzte Fassung eines Rundfunkmanuskripts)*

## Ohne Zukunft

*In den Händen alles*
*zerrinnt*
*der Himmel schwindet*
*wie ohne Grund*
*wie*
    *Tote*

Sylvia Frueh Keyserling

*Sie beherrschen Dich*
*mit ihrem Geld*
*ersticken Dein Leben*
*mit der Eintönigkeit*
*ihrer Uhren und Maschinen*

*Sag ihnen*
*daß du ihr Geld nicht willst*
*und ihre Maschinen nicht brauchst*
*und ihr Apparat*
*fällt von selbst zusammen*

*Und wir lernen*
*wieder lachen und tanzen*
*den Tanz des Todes*
*den Tanz des Lebens*
*- unseres Lebens*

Petra Wolf

**Anna Haag:**
**»Sie sollen sich nicht mundtot machen lassen«.**

Anna Haag wurde 1888 in Althütte im Welzheimerwald geboren. 1909 heiratete sie den Mathematiker Dr. Albert Haag. Den ersten Weltkrieg erlebte sie mit ihrer Familie, sie hatten inzwischen drei Kinder, in Bukarest. Der Eindruck dieses Krieges war es, der sie fortan zu einer unermüdlichen Kämpferin für den Frieden werden ließ. 1919, zurück in Deutschland, trat sie zusammen mit ihrem Mann in die SPD ein, weil für sie diese Partei am ehesten den Frieden garantierte. Nach ihren eigenen Worten war sie keine Sozialdemokratin, die hinter wehenden Fahnen herging, sondern: Sozialdemokratin aus Überzeugung und aus Vernunftgründen. Was menschlich richtig ist, kann politisch nicht falsch sein.
Mit ihrer Familie kam Frau Haag 1927 nach Stuttgart, hier erlebte sie die zunehmende Bedrohung durch den heraufkommenden Nationalsozialismus. Sie kämpfte auf ihre Art dagegen an. So benutzte sie Briefverschlußmarken mit dem Aufdruck »Der Teil meiner Steuer, der für militärische Zwecke verwendet wird, ist nur unter Zwang und Protest bezahlt«.
Ihren Mann setzte sie auf ein von der »Internationalen Frauenliga für Frieden und Freiheit« publiziertes Plakat, das den wahren Charakter eines möglichen Krieges zeigte, und übernahm die Verteilung in andere Städte des Landes; auf Anraten eines Freundes versenkte sie die noch vorhandenen Plakate nach dem 1. Mai 1933 im Neckar.

Gleich nach dem Krieg wurde Frau Haag in den »Städtischen Beirat« berufen, eine Art vorläufigen Gemeinderates, der dem von der amerikanischen Besatzungsmacht ernannten Oberbürgermeister als demokratische Institution beigegeben wurde. Nachdem dieser Beirat längere Zeit nicht einberufen wurde, und es so aussah, als sei ihm nur eine papierene Existenz zugedacht, veröffentlichte Frau Haag in der Stuttgarter Zeitung folgenden Reim:
*Der Städtische Beirat*
*Was gestern war ist heute schon Geschichte!*
*Bei Gott! Dies Wort ist wahr!*
*Es stimmt auf vieles und sogar aufs Haar*
*für das, was wir den Städtschen Beirat nennen*
*und dessen Namen alle Leute kennen.*
*Berufen wurde er, und einmal durfte er auch »tagen«*
*Doch sollt in Neugier einer mich befragen,*
*was dieses einemal der Beirat hat beraten,*
*ob er geschritten gar zu wichtgen Taten,*
*so müßt er folgendes aus meinem Mund vernehmen*

*(ich hoff, er würd darum sich nicht zu Tode grämen)*
*Der »Beirat« hatte nichts dabei zu melden!*
*O Bürger, wolltest Du ihn darum schelten,*
*so denk: Dies erste und bis heute einzge Tun*
*war gar kein »Tun«, es war ein »Ruhn«!*
*Der »Beirat« durfte wie in Hitlers großen Reichstagszeiten*
*zur »Entgegennahme« einer Erklärung schreiten.*
*Seither ist Grabesruh! Nichts ist vom »Beirat« mehr*
*zu hören und zu lesen!*
*Sieht es nicht aus, als sei am End* **er** *schon gewesen?*

*1946 wurde Frau Haag als Abgeordnete der SPD Mitglied des ersten württ.bad. Landtages. Sie war aber nie eine Politikerin, die einer Partei »zur Zierde« gereicht, sondern eher ein »enfant terrible«, das vielleicht zu idealistisch an das politische Geschäft heranging. So brachte sie 1947 Unruhe in den Landtag, als sie mit Blick auf die mangelhafte Ernährungs- und Wohnungssituation der Bevölkerung den Antrag auf Strafaussetzung des § 218 bis zur Neufassung des Gesetzes stellte. Der Antrag wurde vertagt. Als sie schließlich 1948 das Gesetz: »Niemand darf zum Kriegsdienst mit der Waffe gezwungen werden« in den Landtag einbrachte, entbrannte, für sie völlig unverständlich, zwischen Rednern fast aller Fraktionen eine leidenschaftliche Kontroverse, die letztlich doch zu ihren Gunsten entschieden wurde.*

*Neben ihrer Arbeit für den Frieden setzte sich Frau Haag unermüdlich für die Teilnahme und Mitarbeit der Frauen am politischen Leben ein. Beides gehörte für sie zusammen, denn »vielleicht hätte die Welt ein anderes, ein heiteres Gesicht, wenn wir Frauen uns unserer Verantwortung früher bewußt geworden wären«. Eine der ersten Schriften, die nach dem zweiten Weltkrieg gedruckt wurden, war ihre 1946 in Karlsruhe gehaltene Rede »Frau und Politik«, in der sie die deutschen Frauen aufrief, sich am Wiederaufbau zu beteiligen, und sie zur Verantwortung aufforderte, wie sie von den Frauen der Vereinigten Nationen formuliert wurde:*

*»Mitarbeit am Aufbau ihrer Länder; bereit zu sein, neue Aufgaben zu übernehmen; ihre Kinder, Jungen und Mädchen, zum Verständnis für die Eigenart aller Völker zu erziehen und ihnen die Notwendigkeit internationaler Zusammenarbeit aufzuzeigen, sie jetzt und in Zukunft nie durch antidemokratische Bewegungen irreführen zu lassen; zu erkennen, daß sich die Frauen der Welt darin beistehen sollen, das Ziel einer völligen Teilnahme an dem Leben ihrer Männer und der Zusammenarbeit der Völker zu erreichen!«*

*Frau Haag setzte sich bei den Parteien dafür ein, daß mehr Frauen zu Wahlen aufgestellt werden sollten. Bei ihren Bemühungen in dieser Richtung bekam sie von einem berühmten Politiker die Antwort »Aber wir suchen ja Frauen? Händeringend sogar! Natürlich sollte die Vorge-*

*schlagene der Partei, dem Parlament, der Regierung zur Zierde gereichen«.* In ihrer Lebenserinnerung sinniert sie über die Schwierigkeit des Wortes »Zierde«.

»Zu wenig Haare, zu viele Locken, zu wenig Körperfülle, zu viel davon, zu große Sorgfalt hinsichtlich der äußeren Erscheinung als auch deren Nichtbeachtung konnten politische Parteien daran hindern, die Kandidatur einer Frau für ein politisches Amt »in Erwägung« zu ziehen. Mit dem ihr eigenen Humor sucht Frau Haag dann den »politischen Adonis« und muß festellen:
*Auch unter diesen Herren Männern gab es wahrlich zahlreiche mit zu wenig Haaren, zu viel Bauch, mit klappernden Porzellanzähnen, die »bucklig, krumm und ungestalt« waren, andere, die sich stutzerhaft elegant trugen, und solche, die auf nichts weniger Wert zu legen schienen, als auf ihre äußere Erscheinung.«*

Obwohl sich Frau Haag ihr Leben lang für die Rechte der Frau einsetzte, stand sie den Feministinnen verständnislos gegenüber.
Als Frau Haag 1949 von ihrer ersten Amerikareise zurückkam, gründete sie, angespornt durch die Gemeindearbeit der Amerikanerinnen, die »Arbeitsgemeinschaft Stuttgarter Frauen« unter dem Motto »Frauen helfen bauen«. Diese Frauen machten es sich zur Aufgabe, zufluchtsuchenden Mädchen und Frauen in Stuttgart zu einem Obdach zu verhelfen. Der OB versprach einen Bauplatz und sagte zu, jede von den Frauen gesammelte Mark zu verdoppeln. Frau Haag hatte vom »McCloy Fonds« gehört und erlangte in zähen Verhandlungen einen Scheck über 170.000 DM. Als sie der Stadt diesen Scheck präsentierte, stellte diese den Bauplatz zur Verfügung und verdoppelte säuerlich lächelnd den Scheck und die anderen gesammelten Beträge. So konnte 1951 in Bad Cannstatt das »Anna Haag Haus« eingeweiht werden.

Frau Haag war aber nicht nur Politikerin, sie war auch Journalistin und Schriftstellerin. In Rumänien wurden ihre Aufsätze in deutschen Zeitungen veröffentlicht, und 1926 erschien ihr erstes Buch »Die vier Roserkinder«, das von ihrer Kindheit handelt. Gleich nach dem zweiten Weltkrieg hatte sie die Wochenzeitung »Die Weltbürgerin« gegründet, mit der sie den »politischen Instinkt der Frauen stärken« wollte; die Zeitung wurde aber 1949 wieder eingestellt. Mit fast 80 Jahren schrieb Frau Haag noch ihre Lebenserinnerungen »Das Glück zu leben«.

Im Frühjahr 1982 starb Frau Haag im Alter von 94 Jahren nach einem erfüllten Leben.

## II. Gespräche mit Frauen

»**Fesseln spürt, wer sich bewegt**«

*Wenn im Wald ein Baum umfällt und niemand ist da, der es hört oder sieht, ist der Baum dann überhaupt umgefallen?*

Benard/Schlaffer, Liebesgeschichten aus dem Patriarchat

Zu den Büchern, die mich in den letzten Jahren besonders bewegt haben, gehört »Guten Morgen, Du Schöne« von Maxie Wander - Gespräche mit Frauen in der DDR. Maxie Wander: «*Ich halte jedes Leben für hinreichend interessant, um anderen mitgeteilt zu werden.*« Privates wird öffentlich gemacht - und das von Frauen, die bisher weitgehend »sprachlos« blieben. Auch wir wollten das versuchen. Es ging uns nicht um einen repräsentativen Querschnitt, nicht um Vollständigkeit - wer könnte das auch leisten. Frauen entwerfen Selbstprotokolle, sprechen von ihren Möglichkeiten, von ihrer Macht und Ohnmacht, ihren Hoffnungen, ihren Kämpfen.
Aber »Frausein in dieser Gesellschaft beinhaltet Gebrochenes, Kaputtes, Klägliches. Man ist nicht ungestraft über Jahrtausende hinweg ein unterdrücktes Geschlecht« (Alice Schwarzer). Gesellschaftliche Widersprüche führen zu persönlichen Konflikten, für deren Lösung die alten Rollenverhalten nicht mehr taugen. Es ist ein mühsames Unterfangen, sich auf die Suche nach einer eigenen Identität zu machen, aus dem Dunkel herauszutreten, Selbstveränderung und eine Veränderung der Zustände anzustreben. Mühsam, aber unumgänglich. Mehr wollen, als nur existieren. Ungeduldiger werden, uneinsichtiger, Abschied nehmen von Endzeit-Vorstellungen. Wer von uns wird das »Reich der Freiheit« erleben?

Ein Viertel der Frauen, die hier zu Wort kommen, sind Ausländerinnen, Frauen in einem fremden Land, in der Emigration, die sie meist noch weit härter trifft als Männer - (»Gastarbeiterinnen in der Welt des Mannes« hat uns Marielouise Janssen-Jurreit genannt!). Die Trennung von Familie und Dorfgemeinschaft, die Schwierigkeiten mit der Sprache, die ja nicht nur Mittel zur Verständigung, sondern Medium zur Wahrnehmung der Umwelt ist, die Konfrontation mit einer anderen Kultur, anderen Traditionen, treibt viele Fruen in die soziale Isolation, aus der sie ohne Hilfe nicht herauskommen.
Ausländerinnen sind häufig auf der untersten Stufe der betrieblichen Hierarchie tätig und müssen mit der ständigen Bedrohung der Arbeitslosigkeit leben. Dazu kommen familiäre Belastungen, oft stärkere Abhän-

gigkeit vom Ehemann als in der Heimat, Schwierigkeiten mit den Kindern, die die deutsche Sprache meist besser beherrschen als die Mutter.
»*Oft habe ich den Eindruck, daß für viele Leute in Europa der Grad von Emanzipation einer Frau an der Rocklänge und am Tragen eines Kopftuches gemessen wird... An unserer Kleidung wird Anstoß genommen, aber nicht an den uns beherrschenden patriarchalischen Strukturen... Wir Frauen aller Nationalitäten sollten die geografische Nähe, die wir in der Bundesrepublik zueinander haben, besser ausnützen. Wir sollten mehr aufeinander zugehen und uns kennenlernen. Wir sollten uns nicht mehr gegeneinander ausspielen lassen. Wenn uns zum Beispiel türkische Männer vorwerfen: Du willst ja genauso verdorben werden, wie eine deutsche Frau*«, oder deutsche Männer behaupten: *Türkinnen kann man ja gegen zwei Ziegen kaufen*, dann sollten wir uns wehren, alle zusammen!« Arzu Toker, Türkin.

Frauen-Wochenende Mönchhof 1977

## »Die Menschen müßten nun mal anders sein als sie sind!«

*Hatten Sie einen Beruf, welche Ausbildung hatten Sie?*
Ich war im Mädchengymnasium, habe aber kein Abitur gemacht aus Gründen, die ich nach Jahrzehnten nicht mehr weiß. Ich erinnere mich nur noch, daß eine Abneigung in mir war. Die letzten Klassen habe ich zum Entsetzen meiner Mutter, der Vorsteherin und der Lehrer nicht mehr mitgemacht, obwohl ich eine der Besten in der Klasse war. Es gab Mädchen in der Schule, die auch noch in der Pause erfüllt waren von Physik und Chemie. Mich hat das nicht interessiert. Mein Interesse waren die Sprachen. Aber ich habe irgendwie das Gefühl gehabt: das ist nicht mein Weg; es war vielleicht schade, sonst hätte ich studieren können.

*Das war doch nicht üblich, das damals Mädchen das Gymnasium besuchten?*
Nein, das war nicht üblich, aber es gab doch einige. Ich war auf einer Schule, in der man in 6 Jahren lernen mußte, was andere Jungen und Mädchen in 9 Jahren lernten. Ich hatte damals eine furchtbare Schwärmerei mit einem älteren Mädchen und das hat auch dazu beigetragen, daß ich dachte, ich müßte etwas anderes in mein Leben bringen. Dann war ich ein Jahr in einer Privatschule und habe dort moderne Sprachen gelernt, was für meine Zukunft vielleicht ganz nützlich war. Dann wurde ich in eine Haushaltsschule geschickt, wodurch ich wenigstens mal von Stuttgart wegkam, ins Ausland konnte niemand nach dem Krieg.

*Sind Sie gebürtige Stuttgarterin?*
Ja. Ich kann mich nicht erinnern, jemals eine andere Adresse als eine Stuttgarter gehabt zu haben. Ich wollte eigentlich immer weg von Stuttgart, alle anderen meiner Familie sind Gottweißwo und ich bin hier. Nach der Schule bin ich dann in die Krankenpflege gegangen. Ich war ganz erzogen, wie man früher erzogen wurde, unglaublich streng und tugendhaft, das kann man sich heute garnicht mehr vorstellen. Da habe ich gedacht, wenn ich Krankenpflege lerne, dann bin ich wenigstens ich selbst und kann mich bewähren. Das war damals sehr schwer, man kann das nicht vergleichen mit heute.

*Meinen Sie mit streng, daß Sie so garnicht machten durften, was Sie wollten?*
Überhaupt nicht. Ich war schon fast fertige Schwester und durfte immer noch keinen Hausschlüssel haben, weil es sich nicht gehörte, daß junge Damen Hausschlüssel bekamen. Ich mußte immer läuten. In der Zeit, als ich schon in die Tanzstunde ging - das war bei mir in der Zeit nach dem Krieg - da durfte ich überhaupt nichts, niemals ausgehen. Ich bin

ganz im alten Sinne aufgezogen worden.

*War das nur bei Mädchen so?*
Hauptsächlich bei Mädchen.

*Hatten Sie auch einen Bruder? Wie war das bei dem?*
Ich hatte einen Bruder und bekam 15 Jahre später eine Schwester. Die wurde dann schon ganz anders erzogen. Mein Bruder wurde nicht in dieser Form erzogen. In diesen Kreisen war es üblich, daß junge Männer sehr früh ein Mädchen aus anderen Kreisen verführen. Da war dann von »gut erzogen« nicht die Rede. Das war dann männlich.

*Und wann haben Sie geheiratet?*
Ich habe erst mal Krankenpflege gelernt, und da habe ich meinen Mann kennengelernt, der Wundarzt war. Vorher hätte ich schon heiraten sollen, aber da habe ich - später! - erkannt, daß ich das nicht konnte, weil ich mich noch garnicht gefunden hatte, noch garnicht bewährt. Und wenn man sich noch nicht bewährt hat, dann ist es schwer, jemanden innerlich zu finden.
Also, ich habe dann zuerst mein Examen gemacht. Das allerbeste zusammen mit noch einer unter 60 Frauen und war darüber sehr stolz. Danach habe ich mit meinem Mann zusammengearbeitet und da war wieder eine strenge Aufsicht. Diesmal von den Diakonissinnen. Nachts ist einmal um 10 Uhr ein Mann bei der Nachtwache zur Visite gekommen - ein anderer Mann. Der hat getan, wie wenn er nach den Kranken gucken wollte, aber er wollte mit mir ein bißchen schwätzen. Da hat die Diakonissin am nächsten Tag gesagt: Also ich lasse mir ja noch einen Mann gefallen, aber wenn man zwei hat... Und ich hatte den Männern noch nicht einmal einen Kuß gegeben, meinem Mann nicht und dem auch nicht. Nachdem ich aus dem Krankenhaus weggegangen bin, bin ich mehr mit meinem Mann zusammengekommen. Ich kam dann zu einem ganz bekannten Psychotherapeuten als Sprechstundenhilfe. Da hab ich dann zum erstenmal eine Idee bekommen, was das ist. Der Mann war, was damals ganz ungewöhnlich war, sehr »links« eingestellt. Das war im Jahr 23/24. Er sagte immer, er sei sozialdemokratisch. Wenn man ihn zu Hause besuchte, er wohnte in Sillenbuch, haben alle mit am Tisch gegessen. Das war mir so unerklärlich von unserer formvollendeten und herrschaftlichen Jugend her. Es wurde später auch manches bei meinen Eltern anders weil mein Vater im Feld war, im ersten Krieg. Danach kam dann die Inflation und wir hatten fast nichts mehr.

*Sie haben dann weiter als Sprechstundenhilfe gearbeitet?*
Eigentlich habe ich mich angemeldet in Berlin. Da gab es ein Oskar-Helene-Krüppelheim - das würde ja heute zum Glück nie mehr so heißen. Krüppelhaus, die Idee, daß man das so nennt, ist heute undenkbar,

für die Insassen und die Angehörigen. Aber es war die Zeit. - Dieses Heim war das Beste dieser Art und da habe ich mich angemeldet. Ich wollte wieder weg und selbständig sein, doch dann habe ich mich aber für die Ehe entschlossen, die mir das Gefühl gab, sehr gebraucht zu werden. Mein Mann hat sehr eine Partnerin auf jedem Gebiet gesucht! Er war ein sehr tüchtiger Arzt und ein sehr introvertierter Mensch. Damals hat er versucht, in Cannstatt eine Praxis aufzumachen. Wir bekamen möblierte Zimmer in Untermiete, und da kam schon das Kind, wie das üblich war. Es gab nach dem Ersten Krieg ja keine Wohnungen. Mein Sohn kam genau nach einem Jahr. Wir haben die ganze Zeit um die Krankenkassenzulassung kämpfen müssen, obwohl mein Mann schon 34 Jahre alt war. Die Bestimmungen, eine Existenz zu gründen, waren sehr hart.

*Haben Sie in der Praxis Ihres Mannes mitgearbeitet?*
Das war praktisch selbstverständlich, daß die Frau mit drin war. Später haben wir eine Sprechstundenhilfe eingestellt, ein ganz junges Mädchen, das ich eingelernt habe.

*Hat Sie das alles damals voll in Anspruch genommen oder erinnern Sie sich, ob Sie noch eine andere Idee von sich und ihrem Leben hatten?*
Ich habe keine Vorstellung gehabt als die, daß ich das meistere, damit mein Mann auf der Höhe bleibt. Es war schwierig für ihn am Anfang: kein Geld und keine Praxis und ich habe zum Fenster rausgeguckt, ob Leute krank aussahen, die vorbeigingen, und vielleicht ins Haus kommen oder nicht, um sich behandeln zu lassen.
Nach Jahren bekamen wir eine Wohnung und Praxis und es ging besser. Ich war da für die Kinder und hab mir garnicht ein Leben ohne meinem Mann, getrennt von ihm, vorstellen können. Es war mein Wunsch, einmal zu heiraten und viele Kinder zu haben. Aber das war durch die Verhältnisse dann nicht möglich. Ich dachte immer, daß ich, da ich nicht das Abitur hatte und nicht studieren konnte, Sozialbeamtin werden wollte, also das, was man früher Fürsorgerin genannt hat. Ich wollte noch weiterlernen und später ein paar Examen machen und dann vielleicht »gefallene Mädchen« oder Kranke oder Behinderte betreuen.

*Aber Sie haben sich dann schließlich für die Familie entschieden.*
Ja. Und ich hab das nie bedauert. Ich war sehr für Kinder und hätte gerne mehr gehabt.

*Und als es Ihnen etwas besser ging, da kam schon bald der Faschismus.*
Ja. Das ist so schwer, daß man es garnicht ausdrücken kann.

*Mußten Sie weg aus Stuttgart?*
Nein, ich mußte nicht weg. Ich konnte schon bleiben. Bei meinem Mann

und meinen Kindern. Mein Mann konnte auch eingeschränkt seine Praxis behalten. Hinzu kam noch, daß mein Mann wegen einer Kehlkopfoperation garnicht mehr laut sprechen konnte, das war dann aber schon Anfang des Krieges.
Über den Faschismus zu sprechen, ist mir eigentlich garnicht möglich. Darüber wurde schon so viel geschrieben und gesprochen; nur in der Lage, in der sich ein Mensch psychisch befindet, der sich durch seine Existenz solche Gefahr für seinen Mann, für die Kinder für die man wünschte, daß sie selbst einmal nichts mit Abstammung und so zu tun haben werden, wie ich in meiner Jugend, dann das war in Deutschland immer sehr schwierig.

*Sind Sie selbst Jüdin?*
Ja, nicht im religiösen Sinn, aber jüdischer Abstammung. Wir waren überall ausgesperrt. Mein Mann konnte nicht einmal in den nationalsozialistischen Ärzteverband, oder wie das hieß, hinein. Es war aber Ärztemangel und deswegen erlaubte man ihm, die Praxis weiterzuführen. Aber viele Leute durften garnicht zu ihm kommen. Natürlich hatten auch die Kinder unter der Situation zu leiden. Sie waren damals 3 und 7 Jahre alt. Wir hatten noch nicht einmal Lebensmittelkarten wie andere Leute. Unsere hatten die Überschrift: »Mischehen 141 a«. Die Leute im Haus hatten alle andere. Na ja, niemand hat mich denunziert.

*Haben Sie dann nach dem Krieg, als Ihre Kinder älter waren, versucht, etwas anderes zu machen als für Ihre Familie da zu sein?*
Als ich nach dem Krieg dachte, wir sind alle gerade so durchgekommen, aber das Haus steht noch, bin ich zum Roten Kreuz gegangen und habe gesagt, sie sollen mir ein verlorenes Kind geben. Im Radio wurde fortwährend gefragt, wer ein verlorenes Kind nehmen wolle. Eines Tages bin ich in den Westen von Stuttgart gegangen, um eines zu holen. Dort war es unglaublich ärmlich. Es waren dort Flüchtlingskinder, die mit dem Deutschen Roten Kreuz geflohen waren ohne ihre Eltern. Da haben sie mich gefragt: Wollen Sie den oder den? Ich sagte: Ich will überhaupt keine Wahl treffen. Dann haben sie mir einen zweijährigen, furchtbar unterernährten Jungen gegeben, der alle Zeichen von überstandenen Krankheiten, einschließlich der Tuberkulose hatte. Die haben gesagt: Den bringen Sie nicht durch. Aber er kam auf und heute noch -er ist jetzt fast 40 - bin ich in nahem Kontakt mit ihm. Ihn habe ich genommen, als die Kinder schon erwachsen waren.
Als mein Mann dann gestorben ist (1961), fühlte ich mich ziemlich einsam. Als er noch lebte, dachte ich schon, ich müßte etwas für mich selbst tun. Einmal kam ein Pfarrer und fragte mich, ob ich mich nicht für die Eheberatung ausbilden lassen wollte. Damals konnten sich Laien, die Erfahrungen hatten und als tüchtig galten, dazu ausbilden lassen und zwar in 4 Kursen á 14 Tage in Berlin. Damals brauchte mich mein

Mann nicht mehr so sehr. Die Kinder sind 46/47 ausgewandert, so daß ich viel Zeit hatte. Ich habe die Kurse mit großer Freude gemacht und dabei mit Genuß gedacht, daß ich mich leicht hätte ausbilden lassen können, wenn die Chance bestanden hätte. Schließlich habe ich dann in einer Beratungsstelle gearbeitet, bis mein Mann ein Pflegefall wurde. Da mußte ich die Arbeit wieder aufgeben. Eine Zeitlang nach seinem Tod kam wieder ein Pfarrer und fragte mich, ob ich nicht in der Telefonseelsorge mitarbeiten wolle. Ich sagte ihm, daß ich nicht wüßte, ob ich jemandem telefonisch helfen könnte. Aber dann habe ich mich doch hineingearbeitet. Bei jedem Anruf hatte ich das Gefühl, das ist was ganz Wichtiges, denn nach dem Anruf ist es wieder aus, die Menschen bleiben anonym. Telefonseelsorge habe ich auch noch eine Weile gemacht, als ich schon hier (im Altersheim) war.

*Haben Sie es als »Abschieben« erlebt, als Sie dann ins Altersheim gehen mußten?*
Das kann ich nicht sagen. Es war für mich eher eine Notsituation. Ich habe mich zu Hause sehr einsam gefühlt. Die Menschen, die mir nahestanden, waren meistens gestorben oder weggezogen. Ich dachte hier findet man auch Menschen, mit denen etwas sein kann.

*Können Sie sich auch vorstellen, im Alter anders zu leben als in einem Altersheim?*
Ja. Das kann ich mir gut vorstellen.

*... und wie?*
Also wissen Sie, wenn man mal im 8. Lebensjahrzehnt steht, dann ist es schön, in der Nähe seiner Kinder zu leben, wenn auch von ihnen getrennt. Ich kenne manche Leute, die wohnen neben ihren Kindern in getrennten Wohnungen. Ganz zusammen zu leben, kann man sich nicht wünschen, es sei denn, man kann den Kindern noch etwas sein. Wenn etwa die Tochter arbeiten will und man für sie kochen kann z. B. Aber später kann man dann nicht mehr zusammen sein.

*Es gibt ja schon Wohngemeinschaften für ältere Menschen...*
... das möcht ich garnicht. Hier hat man ganz seine individuelle Freiheit. Sie können nachts heimkommen oder auch nicht. Es schreit niemand auf. Ich habe den Schlüssel, den ich früher nicht hatte.

*Sie würden es also immer vorziehen, hier zu wohnen? Oder wollten Sie auch in einer Wohnung oder einem Haus leben?*
Das kommt darauf an. Wenn in einer Wohnung oder einem Haus Menschen wären, die mich brauchen oder die ich brauche, dann fände ich das auch schön. Als die Kinder geheiratet hatten, da konnte ich wenig-

stens noch auf die Enkel aufpassen. Da war ich noch zu Hause, zusammen mit meinem Mann und hatte auch manchmal das Gefühl, in der Ehe oder auch wegen dem Haus, gebraucht zu werden.

*Was, glauben Sie, hat sich heute gegenüber früher an der Rolle der Frau geändert?*
Alles! Die ganze Auffassung von der Rolle der Frau in der Ehe und ausserhalb der Ehe hat sich irgendwie total verändert. Früher habe ich gesagt, ich beneide die Jugend um ihre sogenannte Freiheit, aber diese Freiheit bezieht sich größtenteils auf das sexuelle Leben. Sonst sind sie doch sehr durch den Mangel an Berufsmöglichkeiten überfordert, durch große Ansprüche und haben sehr viele Nachteile mit in Kauf zu nehmen. Im Grunde haben sie auch noch die Folgen von Kriegen mitzutragen. Die Eltern waren für Hitler, dann ist das ein Problem, und wenn sie gegen Hitler waren, dann ist es wieder ein anderes Problem. Ich beneide sie nicht, weil ich finde, daß sie es schwer haben. Sie können heute mit 18 von zu Hause fort und mit jemandem zusammenleben, aber das bringt doch auch Probleme. Trotzdem möchte ich lieber heute jung sein als damals.

*Was müßte sich denn aus Ihrer Sicht noch weiter an der Frauenrolle verändern?*
Neulich las ich einmal, man solle nicht mehr die Ausdrücke »Damen« und »Herren« verwenden wegen der Gleichberechtigung. Das ist doch unnötig. Wie kann eine Frau erwarten, daß ein Mann in der Straßenbahn für sie aufsteht, wenn sie immer wieder betont, daß die Geschlechter gleich sind. Man kann nicht auf der einen Seite das Weibliche so in den Vordergrund schieben und auf der anderen Seite verlangen, daß man wie ein Mann eingestellt oder bezahlt wird.

*Und das meinen Sie, ist heute so?*
Aber natürlich. Ich weiß nicht wie das bei Jüngeren ist, aber jede ältere Frau schaut doch in der Straßenbahn, daß man ihr einen Platz anbietet. Es gibt viele Punkte, bei denen ich denke, ob die Frauen sich etwas Gutes antun, wenn sie die Gleichheit so betonen. Ihr großes Privileg ist die Mutterschaft. Das war eine Pflicht, aber eine schöne. Heute ist es eine Selbstverständlichkeit, daß ein Mann das Kind oft wickelt und sogar manchmal auch den Haushalt führt. Manchmal geschieht das aus Not, aber z.T. auch durch die veränderte Auffassung. Natürlich soll der Mann nicht einfach nach Hause kommen und die Zeitung lesen. Früher war das krass.

*Und wenn beide berufstätig sind? Sollten sie sich dann nicht Haushalt und Kinder teilen?*
Schon. Aber dann ergibt sich das. Aber Frauen wollen es heute auch da

so machen, wo es nicht nötig ist.

*Aber es ist doch positiv für die Beziehung des Vaters zu den Kindern, wenn er stärker in die Erziehung mit einbezogen ist?*
Ganz sicher. Das hoffe ich jedenfalls. Ich will ja nur sagen, daß die Rollengleichheit auch Probleme mit sich bringt. Die Frau mußte sicher früher, wenn der Mann nach Hause kam, ihre Gefühle unterdrücken. Aber sie hatte doch auch dadurch in anderer Weise Glücksgefühle, nämlich die, daß sie so gebraucht wurde. Man hat ja in den letzten Jahren gesehen, wie fähig Männer sind, mit kleinen Kindern umzugehen und man hat viele andere Seiten der Männer kennengelernt, die man einfach nicht gekannt hat. Aber theoretisch läßt sich da eher etwas verändern als praktisch. Und die Frauen müssen auch dazu lernen. Die Ente legt die Eier und nicht der Enterich. Die Gefühle und Schwerpunkte der Frau sind einfach ganz anders. Ich glaube nicht, daß man die Geschlechter vergleichen kann. Sie können das feststellen, wenn sie Gesprächen zuhören, zumindest bei Alten. Da reden Frauen und Männer über total verschiedene Dinge. Die Männer über Politik und Beruf und nur so ganz nebenbei über ihre Ehe, die Frauen über »meine Kinder«, »meinen Mann«. Bei den Jüngeren ist das sicher schon ganz anders.

*Meine letzte Frage: Was stellen Sie sich vor, wie man die Situation von alten Frauen verändern könnte?*
Ich kann mir nicht vorstellen, wie die jungen Frauen im Alter sein werden, die für ihre Rechte kämpfen und berufstätig sind. Ob die dann weniger ärmlich und eifersüchtig sein werden, weiß ich nicht. Hier im Haus ist es ja heute noch ein großer Unterschied, ob sie einen Doktortitel haben oder nicht. Dabei ist es oft der Doktortitel vom Mann. Und es ist ja wohl schon lange vorbei, daß jede Arztfrau die »Frau Doktor« war. Das wird bei ihnen dann später sicher nicht mehr so sein. Was sich verändern könnte? Die Menschen müßten nun mal anders sein als sie sind.

## Hermine Herz

Meine Eltern sind innerhalb von 4 Wochen gestorben, als ich gerade 18 war (ich bin 1902 geboren). Wir waren 9 Kinder, 12 hat meine Mutter geboren, 3 sind früh gestorben. Mir ist es nicht an der Wiege gesungen worden, daß ich mal SPD-Mitglied werde. Mein Vater war ein großer Gegner der Partei, der hat immer gesagt: die roten Spitzbuben. Als meine Eltern tot waren, ging ich in die Stadt. Dann kam die Inflation. Was ich verdient habe, hat mir nicht zum Leben gereicht. Ich kam in einen Villenhaushalt, auf der Gänsheide oben, das war meine schönste Zeit. Ich habe Familienanschluß gehabt, das waren fabelhafte Leute. Jeden Mittwoch durfte ich in eine Gruppenveranstaltung, jeden Sonntag auf Wanderung. Einmal haben sie mich gesehen und gefragt, ob ich hinter einer roten Fahne hergegangen sei. Ja, sagte ich, das ist die Sozialistische Arbeiterjugend. Da brauchen Sie aber doch nicht hinzugehen! Zu denen! Ja freilich, hab ich gesagt, ich muß ja mein Geld verdienen, damit ich leben kann, dann gehöre ich doch zu denen. Ich kann ja nicht leben ohne gschafft!

Ich habe auch gleich gesagt, nach 8 Uhr abends arbeite ich nicht mehr. Die Gesellschaft, die bei uns immer Kaffeeklatsch gemacht hat, die Damen, die haben dann über ihr Personal geredet. Wenn es 1/2 8 Uhr wurde, hat meine Frau gesagt, jetzt muß ich meiner Hermine anläuten, daß die nicht wartet. Dann haben sie gesagt: Ja, nimmst du denn Rücksicht auf deine Hermine? Die sind ganz falsch geworden deswegen.

In dieser Zeit habe ich meinen Mann kennengelernt. Wir waren beide in der Partei und in der Jugendbewegung. Mein Mann ist 1918 eingetreten und ich 1924. Ich war in der Gruppe Ostheim.
1928 haben wir geheiratet. 1929 sind wir nach Wien, zum Internationalen Jugendtreffen. Wir sind in den Prater gegangen, das hat uns so gut gefallen, so was vergisst man nie. So kam man immer irgendwo hin, jede Woche Versammlungen, demonstriert haben wir - wir haben früher auch demonstriert, für den Achtstundentag und Urlaub für Lehrlinge. Mein Mann hat noch 2 Jahre gearbeitet, dann wurde er arbeitslos. Aber wir sind gut durchgekommen, auch mit dem wenigen Geld. Einmal ist er heimgekommen und hat gesagt, Gattin, ich darf umsonst mit nach Zürich zum Jugendtag, aber ohne dich fahr ich nicht. Ich hab gesagt, wenn du kostenlos mitfahren darfst, die 15 Mark krieg ich zusammen mit meiner Arbeitslosenunterstützung. Dann hats halt mehr Kartoffelschnitz und Spätzle gegeben. Und wir sind nach Zürich gefahren, trotz Arbeitslosigkeit.

1933 sind wir verboten worden. Mein Mann war im Landesvorstand und hatte das Referat »Sport und Wandern«. Als wir verboten wurden, ist der Erwin Schöttle in die Schweiz emigriert. Dort hat sich eine Gruppe gebildet, die hieß »Neues Beginnen«. Das waren 10 Mann, die illegal gearbeitet haben, die konnten über die Grenze, mein Mann mit seinem Paß, die anderen hatten Schweizer Pässe. Sie brachten Material mit, und das wurde dann an die früheren Genossen verteilt. Manche haben es abgelehnt, die wollten aus Angst nichts mehr davon wissen. Als die Röhm-Revolte war, kam nachts um 12 Uhr der Frieder und hat uns alles erzählt. Mein Mann hat sofort einen Brief an den Erwin geschrieben. So kam es gleich in der Schweiz in die Zeitung. Es wurde nicht bekannt, wie das Material in die Schweiz kam.

Mein Mann wurde am 2. November 1936 verhaftet und wegen Vorbereitung zum Hochverrat verurteilt. Er bekam 1 1/2 Jahre Gefängnis, und im Mai 1938 kam er ins KZ Dachau, wo er bis zum Jahre 1944 blieb.

1944 kam er noch nach Russland zur Dirlewanger-Division, das war ein Himmelfahrtskommando, das die SS aufgestellt hatte. Die sind geschlossen übergelaufen. Man hat sie hinter der Front abgesetzt.

Einer von der KPD hat russisch gesprochen, den haben sie zur Verhandlung vorgeschickt. Sie hatten keine Verluste.

Mein Mann war bis 1944 in Dachau. In der ersten Zeit haben wir uns alle 4 Wochen schreiben dürfen, im Krieg dann jede Woche. Ich habe ihm auch Pakete geschickt, viel Obst, hauptsächlich Obst. Ich habe Beziehungen gehabt und konnte alle 14 Tage ein Lebensmittelpaket schicken. Das wurde dann immer verteilt. 12 Mann waren in der Stube, und mein Mann war der Stubenälteste; wenn das Paket kam, wurde alles auf den Tisch gelegt und verteilt.

Ich arbeitete in der Zeit in einer Großküche als Köchin. Ein Nazi sagte zu meinem Chef, das ginge nicht, daß die Frauen unter einer Köchin arbeiten, deren Mann im KZ sitzt, die muß entlassen werden. Am nächsten Morgen ging ich auf die Gestapo und sagte, ich will mich einsperren lassen, weil ich nimmer schaffen darf. Und wenn ich nimmer schaffen darf, dann hab ich auch keine Berechtigung zum Leben. Der Mann von der Gestapo hat sich für mich eingesetzt, also haben sie mich nicht entlassen. Das soll ein hundsgemeiner Mann gewesen sein, aber zu mir war er sehr nett.

In meinem Urlaub fuhr ich nach Dachau. Am Bahnhof von Dachau stand ein Auto, ein kleiner Bus von der SS. Ich habe gefragt, ob ich da mitfahren darf. Das sind lauter Offiziere gewesen und einer hat mir schön Platz gemacht. Wenn die gewußt hätten, daß ich einen Häftling besuchen will! In Dachau habe ich mindestens 12 Personen gefragt, wo das Lager sei, und kein Mensch hat mir was gesagt. Endlich hab ich ein altes Mütterle mit ihrem Enkel gesehen, dem hab ich Birnen und Äpfel gegeben, ich hab ja eine ganze Tasche voll mitgehabt. Die hat mir dann gesagt, daß das Lager hinter den Kasernen liegt. Ich habe ein BDM-Mädchen gefragt, wo der Eingang sei. Ja, da dürfen sie nicht rein, sagte sie. Ich bin schnurstracks reingelaufen. Ein alter Mann hat mir noch hinterhergeschrien, und ich dachte nur, ja, ja, schon recht. Ich bin an das dritte Tor, durch das ging ich an die Pforte. Da kam ein SS-Mann raus und fragte: Was wollen Sie denn? Meinen Mann möchte ich besuchen. Ja, ist der bei uns, bei der SS? Nein, als Häftling. Ja, ist er schon lang da? Ja, ja, schon etliche Jahre. Was hat er denn für eine Nummer? Ich sag 1028, die weiß ich heut noch. Dann sagt er, aber besuchen dürfen Sie ihn net. Die an der Front sind, die dürfen ihre Angehörigen besuchen mit ihrem Urlaubsschein. Ja, gibts denn da keine Möglichkeit? Der SS-Mann schüttelte den Kopf und fragte, wo kommen Sie denn her? Von Stuttgart. Ja, wo von Sturgert. Von Gaisburg. Und ich wohn am Stöckach, sagte er! Er sagte mir dann, daß nur der Himmler bestimmt, ob ich meinen Mann besuchen darf oder nicht und gab mir die Privatadresse von Himmler. Ich soll ein Gesuch einreichen, ob er nicht entlassen wird und falls nicht, ob ich ihn nicht wenigstens besuchen darf. Nach einem halben Jahr hab ich erst Bescheid bekommen. Also an eine Entlassung sei nicht zu denken, aber ich darf ihn besuchen. 5 Minuten Sprechzeit. Dann bin ich halt wieder nach Dachau gefahren. Wir sind nebeneinander gesessen, wir haben uns in den Arm nehmen dürfen. Plötzlich hat der Wachhabende gesagt, die Zeit sei um. Ha noi, hab ich gesagt, Ihr Uhr geht vor. So haben wir nochmal 5 Minuten länger gehabt. Das war furchtbar, verheiratet, so jung und nicht zusammen. Aber noch schlimmer ist die heutige Zeit, seit ich allein bin. Damals hab ich mehr Kraft gehabt. Kinder haben wir keine. Als wir geheiratet haben, gab es keine Wohnungen, später war er arbeitslos mit 15 Mark Unterstützung, dann kam das 3. Reich. Mein Mann hat gesagt, das machen wir nicht. Wenn ich geschnappt werde, dann hockst Du mit einem Kind da.

Während der Zeit, in der mein Mann im KZ war, hab ich nicht mehr im Widerstand gearbeitet. Die Männer waren weg und die Frauen haben Angst gehabt. Einmal hab ich einer Genossin ein Plakat in den Briefkasten geworfen, das wir daheim abgezogen haben. Die sagte zu mir: Das ist doch eine Unverschämtheit, einen so in Schwierigkeiten zu bringen. Ich will doch gar nichts mehr wissen von dem Zeugs. Mich hat in den 13 Jahren keine einzige Genossin besucht. Mein Mann war unheimlich enttäuscht, als er erfuhr, daß ich so wenig Unterstützung gehabt habe. Einmal wollte ich zum Beispiel dem Dr. Schumacher ein Paket schicken. Er war auch im KZ in Dachau. Er war ein Kriegsversehrter vom 1. Weltkrieg, und weil er sonst nichts arbeiten konnte, hat er die Bibliothek gemacht. Mein Mann hat ihm ab und zu Birnen gebracht, wenn ich ein Paket geschickt habe. Einmal schrieb er mir, dem Kurt schmecken Deine

Birnen auch. Also dachte ich, dem könnte ich auch was schicken. Ich hab ein paar Genossen gefragt, ob sie mir das Porto zahlen könnten. Alle haben abgelehnt, laß mich in Ruhe, sonst komme ich auch nach Dachau. - Aber ich hab noch Zigaretten gehabt, mein Mann hat nicht geraucht, ich hab nicht geraucht, und nach einem Angriff hat man immer Zigaretten bekommen, also hab ich ihm die Zigaretten, Wurst und Fleisch, halt alles, was ich auftreiben konnte, geschickt - aber niemand hat mir was dazugegeben. - Ich konnte das ja begreifen bei den jungen Frauen, die Kinder hatten, aber die, die keine hatten, die hätten doch was tun können!

1945 haben sie mich zu allem brauchen können. Wenn irgendwas ehrenamtlich zu tun war, hats geheißen, das kann die Hermine machen. Ich war im Wohnungsausschuß. 20 Jahre lang war ich Schöffin im Landgericht. Außerdem war ich im Ausschuß der VVN, die politisch Verfolgte betreut hat.

**Elsa Koch, Gewerkschafterin**

Schon meine Eltern waren Mitglieder der SPD. Mein Vater war Stadtrat von 1911 bis 1928 und hat immer parteipolitisch gearbeitet. Er hat sich sehr eingesetzt für Ratsuchende, die zu ihm kamen. Sein Engagement hat auch mich beeinflußt und geformt.

Nach dem Besuch der Volksschule - 1918/19 gab es zum erstenmal eine 8. Volksschulklasse - war ich im Haushalt der Eltern tätig. Später lernte ich Maschinenschreiben und Stenografie in der Handelsschule und trat 1923, mit 19 Jahren, meine erste Stelle an. Am selben Tag wurde ich auch Partei- und Gewerkschaftsmitglied.

Als überzeugtes SPD-Mitglied war man nicht nur in der Partei, sondern auch in der Gewerkschaft, im Konsumverein, im Arbeiterturnverein und bei den Freidenkern. Ab 1929 habe ich als Bürokraft in der Gewerkschaft Nahrungsmittel und Getränke gearbeitet. 1928 heiratete ich. Ohne das Einverständnis und die Unterstützung meines Mannes wären meine politischen Aktivitäten nicht möglich gewesen. Wir haben uns beide darum bemüht, unser Familienleben nicht unter meiner Tätigkeit leiden zu lassen. Jeden Abend, auch wenn ich noch so spät heimkam, habe ich gekocht, und wir haben zusammen gegessen.

Am 31. Januar 1933 kam Hitler an die Macht. Uns allen war klar, daß die Gewerkschaft eines Tages von den Nazis übernommen werden würde. Dies geschah am 2.5.1933. Morgens kam die SA, verhaftete die Gewerkschafter und nahm den sogenannten Gauleiter (interner Ausdruck für eine Führungskraft in der Gewerkschaft) fest, der in der Haft erkrankte und sich nie mehr erholte. Wir anderen saßen in einem Zimmer und wurden von einem SA-Mann bewacht.

Vor dem 1. Mai hatte es eine Schlägerei zwischen der Gewerkschaftsjugend, Reichsbannerleuten und der SA gegeben, bei der es 2 Schwerverletzte in der Gewerkschaftsjugend gab. Für die haben wir Geld gesammelt. Das Geld und die Unterlagen mußten unbedingt in Sicherheit gebracht werden.

Durch einen Trick gelang es mir, Akten, die die Kollegen politisch belastet hätten, in Sicherheit zu bringen, ebenso den Lohn eines Kollegen, den er morgens von der Bank abgeholt hatte. - Wir wurden selbstverständlich alle entlassen und waren arbeitslos.

Auch mein Mann, der bei der Straßenbahn arbeitete, wurde entlassen. Ich wurde zum Pflichtarbeitsdienst eingesetzt und mußte aus alten Kleidern »neue« machen. Meinen Mann wollten die außerhalb von Stuttgart in der Landwirtschaft einsetzen. Als kinderlose Frau war man nichts wert, Familien wurden rücksichtslos auseinandergerissen.

Im Krieg wurde ich dann auch kriegsverpflichtet. Wir mußten in einer Fabrik arbeiten, bei Mahle. Dort lernte ich auch das Schicksal von zwangsverpflichteten Russinnen und Französinnen kennen und bemühte mich, ihnen ihre Lage ein wenig zu erleichtern. Besonders schlimm war die Zeit der Bombenangriffe auf Stuttgart. Man ging angezogen ins Bett, sauste bei Alarm in den Stollen und zitterte, ob das Haus wohl noch steht, wenn man rauskommt. Für Frauen mit Kindern war das natürlich noch viel schlimmer. Die Häuser, die noch standen, waren überbelegt mit Menschen, die nicht mehr wußten, wo sie schlafen sollten. Nach dem Krieg mußten oft drei oder vier Familien in einer Wohnung leben und sich die Küche teilen, in der gekocht, gebadet und gewaschen wurde. Es gab kein Privatleben mehr. Die Frauen mußten Schwerarbeit leisten, um die Familie zu ernähren, zu kleiden, die Wäsche zu waschen, für Brennmaterial zu sorgen. Schlimm waren vor allem auch die berufstätigen Frauen dran, weil ihnen keine Zeit zum Hamstern oder Schlangestehen blieb.

1945 baten mich meine früheren Kollegen, beim Wiederaufbau der Gewerkschaft Nahrung, Gaststätten und Genuß mitzuhelfen. Später war ich Frauensekretärin und stellvertretende Landesvorsitzende.
Bei Lehrgängen habe ich die Belange der Frauen vertreten und mich dafür eingesetzt, daß die bestehenden Schutzbestimmungen eingehalten wurden. Es war äußerst schwierig, Frauen zu organisieren. Das lag an der Doppelbelastung durch Beruf und Haushalt, aber auch am Rollenverständnis. Häufig brachten die Männer kein Verständnis für die Mitarbeit der Frauen in der Gewerkschaft auf und behaupteten dann, die Frauen wollten nicht mitarbeiten. Bei den Lohnverhandlungen mit den Arbeitgebern war es meine Aufgabe, die Interessen der Frauen besonders zu vertreten, was ziemlich schwierig war. Beim Aushandeln der Löhne nach den Lohngruppen kamen zuerst die Gelernten, dann die Angelernten, die Ungelernten und am Schluß die Frauen. Nur wenige Frauen haben sich gewehrt. Sie waren gewohnt, daß die Männer das Sagen hatten. Die Männer waren zwar Gewerkschaftler, aber soweit ging die Solidarität bei den meisten nicht, daß sie sich für die Frauen eingesetzt hätten: Die machen ja doch bloß die leichte Arbeit!
Die Männer ändern sich nicht, bloß weil sie Gewerkschaftler sind.
1947 kam dann von den Amerikanern der Erlaß, daß Frauen nicht mehr länger mit einem Lohn von unter 50 Pf. beschäftigt werden dürfen. Die Frauen selber trauten sich oft nicht, sich für eine Verbesserung ihrer Arbeitsbedingungen einzusetzen. Es war zum Beispiel ungeheuer schwer, die Frauen davon zu überzeugen, daß die Abschaffung der Nachtarbeit für Frauen doch nur zu ihrem Vorteil war. Sie wollten nachts arbeiten, damit sie tagsüber ihren Haushalt versorgen und ihre Kinder betreuen konnten.

Als dann die Männer wieder zurückkamen, verloren sehr viele Frauen ihre Arbeitsplätze. Die Frauenarbeitslosigkeit war groß, und jetzt hieß es wieder »Zurück an den Herd«.

Von 1947 bis 1968 war ich Stadträtin. In dieser Position konnte ich vielen Kollegen aus den Betrieben helfen. Außerdem war ich von der Gründung von co-op Schwaben bis 1978 Vorsitzende der Frauengilde.
Ab 1946 war ich Aufsichtsrätin in der Konsumgenossenschaft und bin das bis in die späten 60er Jahre auch geblieben. In diesem Betrieb arbeiten sehr viele Frauen, aber trotzdem wurden sie damals fast ausschließlich von Männern vertreten, was sich heute etwas gebessert hat. Wenn die Frauen nicht selber für ihre Sache eintreten, wird sich für sie auch nichts verändern.

Was willst du werden, wenn du groß bist?
Mädchen können heute werden, was sie wollen...

Professor... Präsident... du kannst die unvorstellbarsten Träume haben...

Was ist mit gleicher Bezahlung?

Du mußt realistisch bleiben...

taz 29.1.82

# Ein Leben ohne Sprache ...
*Kinga von Gyökössy-Rudersdorf ist Ungarin. 1965 kam sie zum erstenmal für 11 Monate mit einem Stipendium für eine Fachschulweiterbildung nach Deutschland. Nach 2 1/2 Jahren in der BRD verbrachte sie 2 1/2 Jahre in Asien.*

Wenn sich jemand bis jetzt noch nicht mit der Problematik »Ausländerin in der BRD« auseinandergesetzt hat, dann weiß er sicher nicht, wie viele Schattierungen dieser Begriff hat und welche verschiedenen Schwierigkeiten damit verbunden sind.

Je nachdem, ob man Asylantin, Gastarbeiterin oder Studentin ist, hat man einerseits gleiche, andererseits völlig verschiedene Empfindungen von der BRD. Ich möchte um der Einfachheit willen die gemeinsamen Schwierigkeiten aufzählen und dabei auf persönliche Erfahrungen und viele Gespräche zurückgreifen, die ich mit anderen Ausländerinnen geführt habe.

Was erwartet Ausländerinnen hier? Ein Leben ohne die gewohnte, starke Familienbindung, die Angst um die, die zu Hause geblieben sind oder zumindest die finanzielle Verantwortung für sie. Ein Leben ohne Sprache, Film, TV, Radio, Zeitung, Kunst, Musik, Theater und oft ohne die Möglichkeit zur Religionsausübung. Das Gefühl, von Behörden als Analphabetin behandelt zu werden. Die Frauen, die es einmal zu Hause erkämpft hatten, selbständig zu leben, stehen hier vor fast unlösbaren Problemen: Wohnungssuche, Auseinandersetzungen mit Nachbarn, Geldprobleme, völlig andere Lebensauffassung. Wie soll frau diese Probleme lösen, wenn es sehr oft niemanden gibt, der/die bereit und noch nicht zu müde ist, zu helfen. Viele wissen nicht einmal, wohin sie sich wenden können - und wenn sie es wissen, können sie sich oft nicht ausdrücken.

Ich möchte nicht gesondert über Asyl-Probleme schreiben und was es bedeutet, Farbige aus der 3. Welt, Moslem, Buddhist, alleinstehend, Frau mit Kindern zu sein, was es bedeutet, aus dem Feudalismus und der Großfamilie in eine Industrie- und Wegwerfgesellschaft mit stark individualistischen Menschen zu kommen und dies ohne Vorbereitung, ohne Geld. Ich kann nicht über das Arbeiterinnen-Dasein in Fabriken berichten, auch nicht über die Probleme der Asiatinnen, die in der BRD verkauft werden und oft auf dem Strich enden. Ich kann nur meine eigenen Schwierigkeiten beschreiben auf dem Weg, zu einer eigenen Identität in der hiesigen Gesellschaft zu finden, die immer ausländerfeindlicher wird. In diesem Zusammenhang sollte frau das sogenannte »Heidelberger Manifest« lesen (Zeit vom 5.2.82) und die Kundgebungen gegen Ausländer beobachten, die »Junge Nationaldemokraten« in Nürnberg organisierten (Stuttgarter Zeitung vom 27.3.1982).

Mein Hauptproblem war die Sprache, die ich wahrscheinlich nie richtig lernen werde. Nach vielen Nächten mit »Spiegel« und Wörterbuch statt des notwendigen Schlafes, verstehe ich heute fast alles außer Amtsdeutsch. Wie geht es den Frauen, die neben Haushalt und Kindern nicht mehr die Kraft haben zu lesen und vielleicht nicht einmal die Kraft haben, um sich die sprachlich einfache Regenbogenpresse zu kaufen. Was kann getan werden, um ihre Emanzipation zu ermöglichen?

Die ersten zwei Jahre, in denen einmal hinter meinem Rücken im Duschraum von mir als »dreckiger Zigeunerin« gesprochen wurde, gingen im Kampf mit diesen Problemen vorbei. Danach konnte ich beim Ausländeramt meine Aufenthaltsgenehmigung beantragen und wenigstens schon meinen Namen in lateinischer Schrift schreiben, ich wußte, was die Nummer 266 auf der Anzeigetafel bedeutete, ich konnte mit öffentlichen Verkehrsmitteln durch die Stadt fahren. Frauen aus Calabrien haben mir erzählt, sie gingen lieber vollbeladen zu Fuß, weil sie zum Beispiel am Bahnhof nicht die richtige Richtung ablesen konnten, Angst hatten zu fragen und außerdem das Fahrgeld sparen wollten.
Wer kann sich meinen Schock vorstellen, als eine alte, schwerbeladene Frau nach Hilfe und Polizei zu rufen anfing, als ich ihr helfen wollte? Es dauerte eine Weile, bis ich das verkraftet habe.

Ich arbeitete, lernte die Sprache und machte den Haushalt, ließ mich wegen meiner Art zu kochen als »stinkende Knoblauchfresserin« beschimpfen, galt wegen meiner Kleidung als verrückt - warum stört eigentlich die Deutschen die Tracht der Moslemfrauen so sehr? Sie haben doch auch ihre Moden.

Langsam gewann ich Freundinnen und Freunde. Nach zwei Jahren waren es 10 bis 12, mit denen ich gemeinsam etwas unternehmen konnte. Ich lebte überwiegend von einem »Nach-Hause-gehen« bis zum nächsten. Dabei hatte ich das Glück, gut ausgebildet zu sein, gut bezahlt zu werden und fast nur mit Ausländern zusammenzuarbeiten. Ich hatte den gleichen Lebensstandard wie zu Hause und konnte noch dazu schöne Reisen machen. Auf Konferenzen wurden mir die ungeheuren Probleme der Dritten Welt bewußter, und meine eigenen Probleme waren nun nicht mehr ganz so wichtig.

Einer der schönsten und erlösendsten Augenblicke meines Lebens war der, als ich den Boden der BRD unter mir sah und nach Asien flog. Das völlig andere Leben dort mit Menschen, die mich als Ausländerin, die ich ja dort auch war, liebevoll aufnahmen, mich zwar kritisierten, aber immer als Menschen behandelten, ließen mich erkennen, daß es nicht nur bei mir zu Hause solche Menschen gibt. Dazu eröffnete mir die gemeinsame Aufgabe mit meinem Mann und der Einfluß engagierter Entwicklungshelfer neue Perspektiven.

Als wir mit blutendem Herzen nach 2 1/2 Jahren hierher zurückkamen, halfen mir gute deutsche Freunde und Freunde aus der 3. Welt, mich wieder einzuleben. Mir wurde bewußt, daß mir geholfen wurde, wenn ich anderen half. Ich habe dabei viele Gruppen kennengelernt (ausländische Studenten, 3. Welt-Gruppen, kirchliche Initiativen, autonome Frauengruppen, Tagesmütter-Gruppe usw.) und glaube inzwischen fest daran, daß jede Ausländerin in diesen Gruppen willkommen ist.

Ich bin natürlich auch heute noch oft unzufrieden mit mir selbst und der Umwelt. Mich ärgert es, mit zweierlei Maß gemessen zu werden, mich ärgern die Sanktionen, die Frauen noch stärker als Männern die Möglichkeit nehmen, menschenwürdig zu leben und sich zu bilden.

Ich habe noch nicht über die Probleme ausländischer Frauen mit Kindern gesprochen. Frau kann sich nicht vorstellen, was es bedeutet, ohne die gewohnte Dorfgemeinschaft auszukommen und völlig isoliert zu sein. Ich kenne Frauen, die seit 6 Jahren hier die Wohnung nicht verlassen haben, die aber zu Hause ständigen Kontakt mit anderen Frauen am Brunnen oder in der Backstube hatten. Was es für diese Frauen bedeutet, zum Arzt gehen zu müssen. Wie können sie den Kindern bei den Schularbeiten oder anderen Dingen helfen, die sie selbst kaum kennen?

Nur gemeinsam können wir hier die Kluft zwischen Deutschen und Ausländerinnen, Christen und Moslems, Kommunisten und Antikommunisten abbauen, wenn wir einander besser verstehen, erfüllter und nützlicher leben. Viele von uns können nach dem Studium oder auch sonst mit dem was sie hier gelernt haben, dem eigenen Land besser helfen, und das finde ich am wichtigsten.

*Kinga von Gyökössy-Rudersdorf*

**Literatur und Film-Hinweise:**
»Schirins Hochzeit«
»Das höchste Gut einer Frau ist ihr Schweigen«
Füruzan: Frau ohne Schleier, Wien 1976
Kamenko, Vera: Unter uns war Krieg, Berlin 1978
Krasberg, Ulrike: Arbeit ist Arbeit, kannst du alles gut amchen! Infodienst zur Ausländerarbeit. Heft 1/1980
Flock, Hanne-Lore: Zekiye und Ahmet. Infodienst zur Ausländerarbeit. Heft 2/1979

## »Eigentlich bin ich immer verzweifelt«

H.C., *(Türkin)* 27 Jahre alt, verheiratet, 2 Kinder:

Vor 16 Jahren bin ich mit meinen Eltern nach Deutschland, nach Stuttgart gekommen. Damals war ich 12 Jahre alt und hatte gerade die Volksschule in der Türkei beendet. Der erste Aufenthalt in Deutschland war allerdings sehr kurz. Schon nach einem halben Jahr wurde ich zurückgebracht, weil die Wohnung überbelegt war. Es war noch die Schwester meiner Stiefmutter bei uns, aber sie haben mich in die Türkei geschickt. Warum?, weil alle anderen ja gearbeitet haben, darum mußte ich aus dem Haus. Damals war ich noch viel zu jung, um allein zu leben, abgesehen davon wäre mir das niemals erlaubt worden. Ich wurde also zur Großmutter nach Selcuk geschickt. Dort blieb ich ungefähr ein Jahr. Inzwischen hat meine Stieftante geheiratet und ist ausgezogen. Ich durfte zurückkommen. Stell Dir mal vor, die Kinder schickt man aus dem Haus, damit die Tante in der Wohnung bleiben kann. Sie hat zwar gearbeitet, aber ich bin doch zur Schule gegangen. Trotzdem hat man mich von der Schule genommen. Das war sehr schlimm für mich, denn ich bin in der deutschen Schule sehr gut mitgekommen und mir hat das Lernen Spaß gemacht. Als ich nun wieder nach Deutschland zurückkam, war ich schon fast 13 Jahre alt und man sagte mir, daß ich zu alt für die Volksschule sei. Und die höhere Schule war ja zu hoch für mich. Also blieb ich erstmal zuhause. Das war schwierig, weil das Verhältnis zu meinen Eltern nicht gerade herzlich war. Sie haben sich auch nicht viel um mich gekümmert, außer daß sie mir alles verboten haben. Vielleicht wäre es mit meiner richtigen Mutter anders gewesen, aber sie starb, als ich 9 Jahre alt war. Wir waren damals noch in der Türkei. Nach einem Jahr hat mein Vater wieder geheiratet. Zu meiner Stiefmutter habe ich kein gutes Verhältnis. Sie mag mich nicht und ich mag sie nicht, aber wir mußten miteinander leben. Sie hat von meinem Vater drei Kinder bekommen; sie wachsen jetzt in der Türkei auf. Ich habe keine Beziehung zu meinen Stiefgeschwistern, weil wir nur kurze Zeit zusammengewohnt haben, ich kenne sie gar nicht richtig.

In der Zeit, als ich zu alt für die Schule und zu jung zum Arbeiten war, und daher zuhause sitzen mußte, bekam meine Stiefmutter ihr erstes Kind. Ich hab es tagein tagaus gehütet. Samstags, wenn die Familie zum Einkaufen in die Stadt fuhr, hab ich oft gefragt, ob sie mich mitnehmen. Ich wollte auch mal raus und etwas sehen. Da sagte meine Stiefmutter sofort, das kostet doch Geld (der Fahrschein für die Straßenbahn kostete damals, glaub ich, 60 oder 80 Pfennig), das ist unnötig, ich solle zuhause bleiben. Damals hab ich viel geweint, aber das hat mir auch nichts genützt. Mein Vater konnte mir auch nicht helfen. Er war ja selber sehr streng und sehr eifersüchtig und altmodisch. Ich durfte nichts, was andere Mädchen durften. Ich hatte keine Freunde, weil ich nirgends mitmachen durfte. Einmal hab ich einen Minirock angezogen, das war damals modern, und mein Vater hat mich gesehen, da hat er fürchterlich geschimpft. Er hat mir auch verboten, mit anderen Männern zu sprechen. Als ich 15 war, hab ich in derselben Firma, in der meine Eltern arbeiteten, als Packerin angefangen. Und da kam einmal ein junger Kollege, ein Deutscher, zu mir und meinte, so zum Spaß, er werde zu meinem Vater gehen und fragen, ob er mich zum Essen einladen dürfe. Er wußte, was mein Vater sagen würde. Ich hab gesagt, Sie irren sich, mein Vater hat bestimmt nichts dagegen. Ich dachte nämlich, er würde nicht wirklich fragen, und ich hab mich auch ein bißchen geniert. Aber er hat es doch getan, ich stand zufällig dabei. Sofort hab ich ihn unterbrochen. Ich war doch zu ängstlich, denn mein Vater hätte mir niemals erlaubt, mit einem Mann auszugehen.

In der Zeit bin ich morgens mit meinen Eltern zur Arbeit gefahren und abends sind wir zusammen wieder nachhause; ich mußte die Hausarbeit machen, dann wurde gegessen, geschlafen und dann wieder zur Arbeit. Meinen Lohn hab ich zuhause abgegeben. Wenn ich etwas brauchte, zum Anziehen oder so, mußte ich darum bitten - viel hab ich ja sowieso nicht bekommen. Das einzig Positive in dieser Zeit war die Berufsschule, die ich nach dem Gesetz hätte drei Jahre lang besuchen sollen. Weil ich aber mit 16 Jahren verheiratet wurde und ein knappes Jahr später das erste Kind bekam, mußte ich die Berufsschule nach zwei Jahren verlassen. Dann war es mit dem Lernen natürlich aus. Ich hatte nie eine Chance, etwas Richtiges zu lernen. Insgesamt konnte ich ja nicht mal drei Jahre in Deutschland zur Schule gehen.

Eigentlich wollte ich auch gar nicht heiraten, aber das durfte ich natürlich nicht selbst bestimmen. Als die ganze Familie in der Türkei Urlaub machte, kamen die Eltern meines Mannes zu meinen Eltern und baten um mich für ihren Sohn. Bei uns ist es Tradition, daß zuerst die Eltern des Mädchens gefragt werden. Die sagen natürlich noch nicht gleich ja, sie müssen erst prüfen, ob diese Familie auch ordentlich und was von dem jungen Mann zu halten ist. Sie haben auch mit mir gesprochen, aber das zählt nicht, denn sie haben nicht auf mich gehört.
Obwohl ich gesagt hab, daß ich noch nicht heiraten will, weil ich noch zu jung bin und den Mann ja gar nicht kenne, haben sie die Ehe versprochen. Ich versteh das nicht, man muß doch miteinander reden, mal zusammen ausgehen, sich einfach ein bißchen kennenlernen, bevor man heiratet. Aber das alles geschieht bei uns nicht. Vielleicht ist es in der Großstadt anders, aber wir kommen aus einer kleinen Stadt und da hält man sich noch an die Tradition. Mein Vater kennt den Vater meines Mannes, und er weiß, daß mein Mann ein guter Mensch ist, daß er fleißig

ist und nicht trinkt, deshalb hat er zugestimmt. Sicher hat er auch gedacht, daß ich noch viel zu jung bin, um selber beurteilen zu können, welcher Mann »der Richtige« für mich ist. Aber dann müßte ich ja auch zu jung zum Heiraten sein.

Noch im Urlaub wurde alles vorbereitet; mit einem großen Fest mit Musik und Tanz wurde die Verlobung gefeiert. Und gleich darauf haben wir standesamtlich geheiratet. Sonst hätte ich ihn nicht nach Deutschland kommen lassen können. Kirchlich getraut wurden wir etwa neun Monate später in Stuttgart; da haben wir dann richtig Hochzeit gefeiert mit allem was dazugehört.

Gleich als ich aus dem Urlaub zurückkam, bat ich die Firma, in der ich damals gearbeitet hab, meinen Mann einzustellen. Sie haben ihn eingeladen, und etwa ein halbes Jahr später konnte er dann nach Stuttgart kommen. Bei dieser Firma arbeitet er immer noch; das sind jetzt 10 Jahre.

Bei der Hochzeit war ich irgendwie innerlich traurig, ich weiß auch nicht, woran das lag. Vielleicht weil ich ihn nicht gekannt hab. Ich hab mir überlegt, er wird sich sicher an unsere Tradition halten und mir nicht alles erlauben, aber vielleicht kann ich mich mit der Zeit an ihn gewöhnen. Jetzt mag ich ihn, weil er mein Mann ist, aber geliebt hab ich ihn nicht. Seit 10 Jahren sind wir jetzt zusammen, inzwischen haben wir natürlich zwei Kinder bekommen; mein Mann ist 33, ich bin 27 Jahre alt, aber Schwierigkeiten haben wir immer noch miteinander, denn türkische Männer können sich nicht ändern.

Vor meiner Ehe war ich immer zuhause und alles wurde mir verboten. Seit ich verheiratet bin, bin ich doch etwas freier. Aber ganz so leben wie ich will, kann ich nicht. Natürlich erlaubt es unsere Tradition, daß ich mit meinem Mann ausgehe, etwas unternehme, aber er will nicht und alleine darf ich nicht. Er hat ganz andere Gedanken als ich. Er will nur arbeiten, essen, schlafen und sich mit Freunden unterhalten, und vor allem möglichst immer zuhause bleiben. Ich weiß, er arbeitet Schicht, 12 Stunden am Tag, das ist sehr anstrengend. Ich verlange auch nicht, daß er mir im Haushalt hilft, aber manchmal möchte ich schon was mit ihm unternehmen. Sport treiben - ich fahre zum Beispiel gern Rad - oder mal ins Kino oder Theater gehen, das will er nicht. An den großen türkischen Festen nehmen wir schon teil, aber dort treffen wir so viele Leute, die wir kennen, mit denen wir uns unterhalten müssen, und ich möchte doch gern mit ihm ausgehen, mit ihm etwas erleben.

Wir sind jetzt seit 10 Jahren verheiratet und nicht einmal hat er gesagt: Komm, heut abend brauchst Du nicht zu kochen, heute gehen wir essen.

An so was denkt er gar nicht! Wenn ich unbedingt irgendwo hingehen will, zum Beispiel mit meinen Kolleginnen essen oder auf ein Fest, muß ich es auf einen Streit ankommen lassen. Als ich einmal von einem Fest bei deutschen Freunden erst um 2 Uhr morgens nachhause kam, hat er sehr geschimpft und gesagt, er werde sich jetzt wie ein richtiger türkischer Mann verhalten und mir alles verbieten. Eigentlich ist es nicht recht, daß der Mann alles bestimmen kann. Unsere Tradition verlangt aber, daß die Frau dem Mann gehorcht, und daß der Mann bestimmt, was geschieht. Vielleicht ist das in der Großstadt nicht mehr so schlimm, aber gleichberechtigt sind Mann und Frau auch dort noch lange nicht.

Sicher, im Vergleich zu anderen türkischen Frauen habe ich hier relativ viel Freiheiten, ich fahre Auto, ich gehe ab und zu mit Kolleginnen aus, aber ich muß immer für diese Freiheiten kämpfen. Weißt Du, ich hab mich von Anfang an immer dagegen gewehrt, daß er über mich bestimmt. Das ist mühsam, aber das muß sein. Bei einem Punkt gibt es immer Streit und bisher konnte ich mich da auch nicht durchsetzen, dann, wenn ich etwas lernen will, zum Beispiel einen Sprachkurs besuchen oder in der Abendschule die Mittlere Reife nachholen, selbst einen Schreibmaschinenkurs darf ich nicht machen. Wenn ich irgend etwas lernen will, ist seine Antwort Nein! Ich würde ja sonst viel mehr wissen als er, ich würde dadurch noch selbständiger und unabhängiger von ihm, und das will er nicht. Er kann sich auch nicht vorstellen, warum ich noch was lernen will, denn er hat kein Bedürfnis, sich weiterzubilden. Nicht einmal richtig Deutsch will er lernen. Er verläßt sich halt auf mich; ich übersetze immer. Alles was wir mit Ämtern oder Behörden zu tun haben, muß ich erledigen. Warum lernt er nicht Deutsch, er lebt doch auch hier? Manchmal, wenn wir wieder streiten, weil ich auf meinem Recht bestehe, sagt er, ich solle doch nicht so aggressiv sein. Ich sag ihm dann: Wenn Dir das nicht gefällt, dann hättest Du halt eine vom Land heiraten sollen, die ist ganz ruhig, sie kocht nur, sie putzt nur und sie macht Dir nur Kinder, aber was anderes kann sie nicht. Aber so eine will er dann doch nicht.

Finanziell bin ich eigentlich unabhängig, ich arbeite ja auch selbst. Mein Mann und ich haben ein gemeinsames Konto. Sind die Daueraufträge für Miete, Kredite usw. abgezogen, heben wir ab, was übrig bleibt, nehmen es nach Hause und jeder kann sich bedienen. Mein Mann schreibt mir nicht vor, wieviel Haushaltsgeld ich bekomme. Ich kann mir nehmen, soviel ich will, und ich frag nicht um Erlaubnis. Das ist bestimmt nicht in allen türkischen Familien so. Mein Mann ist doch sehr großzügig, er ist gemütlich, und bevor er großen Streit hat, gibt er lieber nach. Ein anderer Mann würde vielleicht ganz anders reagieren. Ich kann schon verstehen, daß sich manche Frauen nicht wehren. Auch in Deutschland gibt es türkische Familien, in denen die Frau zuhause bleiben muß, sie ist dann vollkommen von ihrem Mann abhängig. Da werden zum Beispiel die Lebensmittel einmal in der Woche gekauft, das macht der Mann, und sie geht mit (meist 3 Schritte hinter ihm, wie zuhause in der Türkei). Sie spricht natürlich kaum ein paar Worte Deutsch. Für die Kleinigkeiten, die sie so unter der Woche braucht, mal ein Stück Brot oder sowas, gibt ihr der Mann Geld, aber nur soviel, wie zum Beispiel das Brot kostet. Sie kann überhaupt nichts anderes kaufen - das gibt es auch.

Über die Ehe und was mich da erwartet, hab ich nicht viel gewußt, als ich verheiratet wurde. Ich konnte ja auch nichts wissen, weil ich nichts erleben konnte. Ich habe zum Beispiel nie einen Freund gehabt. Und meine Eltern konnten mir auch nur sagen, wenn man verheiratet ist, hat man halt einen Ehemann, dem muß man gehorchen, dann kriegt man Kinder, und man muß immer ganz anständig sein - das war alles.

Als ich zum ersten Mal meine Periode bekam, bin ich furchtbar erschrocken. Meine Stiefmutter hat mir nichts gesagt; ich wußte gar nichts. Ich hab mich auch nicht getraut zu fragen. Erst beim zweiten Mal, da hab ich mir gedacht, daß das vielleicht eine Frauensache ist. Da hab ich mir überlegt, ob ich meine große Schwester fragen soll. Ganz vorsichtig hab ich es ihr erzählt. Sie hat mich dann beruhigt und mir gesagt, daß es die Schuld der Eltern ist, die mich hätten aufklären sollen. Dann hat sie mir alles erklärt.
Ich war bestimmt schon 10 Jahre alt, da hat mir meine Oma immer noch erzählt, daß man die kleinen Kinder mit einem Korb im Fluß fängt. Den Korb hält man in den Fluß und irgendwann schwimmt ein Baby hinein. Als ich selbst Kinder hatte, hab ich versucht, auf alle ihre Fragen Antwort zu geben. Als ich das zweite Kind bekam, war mein großer Junge 4 Jahre alt. Ich hab seine Hand auf meinen Bauch gelegt, damit er spürt, wie sich das Baby bewegt und hab ihm gesagt, daß er ein Geschwisterchen bekommt und daß es in meinem Bauch wächst. Ich hab ihm alles erklärt, so daß er es verstehen konnte. Vom Fernsehen lernt man mit der Zeit, wie es wirklich ist, daß man sich küßt und dann kann man sich schon ein bißchen vorstellen, was danach kommt. Aber ganz genau gewußt hab ich es nicht, bis ich geheiratet hab. Ein kleines bißchen Angst hab ich schon davor gehabt, aber mehr noch »Lampenfieber«. Zuerst hat es mich erschreckt, dann hab ich mich dran gewöhnt. Also schlimm war es nicht, mein Mann war ja auch lieb zu mir.
In den 10 Jahren hab ich immer gedacht, wenn man verheiratet ist, muß man auch treu sein, ich hab immer daran gedacht und hab gar nichts unternommen. Es gab schon Männer, die mit mir befreundet sein wollten, ich hab jedesmal abgelehnt. Ich hab nicht einmal mit einem anderen die »Hand gehalten«. Ich denke immer daran, daß eine verheiratete Frau treu bleiben muß. Obwohl es nicht immer leicht ist, bin ich treu geblie-

ben - bis jetzt. Aber in meinem Leben geschieht gar nichts, 10 Jahre sind eine lange Zeit. Ich möchte auch mal was anderes erleben; einmal verreisen, nicht immer nur in die Türkei fahren, oder abends mal ausgehen, aber da macht er nicht mit und das ist mir allmählich langweilig.

Als damals das Baby kam, hab ich aufgehört zu arbeiten, bis es 2 Jahre alt war. Ich hab dann eine Stelle als Kontoristin angenommen. Es gefiel mir ganz gut, die Kolleginnen und der Chef waren sehr nett. In dieser Zeit war das Kind bei einer griechischen Familie untergebracht. Während der Zypernkrise sagten sie mir, daß sie kein türkisches Kind mehr betreuen möchten. Ich mußte von einem Tag auf den anderen einen neuen Platz finden, das war natürlich unmöglich. Im Geschäft hab ich den ganzen Tag geweint. Der Chef ließ mich zu sich kommen, und ich hab ihm alles erzählt. Zum Glück durfte ich sofort gehen, ich mußte keine Kündigungsfrist einhalten. Und der Chef versprach mir, daß er mich wieder einstellt, sobald ich jemanden für das Kind gefunden hätte. Erst als der Junge in den Kindergarten kam, kommte ich wieder arbeiten gehen. Ich hab in der Firma, in der mein Mann beschäftigt ist, angefangen. Dann kam das zweite Kind. Nun konnte ich sowieso nicht mehr arbeiten. Als die Kinder 6 und 3 Jahre alt waren, haben wir sie in die Türkei genommen. Sie blieben auch dort, weil mein Mann unbedingt wollte, daß sie in ihrer Heimat zur Schule gehen. Besuchen sie in Deutschland die Schule, haben sie es viel schwerer, und sie können dann vielleicht weder richtig deutsch noch richtig türkisch. Für meinen Mann war von Anfang an klar, daß wir einmal in die Türkei zurückkehren werden. Jetzt, wo wir das Haus bauen, sowieso. Aber ich denke darüber ganz anders, ich möchte nicht mehr zurück.

Seit die Kinder in der Türkei sind, arbeite ich natürlich wieder, zuerst als Kontoristin in einem Kaufhaus und seit einem Jahr in einem Verlag. Ich hab mich sehr gefreut, daß ich diese Stelle bekommen hab, weil ich durch die neue Arbeit viel mehr Kontakt zu den Deutschen habe. Ich kann und muß mehr Deutsch lernen, und dadurch kann ich doch noch etwas lernen.

In letzter Zeit war mein Mann sehr fröhlich, er sagte mir, wenn das Haus fertig ist, brauchst du nicht mehr arbeiten. Du wirst dann die Frau für zuhause sein. Aber was habe ich davon, wenn ich ein großes Haus habe und gar nicht mehr arbeiten brauche, aber eingesperrt bin? Was habe ich davon? Gar nichts. Ich könnte niemals so frei sein, wie hier. Selbst wenn wir bloß zu Besuch in der Türkei sind, muß ich mich schon so verhalten, wie es von den Frauen dort erwartet wird. Mein Vater will, daß ich zu ihm komme, wenn ich etwas brauche, zum Beispiel Kohlen oder Holz oder ähnliches - das zu besorgen sei Männersache. Und ich dürfe auch nicht wie in Deutschland jederzeit und alleine in die Stadt gehen, nicht einmal zum Einkaufen. Wenn das schon im Urlaub so ist, wie wird das erst, wenn ich einmal wieder in der Türkei lebe? Mein Mann stellt sich vor, daß ich den ganzen Tag daheim bin, daß wir am Wochenende Freunde und Verwandte besuchen, und daß ich nur mit Frauen zusammen bin. Das sind aber Frauen, die immer nur machen, was ihre Männer wollen, aber das will ich nicht. Ich werde mich wehren und dagegen kämpfen, so gut ich kann. Eigentlich wollte ich von Anfang an nicht wieder zurück in die Türkei. Das Haus, das wir in unserer Heimatstadt bauen, wird etwa in 5 Jahren fertig sein; dann will mein Mann ganz sicher wieder zurück. Und ich? Ich bin dann 21 Jahre in Deutschland. Nach so vielen Jahren der »Freiheit«, kann ich da überhaupt noch zurück?

Bleibe ich hier, muß ich mich scheiden lassen, sonst kann mein Mann verlangen, daß ich ihm folge. Damit verzichte ich aber auf meine Kinder. Sie sind zwar bald groß, und dann brauchen sie die Eltern nicht mehr unbedingt, es genügt, wenn sich der Vater um sie kümmert; trotzdem fällt es mir schwer, ohne die Kinder zu sein. Ich werde sie noch mehr vermissen als jetzt. Im Augenblick sehe ich sie ja auch nur einmal im Jahr, und das wird er mir schon erlauben, wenn wir geschieden sind, aber ich habe dann keine Hoffnung mehr, einmal ganz mit ihnen zusammen sein zu können. Seit 4 Jahren sind die beiden nun schon in der Türkei und je mehr Zeit vergeht, desto mehr verlieren wir die Bindung zueinander. Der Kleine wird 7, der Große 10 Jahre alt. Gern hätte ich die Kinder nach Deutschland geholt, aber als wir vor etwa einem Jahr darüber sprachen, mußte ich einsehen, daß es besser für sie ist, wenn sie in der Türkei bleiben.
Beide haben dort mit der Schule angefangen, und wenn wir sie jetzt hierher holen, müssen sie sich ganz umstellen. Sie müssen perfekt deutsch lernen, um hier weiterzukommen, um vielleicht studieren zu können. Und wer weiß, wie lange sie in Deutschland bleiben dürfen? Zuallererst sind sie ja Ausländer. Und wenn sie zurück müssen, können sie nicht richtig türkisch. Wir haben uns also entschlossen, die Kinder in der Türkei zu lassen, dort gehen sie bereits zur Schule, und sie haben es leichter, wenn sie das Gymnasium besuchen und studieren wollen.

Der Kinder wegen hab ich mir eine Zeitlang überlegt, welche Möglichkeiten ich habe, wenn ich doch mit zurückgehe. Um wenigstens finanziell von meinem Mann unabhängig zu sein, um nicht um jede »Mark« betteln zu müssen, hab ich mir eine Strickmaschine gekauft. Ich wollte einen kleinen Laden aufmachen, die gestrickten Sachen, Wolle und Kurzwaren verkaufen. Trotzdem müßte ich mich natürlich nach unserer Tradition richten, ich wäre bestimmt nicht so frei wie hier in Deutschland, weil wir ein ganz anderes Bild von der Frau haben. Weißt Du, die Entscheidung ist schwer. Hier ist ja nicht mein Land. Als Ausländerin muß ich immer damit rechnen, daß ich einmal weg muß. Wenn ich mich scheiden lasse, bin ich ganz auf mich angewiesen. Werde ich dann arbeitslos, bekomme ich 18 Monate lang Arbeitslosengeld, hab ich dann immer noch keine Stelle, werde ich ausgewiesen. Diese Unsicherheit ist immer da. Ich kann mich nicht darauf verlassen, daß ich immer hier bleiben kann. Ich bin Türkin, meine Heimat ist die Türkei, dort kann ich nicht ausgewiesen werden, aber dort kann ich nicht leben. Ich bin hier in Deutschland aufgewachsen, das Leben, der Alltag in der Türkei sind mir fremd. Ich finde mich dort gar nicht mehr zurecht. Und so wie mir geht es vielen türkischen Frauen. Wäre ich immer in der Türkei geblieben, wüßte ich nicht, daß man auch anders leben kann. Ich würde nichts vermissen, weil ich nichts anderes gekannt hätte. Aber so habe ich ja viel mehr kennengelernt, und jetzt lasse ich mich natürlich nicht mehr unterdrücken. Außerdem, wie soll ich in der Türkei Arbeit finden, hier gibt es fast 2 Millionen Arbeitslose, in der Türkei sind es ungefähr 7 Millionen Menschen, etwa 15 % der Bevölkerung.

Eigentlich bin ich immer verzweifelt, es ist schwierig zurückzugehen, und es ist schwierig, hier zu bleiben.

*Das Gespräch führte Iris White.*

*Wie mir, so muß einem Stummen sein, der im höchsten Affect sprechen will, sprechen und er kann nicht, kann nicht.*

Hedwig Dohm: Werde, die du bist

## »Du hier für immer bleiben?«

*Die Afrikanerin Lindizga Nyirenda lebt seit 1976 in Deutschland und studiert Betriebswirtschaft in Stuttgart.*

Ich bin seit 1976 in Deutschland. Seit ich hier bin, habe ich mich mit verschiedenen Tätigkeiten mehr oder weniger durchgeschlagen: als Babysitter, Putzfrau, Haushaltsgehilfin, Dolmetscherin, Schulaufgabenbeaufsichtigung, Aushilfe in verschiedenen Büros in der Verwaltung und in Kaufhäusern. Meine Erfahrung als Ausländerin ist, man muß sich ziemlich viel gefallen lassen, sehr geduldig sein und vor allem Beziehungen haben, sonst bekommt man keine Arbeit.
Bei der Arbeitssuche kriegt man mit, daß die Arbeitgeber Vorurteile gegenüber ausländischen Arbeitsuchenden haben. Mir wurde in vielen Fällen gesagt: 'Ich habe nichts gegen Ausländer, aber was sollen unsere Kunden sagen' oder »Das ist zu schwer für sie, ich kann es ihnen nicht zumuten« usw. Die deutschen Mitarbeiter machen doch dieselbe Arbeit. Kann man deutschen Frauen das zumuten? Ich kam mir oft vor, als sei ich nicht lernfähig und zu nichts zu gebrauchen.

Wenn ich zwei Wochen bei einer Stelle war, kamen Bemerkungen wie 'Nicht schlecht für eine Ausländerin; unsere Lindizga ist wirklich außerordentlich intelligent, sie kann genau wie WIR arbeiten'. Das frustriert mich, aber was soll ich machen, ich schlucke es hinunter. Wenn man sich beschwert oder meckert, verliert man die Arbeitsstelle. Integration am Arbeitsplatz ist sehr mühsam. Die Mitarbeiter betrachten die Ausländer als sicheren Weg zur Arbeitslosigkeit. Daher sind die deutschen Mitarbeiter so lange distanziert und unfreundlich zu mir, bis sie genau wissen, daß ich nur zur Aushilfe angestellt bin. Anlernen ist meist zu umständlich, und die Kollegen sind nicht bereit, einem etwas zu erklären, weil sie denken, wenn die Ausländerin gelernt hat, dann könnten sie selbst rausfliegen. Das Schlimmste ist aber: auch wenn sie wissen, daß man gut deutsch spricht, reden sie mit mir in gebrochenem Deutsch und erwarten, daß ich nichts verstehe! 'Du hier für immer bleiben?' oder 'Du hier Arbeit gefallen?'
Es ist zum Heulen!

Für Ausländer(innen) fangen die Schwierigkeiten mit der Sprache an, gehen dann über zu fehlenden Informationen in Rechtsfragen bei der Ausländerpolizei, Probleme bei der Wohnungssuche und der Integration in sämtlichen Bereichen: Arbeit, Studium, Zusammenarbeit mit deutschen Kommilitonen.

In den Vorlesungen hatte ich schon wegen der Sprache Schwierigkeiten. Es gibt Dozenten, die meinen, daß ein Ausländer eben nicht so schlau ist wie ein Deutscher. Manche Dozenten sind sehr aufmerksam, sie reden langsamer und fragen: 'Hast du mich gut mitbekommen, oder ich zu schnell reden?' Anfangs war ich froh und dachte, die meinten es gut, aber inzwischen weiß ich, daß diese 'Freundlichkeit' mit Vorurteilen verbunden ist. Einmal hatte ich zum Beispiel eine Klausur geschrieben. Nach der Korrektur kam der Dozent zu mir und gratulierte mir. Ich dachte, daß es eine eins geworden ist und lief schnell zu Sekretariat. Und was hatte ich: eine 3,7. Meine Enttäuschung war sehr groß. Ich fragte den Dozenten, warum er mir gratuliert hätte. Er meinte: 'Für eine Ausländerin ist es eine gute Note und für eine Afrikanerin sehr gut'. Ein anderer Dozent gab mir eine 5, und als ich mich beklagte, sagte er, es sei doch klar, daß die Arbeit nichts geworden sei. Daraufhin korrigierte ein zweiter Dozent die Arbeit nochmal und gab mir eine 2. Was für ein Unterschied!

Während des ganzen Studiums bekam ich Bemerkungen zu hören wie: 'Für einen Ausländer nicht schlecht; das ist enorm für eine Ausländerin; eine gute Leistung für eine Ausländerin; usw. Natürlich kam auch jedesmal die beliebte Frage 'Wollen Sie nach dem Studium zurückgehen, und können Sie das, was Sie gelernt haben, auch gebrauchen?' Diese Fragen gehören zu meinem täglichen Leben und ab und zu antworte ich schon automatisch darauf. Es kommt mir vor, als meinten die, ich hätte ohne zu überlegen etwas angefangen zu studieren. Sicher, das mit dem Zurückkehren ist für viele ausländische Studenten eine umstrittene Frage. Aber das liegt meistens an der politischen Situation zu Hause oder an materiellen Entscheidungen und natürlich an persönlichen Gründen. In meinem dreijährigen Studium hatte ich sehr wenig Kontakte zu deutschen Kommilitonen. Gruppenarbeit war fast ausgeschlossen.

Für mich ist klar, daß ich nach dem Studium zurückkehre. Hier in Deutschland hat man Probleme mit dem Wetter und der Kälte der Menschen. Trotz des materiellen Wohlstandes ist man hier sehr arm und einsam. Im Bus wird man feindselig behandelt. Die Ausländerpolizei hängt einem ständig am Hals. Wirklich, es gibt in Deutschland nichts umsonst, die Aufenthaltsbescheinigung kostet heute 30.- DM. Der Beamte entscheidet je nach Laune, ob man für eine Woche, einen Monat oder für ein Jahr eine Aufenthaltsbescheinigung bekommt, die 30 Mark muß man aber so oder so bezahlen.
Ständig muß man beweisen, daß man hier leben kann, ohne den deutschen Staat zu belasten. Man muß auch dankbar sein für nichts und wieder nichts. Man könnte noch Seiten mit den Schwierigkeiten der Ausländer in Deutschland füllen, aber ich möchte es hiermit fürs erste bewenden lassen.

## Hast Kummer, trinkst Schnäpsle

*Ich arbeite als Mitarbeiterin in der außerschulischen Jugendarbeit bei der Pro Familia Waiblingen. Dort lernte ich vor ca. 3 Jahren Frau F. kennen, die damals alkoholabhängig war. Wir sprachen miteinander, ich besuchte sie und versuchte, ihre Situation zu erfassen und zu verstehen. Gemeinsam bemühten wir uns, den Grund zu finden, der sie zum Trinken veranlaßte und dazu trieb, weiter zu trinken. Dieses Gespräch ist ein Abschlußgespräch, in dem sich Frau F. über sich selbst klar zu werden versucht. Das Gespräch wurde auf Band aufgenommen, und ich habe es bis auf unwesentliche Kürzungen auch sprachlich unverändert wiedergegeben: Hier spricht eine Jugoslawin, die versucht, mit deutschen Worten ihre Gefühle auszudrücken.*

*Ingrid Kuhn*


Ich bin in Deutschland seit 1969 und wohne in E. Ich bin verheiratet, habe eine Tochter, sie wird im Juli 1982 22 Jahre.
Erst war mein Mann da, etwa 2 Jahre, ganz alleine, und dann bin ich mit meiner Tochter nach Deutschland gekommen, daß wir uns was anschaffen in Jugoslawien, weil wir solche Möglichkeiten nicht hatten, so wie hier.
Ich wollte nur meine Wohnung schön einrichten, und sonst nichts - aber dann nachher mein Mann wollte ein Haus und so - aber ich wollte nie Haus haben; ich wäre zufrieden mit einer schön eingerichteten Wohnung, vielleicht ein Auto; damals war noch kein Fernsehen, nur so manche Häuser, die viel Geld hatten; da habe ich auch den Wunsch gehabt - aber für Haus bin ich nicht nach Deutschland gekommen ... 100 %.
Mein Mann wollte Haus haben. Und er hat es auch geschafft - mit mir. Mein Mann ist Schlosser, Bauschlosser.
Als ich nach Deutschland kam, das war sehr schwierig. Ich habe erstmal geputzt sechs Monate im Heim. Da habe ich kein Wort Deutsch gewußt, als so was Eier oder Brot, dann wollte ich weg, weil ich habe gedacht: Putzfrau, das hat mir auch nicht grad so gepaßt. In Jugoslawien bin ich Ökonom in Kindergarten gewesen, das heißt, ich habe alle Kindergarten, was in meiner Stadt gewesen ist; das war Schule, Tagesheime und für die ganz Kleinen, für Baby, Säuglingsheime oder Krippe und Kindergarten und Schulkinder, also ich hab für alle besorgt für Essen, für Winter und Spielzeuge eingekauft, Speisekarte zusammengestellt für ganz kleine Baby.
In Jugoslawien war ich angesehen mit dem Beruf. Ich war erste in ganzer Stadt fast. Überall war für mich offen, wo ich hingekommen bin, und es hat viel Spaß gemacht - und das hat mich auch so zugrunde ge-

macht,...

Ha, gerade mit Alkohol angefangen zu trinken, daß ich mich tröste, weil ich habe gesehen, ha, für das bist du nach Deutschland gekommen, hast du deinen Beruf aufgegeben, für das bißchen Geld und so - nicht - weil mit Dinare könnte ich auch schöne Wohnung einrichten in Jugoslawien. Aber ich habe geheiratet und hat man kein Geld gehabt, das ist klar, bis das paar Jahre dauert, bis man das Mindeste angeschafft hat und so ...

Ich wollte dann weggehen. Dann Chef hat gesagt, ich soll nicht weg, soll bei Schwester versuchen. Dann hab ich gedacht, na ja, ist ein bißchen was anderes, nicht viel schönerer Arbeit wie putzen, aber ich denk doch kein Putzfrau. Und dann war ich noch mal 5 Jahre dort. Ich hab Spritze und Medizin ausgeteilt. Da hab ich mich eingearbeitet. Ich hab Mittagsdienst gemacht ganz alleine, und dann nach diesen 5 Jahren, diese Samstag-Sonntag-Dienste und Nachtwache und Feiertage, dann wollte ich nicht mehr machen. Ich nie zuhause gewesen. Ich hab immer schaffen müssen, damals war es noch nicht so gut wie jetzt - jetzt kriegen die Zusatztag u. Sa/So. Damals hat man jede 2. Sonntag nur frei gehabt.

Dann habe ich bei Firma O. angefangen, da arbeite ich heute noch, da habe ich so Automaten eingestellt für Räder, und habe ich also auch eine verantwortungsvolle Arbeit gehabt. Muß ich für die Frauen Arbeit geben, und daß es alles gut läuft...
Einmal habe ich auch einen Unfall gehabt, da hab ich meine Finger in die Maschine rein. Also mein Kollege war krank, und ich wollte ein bißchen helfen mit den großen Automaten, und das könnte ich alleine nicht. Aber da war ein anderer Mann angestellt, und der hat sich doch nicht so gut ausgekannt, und ich wollte nur sagen, wie man das macht. Ich wollte das sagen und hat der das nicht gewußt, und ich meine Hände da rein. Da war so'n Ding zum Runterlassen und der hat das und meine Finger, bis zu den Knochen, alles, war sehr schmerzhaft. War ich sieben Wochen krank, hat mich noch lange weh getan, sehr lange.

Trinken habe ich schon im Altersheim angefangen, und da hab ich weiter halt. Hab ich mich immer so gefühlt, irgendwie warum hast du das gemacht, warum bist du nach Deutschland gekommen, das habe ich alles sehr bereut und bereue ich noch heute.
Weil da habe ich mich viel verändert und gar mit Alkohol, also bin ich nur zu Grunde gegangen. Jetzt bin ich, ich weiß nicht, aber ich hoffe, daß ich raus bin, aber ich werde nie in meinem Leben anfangen Alkohol zum trinken, wenn ich wüßte, daß es mir wieder schlecht oder dreckig ginge, würde ich nie wieder machen. Wenn ich nach Hause gekomen bin, ich habe nie im Betrieb eine Gefühl gehabt zu trinken, aber wenn ich nach Hause gekommen bin, dann war mir so langweilig, weil ich

mich alleine gefühlt, immer und mein Mann und meine Tochter waren immer da, aber diese Freunde, die ich in Jugoslawien gehabt habe - ich weiß nicht warum. Freunde hab ich nicht in Deutschland, Bekannte ja. So richtige Freunde oder wo ich mich meine Sorgen und wenn ich Kummer hatte, sagen könnte, solche habe ich nicht. Das vermisse ich sehr, weil in Jugoslawien da habe ich gehabt und bis heute noch. Wenn ich nach Hause komme, das ist alles noch da, wenn ich zurückkomme, das ist, wie wenn ich immer in Jugoslawien wäre. Die sind sofort da und hilfsbereit, die sind ganz beleidigt, wenn ich nicht hinkomme.... da bin ich auch sehr glücklich drüber.

Die Deutschen wollen keinen Kontakt mit Ausländern und da möchte ich auch nicht mehr. Früher habe ich immer gehofft und gemacht und gegeben und wollte, und das ist nichts geworden. Bei Deutsche ist so, wenn ich sie einlade, die kommen, die essen, die trinken bei ihnen. Aber die denken nicht daran, na ja, wenn ich die Einladung schon annehme, ich auch die Leute zu mir einlade. Und ich habe viele gehabt, die haben gekommen und nachher haben sie mich vergessen und so getan, wie wenn mich nicht kennen würde und so. Und habe ich gehofft und gehofft und immer diese Ungewißheit, wirst du oder nicht, bis ich ganze Kraft verloren und gesagt habe, das hat keinen Wert.

Mit Frauen aus meiner Nachbarschaft oder im Betrieb habe ich keinen Kontakt. Nein, das liegt nicht am mir, das liegt gerad an die Leute. Die wollen das nicht und jetzt bin ich damit, wie soll ich sagen, habe ich mich damit abgefunden. Ich will gar nicht, aber jetzt wollen alle mit mir. Gerade die Frau H. wo immer so und so im Betrieb. Und jetzt bin ich einzige Mensch, wo hilft und macht und sorgt, weil ihr gehts sehr dreckig jetzt grad. Und daß ich mal so grad mit Alkohol. Sie soll nicht viel trinken, weil sie kommt total besoffen ins Geschäft. Ich sag: warum machen sie das, haben sie Sorgen, sie können mir sagen... und vorher, wenn ich getrunken habe, dann war es für mich selbstverständlich und jetzt also mit so einer Frau möchte ich nicht gehen... die war auch besoffen gekommen, und da habe ich mich richtig geschämt, das hat so richtig gestunken dieser Alkohol, und dann hab ich gedacht, na ja, ist egal, du warst selber einmal so drin, das darfst du nicht so nehmen, das ist eine Krankheit und da muß man helfen...

Ich war nie auf Straße rausgegangen, wenn ich getrunken habe oder in Geschäft, grundsätzlich - nur wenn nach Hause gekommen, immer habe ich ein Durst gehabt, irgendwie ich weiß nicht... aber so wie die Frau ist, die ist ganz schlimm dran. Sie sagt, sie darf nicht raus, ihr Mann will immer, daß sie da ist; dann habe ich gesagt, das will ihr Mann gar nicht, das denken sie, daß ihr Mann immer will, daß sie da sind... und jetzt weiß ich nicht, aber immer wenn es ihr nicht gut geht oder schwer ist,

dann ruft an...
Sie hat immer schon getrunken, die letzten drei Monate, aber jetzt kommt sie jeden Morgen, betrunken, ungepflegt, nicht gekämmt und alle fragen, was ist denn los...
Jetzt habe ich eine sehr schöne Arbeit; ich überwache jetzt ganze Firma; die Automaten kontrolliere ich mit Computer und sage Bescheid, wenn nicht gut läuft, daß es verändert, und dann nach 5 Minuten mach ich noch mal, dann ist alles o.k., dann laß ich weiterlaufen... und das muß ich so jede Stunde machen und dann prüf ich die Fäden, das ist dann schon mehr Verantwortung. Das macht auch Spaß. So ohne das ist langweilig.

Im Oktober heiratete meine Tochter und bleibt in Deutschland. Wie gehts bei dem Gedanken, am Anfang war sehr schwierig, aber jetzt nicht mehr. Weil, ich denk, sie kann immer noch nach Hause kommen, und ich kann mein Leben nicht riskieren für die Hälfte. Wenn ich älter wäre so 60 Jahre oder 50, aber ich bin selber noch jung. Ich denk das wär egal, aber ich möchte noch ein paar Jahre in mein Staat, wo ich so glücklich war. Deswegen habe ich Haus schön ausgebaut und möchte ich noch ein paar Jahre genießen. Deshalb will ich unbedingt zurück, ich geh auch zurück, weiß ich!
Wie lange bleiben wir noch in Deutschland? Das sind noch Geldsachen. Wir müssen noch ein Auto kaufen, und dann fehlt noch Möbel ein bißchen und etwas gespartes Geld - ach, rechne ich noch gut 2 Jahre. Ich möchte noch meinen Führerschein machen, und das freut mich auch sehr, und ich hab ein innere Gefühl, und das fällt mir überhaupt nicht schwer, und ich bin sicher wie wenn ich gemacht hätte. Also ich werd ganz hart lernen und ... das schaff ich! Ich richte mein Kinderzimmer ein, abends damit ich nicht gestört werde, wenn mein Mann fernsehen will und dann werde ich jeden Abend fest lernen. Ich hab nicht einmal zu mein Mutti gesagt, niemand sag ich in Jugoslawien, daß ich jetzt Führerschein machen. Das wird für alle Überraschung.

Also grad von Deutschland will ich nichts schlecht machen. Für mich war nur schlecht dieser Kontakt, aber schlechte Erfahrungen habe ich keine, so daß ich schlecht behandelt wurde, so mein ich mit Behörde oder so oder irgendwas in Arbeitsplatz, da kann ich nichts sagen. Vielleicht auch ich könnte mich schon richtig einleben in diese Leben jetzt. Aber diese guten Freunde in Jugoslawien lassen und hier kommen und nichts, kein Freunde, kein Arbeit die Spaß macht, ich glaub das war für mich so schwer. Vielleicht hab ich auch Fehler gemacht, beim Anfang; vielleicht war ich schuldig, ich weiß nicht.

Wir Ausländer hier in Deutschland, wir sehr empfindlich. Wir sind viel empfindlicher, wie zuhause, das ist klar - das ist diese fremde Land, also ich bin viel empfindlicher als zuhause, weil, wenn eine Deutsche nicht so freundlich ist, dann denke ich, och, was ist jetzt los. Der Kontakt unter den Jugoslawen in Deutschland ist auch nicht sehr gut. Die sind alle eingeschlossen - nicht so wie früher, als ich nach Deutschland gekommen bin. Oh, da haben wir jugoslawisch gesprochen, da war Freundschaft auch, und das ist auch alles verloren durch vielleicht diese Zeit. Alle wir sind ein bißchen krank, ich denke seelisch; wir Frauen bestimmt. Er merkt nicht und trinkt ein Schnäpsle und denkt, dann ist alles vergessen. Also, ich persönlich möchte mit Türken nicht befreundet sein. Wir passen gar nicht zusammen. Ich denke, daß es der türkischen Frau hier in Deutschland noch schlechter geht als in Türkei. Ich habe auch gerade an Türkin gedenkt, die ganz fertig mit Nerven ... sofort weint sie, und wenn jemand was sagt, sie versteht gar nichts ... das ist furchtbar. Ich denk, mein lieber Gott - was aus dir wird auch. Ich sag ja, wir sind bestimmt alle 90 % krank. Ich bin dadurch, daß ich krank war, daß ich in Alkohol nicht viel find, ich bin jetzt selbstsicherer geworden, und ich kann mit mir umgehen. Ich lebe jetzt ganz anders, ist ganz klar, aber vorher ich auch war, na ja, hast Kummer trinkst Schnäpsle oder trink ich ein Bier dann war alles vergessen, und nachher wars noch schlimmer und schlimmer, schlimmer bis einmal war aus. Und ich kann ein Mensch, wo so besoffen, nicht sehen. Früher, wenn jemand nicht getrunken hat war für mich das Komische ... das geht viel schöner ohne Alkohol, viel schöner.

Also in jedem Fall, eine Gruppe, nur dann sollten nur ausländische Frauen da sein, nicht deutsche ... weil für mich wäre das ganz egal ob deutsche oder jugoslawische oder ... aber wenn eine Frau in Gruppe ist, die Ausländer nicht mag, das spürt man als Ausländer, das kommt irgendwann, dann fühlen wir uns nicht mehr so wohl ...

Ich hab noch sehr gute Erinnerungen an die Gruppe, ja die Frau, die gestorben ist letztes Jahr. Die Frau, so eine Liebe ... die hat uns auch einmal eingeladen; die war immer da für mich und immer freundlich, und sie hat auch viele Sorgen gehabt; und jetzt hab ich auch erfahren, daß sie kurz vor Totaloperation war und Brust und was weiß ich alles, und das hat kein Mensch gemerkt, kein Mensch. Und die Frau war freundlich, und er ist auch Ingenieur, und die wollten auch zu uns kommen nach Jugoslawien und alles. Die waren auch gut ... ich glaub das hier mit Intelligenz viel zu tun ist ... so wie mit - Primitives - so nenn ich das - da hat man schwierig. Aber gerade die Schule haben und Beruf und so Intelligenz, die sind auch zu uns viel netter ...
Ich hab mich gewünscht so eine Freundin, nur eine, wo ich mal so richtig aussprechen kann, daß ich mich verlassen kann, eine gute Freundin, des hat mich vielleicht gefehlt, und des kann man sicher nicht finden, des ist klar.

Ich denke jetzt: ich bin aufgewachsen, ich war sehr lustig, ich habe sehr viele Freunde und Freundinnen gehabt, wir sind immer fort, wir haben die letzte Dinar geteilt ... du hast eine Dinar ich hab zwei Dinar, haben frisches Brot gekauft beim Bäcker, Flasche Wein dazu. Ich habe aufgewachsen, nicht gewußt, ist das deine oder meine und hier, wo ich geputzt habe, andere Land, andere Mentalität.

Ja, das wäre schön: können sie das, dürfen sie das überhaupt, etwas mehr tun für ausländische Frauen hier in Deutschland? Das wäre was für viele, wenn Mensch hätten. Ich hab das Gefühl, ich hab jemanden in Deutschland. Durch diese Kontakt zu Ihnen habe ich damals auch meine Angst weggekriegt. Damals, wo mir so schlecht war ... mir war so dreckig diese Angst warum hab ich Angst...

Ich wollte nie wegen einer Schwangerschaftsunterbrechung zu euch kommen. Ich wollte nach Hause ... also, ich war zu Hause und kurz danach war ich schwanger geblieben. Mein Mann hat immer aufgepaßt ... und dann hat mein Chef gemacht und gleich angerufen. Ich weiß nicht, weiß er von seiner Frau ... ich hätte nie wissen ... obwohl, bei uns ist keine Schwierigkeit Kind wegmachen, das geht über Krankenkasse.
Ich tu jetzt für mich sehr viel. Ich war sehr viel alleine. Wenn ich alleine war, hab ich zur Flasche gegriffen, hab ich getrunken und jetzt Alkohol ist für mich tabu. Ich hab überhaupt kein Appetit mehr auf Alkohol und jetzt tu ich für mich. Ich geh baden, ich geh nach Stuttgart, mach ich einen Bummel. Ich geh mal da, ich geh mal dort, bin ich viel glücklicherer Mensch wie vorher. War ich, bin jetzt mit mir, ich glaub irgendwie zurechtgekommen hier mit Deutschland leben und ohne Freunde ... ich hab mein Mann, meine Tochter und ich sag mir was nützt mir dieser Alkohol überhaupt, macht mich überhaupt keinen Spaß, ich bin fast glücklicher Mensch, kann ich sagen. Ich bin gesund und das muß ich halt schützen und aufpassen, daß es so bleibt ... weil mein Mann ist nicht der Typ der sagt du mußt zu Hause bleiben. Er sagt sogar, du mußt gehen ... du brauchst des ...

**Feministische Psychologie**

Interview mit einer Psychotherapeutin

*Was ist feministische Psychologie und wie sind Sie darauf gekommen?*
Ich bin Psychologin und habe verschiedene Richtungen der Psychotherapie studiert: Psychoanalyse, Gesprächstherapie, Gestalttherapie, Primärtherapie, Gruppendynamik und Familientherapie. Ich habe in Konfrontation mit den Theorien der Psychoanalyse, in der Unterhaltung mit vielen Frauen und im Umgang mit feministischer Literatur eine ganze Reihe Widersprüche entdeckt, die mich ziemlich aufgeregt haben. Ich merkte, daß bei Freud einiges nicht so ganz stimmen kann, und das hat mich dazu gebracht, nach anderen Theorien zu suchen. Ich bin sicher, daß man an der traditionellen Theorie über die Entwicklung der Frau einiges korrigieren muß.
Solche Ansätze gibt es bereits. Aber sie sind noch nicht so ausgereift, daß man sie eine Theorie nennen könnte.
In München, Hamburg, Frankfurt und Berlin bestehen feministische Therapiezentren. Wir treffen uns zweimal jährlich zum Austausch und zur Weiterentwicklung einer feministischen Theorie weiblicher Entwicklung. Dabei kristallisieren sich einige Standpunkte heraus, die sich von der traditionellen Theorie unterscheiden, z.B. den zum Krankheitsbegriff.
Wir haben in diesen Diskussionen festgestellt, daß der traditionelle Krankheitsbegriff stark von patriachalischen Ideen durchsetzt ist, z.B. das traditionelle Bild von Hysterie oder Depression. Nehmen wir das Krankheitsbild Hysterie: Da fließt das ganze männliche Gesellschaftsbild ein. Das kleine Mädchen beginnt die Mutter zu hassen, weil sie sieht, daß es keinen Penis hat. Dann wendet es sich dem Vater zu und hofft, vom Vater diesen ersehnten Penis, der sich dann in einen Kinderwunsch verwandelt, zu bekommen. Dann muß es merken, daß es vom Vater den ersehnten Wunsch nach Penis/Kind auch nicht erfüllt bekommt, weshalb es sich im Erwachsenenalter einen Mann sucht.
In die Geschichte vom »Penisneid« fließt ein, daß das Mädchen das Männlich-Sein für wichtiger hält als das Weiblich-Sein, daß es so etwas wie eine natürliche Anziehungskraft der Geschlechter auf biologischer Basis gibt, und daß deshalb das Mädchen, selbst wenn die Mutter ganz toll und positiv wäre, zum Vater hin tendiert. Das alles stelle ich in Frage, weil es das patriarchalische Weltbild reflektiert, in dem, wie Freud meinte, selbst die »Libido« männlich ist. Mit »Libido« bezeichnet man den Drang nach Aktivität und Selbstentfaltung. Das Weibliche dagegen sei das Passive und auch ein bißchen Masochistische. Freud behauptete, daß zu einer gesunden weiblichen Entwicklung ein Stück Masochismus gehöre, und daß man gar nicht weiblich werden könne, wenn man nicht

ein bißchen masochistisch sei. Nun, viele Frauen die ich kenne, sind, wenn überhaupt, höchstens sekundär masochistisch geworden, weil sie erfahren haben, wie sie in verschiedenen Bereichen immer wieder behindert werden und dann versuchten, aus diesen Behinderungen noch das Beste zu machen, indem sie sich mit dem Mann identifizieren und durch ihn zu leben versuchen. Das ist bei uns die übliche Art weiblicher Selbstentfaltung. Eine Frau sieht es als das Höchste an, durch den Mann zu leben, wenn sie es selbst nicht kann.

*... und wie sieht die entsprechende feministische Therapie dann aus?*
Bei der feministischen Therapie geht es um eine veränderte Wahrnehmung der weiblichen Entwicklung, daß heißt um eine veränderte Theorie. Wenn Frauen anfangen ihre Entwicklung mit »weiblichen« Augen anzusehen, beginnen sie viele der bisher als gültig akzeptierten Punkte zu kritisieren. Aus dieser anderen Theorie entsteht auch eine veränderte Verhaltensweise der Therapeutin. Bis jetzt ist noch keine neue Therapiemethode entwickelt worden. Die Therapeutinnen verwenden die traditionellen Methoden, unter anderem auch die Psychoanalyse. Durch das veränderte Bewußtsein der Therapeutin werden auch den Patientinnen andere Dinge bewußt. Früher meinte man, der Therapeut könnte neutral sein - Freud sagte dazu: Der Therapeut ist eine weiße Wand, auf die der Patient alles projiziert. Diese Einstellung haben wir längst hinter uns gelassen. Heute weiß man, daß die Therapeuten ihre ganze Weltanschauung in die Therapie einbringen, und deshalb ist es sehr wichtig, daß sie diese erkennen und nicht unbewußt lassen. In der feministischen Therapie ist es nicht mehr unser Ziel neutral zu sein, weil das sowieso nie erreichbar wäre.

*Wie sieht diese Parteinahme bei der Deutung aus?*
Ich kann das mit einem Beispiel erläutern: Die erste Bezugsperson in unserer Gesellschaft ist für jeden Menschen höchstwahrscheinlich eine Frau, daß heißt auch das erste Liebesobjekt einer Frau ist eine Frau. Ich glaube, daß deshalb die Frau viel ambivalenter gegenüber dem männlichen Geschlecht ist, als man das bei uns gemeinhin annimmt. Ein Kollege von mir hatte die Überzeugung, daß die Wut, die Mädchen haben, immer eine primäre Wut auf die Mutter ist, und daß sie sich mit diesem negativen Mutterbild versöhnen müsse. Als eine Patientin bei ihm eine ziemliche Wut hatte und diese auch rausließ, indem sie auf ein Kissen einschlug, fragte sie der Therapeut: Wen schlägst du denn da? Sie antwortete: Die Männer, alle Männer, die mir irgend etwas Böses angetan haben, alle sitzen sie da drauf und ich schlage sie alle zusammen. Nach einer Weile sagte dann der Therapeut: Und jetzt setze mal deine Mutter da drauf. Die Patientin war völlig entsetzt, denn das war etwas, daß überhaupt nicht von ihr kam. Sie konnte nicht weitermachen und war völlig durcheinander. Dies ist ein Beispiel für eine Intervention, die der Therapeut auf Grund seiner Theorie

gemacht hat, und die in diesem Augenblick nicht auf die Patientin paßte.

Ziel einer feministischen Therapie wäre es dagegen, daß die Frau in diesem Fall ihre männliche Seite in sich wahrnehmen könnte, sie nicht nach außen projizieren müßte und damit die Spaltung fortsetzt, daß die Männer die Bösen sind. Das bringt keinen Fortschritt. Fortschritt wäre es, wenn Männer und Frauen ihre weiblichen und männlichen Seiten in sich integrieren.
Aber natürlich werden in Therapien auch Wut auf die Mutter sichtbar. Eine feministische Therapie würde diese Wut nicht als natürliche Begleiterscheinung der Entwicklung zum Manne hin stehen lassen, sondern versuchen, sie zu hinterfragen. Und als Ergebnis wird dann oft das niedrige Selbstbewußtsein der Mutter erkannt, die ihre Verachtung des Weiblichen auf die Tochter übertragen wollte, wogegen sich anfangs die Tochter wehrt. Und dabei erfahren wir sofort wieder das Eingebettet sein des individuellen Schicksals in den größeren gesellschaftlichen Zusammenhang.
Ich glaube, daß die Theorie weiblicher Entwicklung auch nach 80 Jahren tiefenpsychologischen Denkens (das hauptsächlich männliches Denken war) noch Neuland ist.

Freud hatte ja am Anfang keine Theorien. Er hat seine Patienten einfach reden lassen und versucht, Zusammenhänge zu sehen. Heute ist es leider so, daß die analytischen Therapeuten ihre Theorie im Hinterkopf haben. Wenn man dann einen Patienten lange genug in eine bestimmte Richtung drängt, fällt dem dann natürlich auch Entsprechendes ein. Manchen Analytikern wird vorgeworfen, daß sie zum Schluß die Eier finden, die sie selbst gelegt haben. Der Patient ist bildbar. Es gibt solche, die bei einem Jungianer jungianisch und solche, die bei einem Freudianer freudianisch träumen. Es ist deshalb ja so schwierig, überhaupt herauszufinden, was wirklich ist und nicht gefärbt von Theorien. Natürlich würde auch eine feministische Theorie färben, wenn es sie einmal gäbe. Aber es ist eben ein Unterschied, ob Frauen das Bild, das der Mann von Weiblichkeit hat, realisieren sollen, oder ob sie das realisieren dürfen, was in ihnen selbst ist. In jedem Menschen existieren wohl weibliche und männliche Bilder, aber bis jetzt hatten wir Frauen kaum Gelegenheit oder Möglichkeiten, unsere eigenen Bilder zu entwickeln. Wenn wir solche entwickeln, wird sich im Laufe der Zeit zeigen, ob sie haltbar sind, ob viele Frauen sich damit identifizieren können. Wenn die Mehrheit der Frauen spürt, daß die Ideen einer feministischen Entwicklungspsychologie richtig sind, dann sind sie erst einmal auch wahr. Denn wahr ist immer nur, was die Mehrheit der Menschen glaubt.

*Kommen nun überwiegend Frauen in Ihre Praxis und wie sehen deren Leiden aus?*
Seit 7 Jahren arbeite ich als Therapeutin, seit 1 Jahr in eigener Praxis. Ich mache Einzel- u. Gruppentherapie. Zu mir kommen Frauen und Männer, aber 3/4 sind Frauen. Die Frauen sind zwischen 25 und 40 Jahre alt. Es sind überwiegend verheiratete Frauen, die die Rollen der Ehefrau und Mutter und damit alles schon durchlebt haben, was die Gesellschaft von ihnen fordert. Sie haben die unterschiedlichsten Probleme und es ist interessant, mit welchen Diagnosen sie zu mir kommen. Es gibt eine Untersuchung der Frankfurter Universität, wonach männliche Therapeuten bei allen ratsuchenden Frauen zu ca. 2/3 die Diagnose Hysterie stellten, während die weiblichen Therapeuten bei denselben Frauen viel seltener die Diagnose stellten. Ich habe sehr wenige hysterisch erkrankte Frauen, aber viele, die unter Identitätsstörung und Partnerproblemen leiden. Aber diese Diagnosen sind natürlich meine subjektive Sicht der Dinge. Außerdem kommen zu mir homosexuelle Frauen. Sie haben soviel Angst, daß es sehr lange dauert, bis sie von ihrem Problem sprechen können. Sie meinen dann, es sei schon der größte Fortschritt überhaupt zu sagen: ich bin lesbisch. Dabei ist das erst der Anfang. In lesbischen Beziehungen gibt es nämlich ähnliche Schwierigkeiten wie in heterosexuellen. Und besonders in den Frauengruppen sehe ich, wie Frauen gelernt haben, sich als Rivalinnen zu begreifen.

*... und was ist bei homosexuellen Frauen das Ziel ihrer Therapie?*
Ich sehe als Ziel überhaupt, daß die Frau eine Identität bekommt. Wie die dann aussieht, ob sie Lust hat zu heiraten oder Lust, allein zu bleiben oder sonstwas, ist mir völlig egal.
Als Studentin nahm ich an einem psychoanalytischen Kongreß in Mailand teil. Da wurde über Methoden, Ursachen und Genese geredet, nur über das Ziel der Therapie redete niemand. In den meisten Fällen wird es als Erfolg gewertet, wenn eine Frau heiratet und Kinder bekommt. Dann führt sie ein normales Leben und gilt als liebesfähig. Ein traditioneller Therapeut kann dieser Frau mit ganz subtilen Methoden einreden, daß sie nur gesund ist, wenn sie heiratet und Kinder hat. Ich dagegen versuche, aus der Frau herauszubekommen, was sie eigentlich will und was für sie das Wichtigste ist. Ein Schizophrener, mit dem ich früher gearbeitet habe, hat mir nach einem Jahr gesagt, daß er einfach krank bleiben möchte und nicht mehr raus aus der Klinik wolle. Das mache ihm alles viel zu sehr Angst. Ich habe das akzeptiert und die Therapie beendet.
Ich kann hinnehmen, wenn jemand eine ganz andere Lebenshaltung hat. Wenn er mir glaubhaft versichert, daß er so am zufriedensten ist, dann finde ich das in Ordnung.

*Ist Ihre Therapie ein Mittel, das Frauen so stärken kann, daß sie den ge-*

*gesellschaftlichen Druck aushalten?*
Für eine einzelne Frau ist es heute noch ziemlich schwierig. Frauen können ihre innere Stabilität und Überzeugung am besten verteidigen, wenn sie in einer Gruppe sind. Das Mißtrauen der Frauen untereinander zu bekämpfen und ein Gefühl für Solidarität aufzubauen, halte ich für ganz wesentlich. Frauen, die wissen was sie wollen und ihr inneres Konzept auch leben wollen, sind einfach noch in der Minderheit. Ebensowenig wie Arbeiter früher als einzelne ihre Rechte bekommen haben, können das heute einzelne Frauen. Sie sollten sich deshalb in Gruppen organisieren.

*Noch eine Frage zum Abschluß:*
*Was halten Sie von dem sogenannten »Psychoboom«, der in geradezu schamloser Weise das Leiden vieler Menschen ausbeutet?*
In unserer kapitalistischen Gesellschaft bestimmt das Angebot die Nachfrage. Man muß sich also fragen: Woher kommt diese ungeheure Nachfrage? Haben wir denn so wenig Möglichkeiten, uns zu entfalten? Ich glaube, der Psychoboom ist Auswirkung des Patriachats und des Kapitalismus. Aber noch mehr des Patriachats. Bei uns werden das Konkurrenzdenken gefördert, das Denken, immer stärker sein zu müssen als andere, das hierarchische Denken und das paranoide, bei dem man immer denkt, der andere will mich kaputt machen. Damit fallen die Seiten, die Frauen vielleicht eher repräsentieren könnten - aber das weiß ich nicht genau - unter den Tisch -. Diese Seiten sind eher spielerisch, spontaner, emotionaler. Wenn nun die eine Seite gelebt wird, die andere aber unterdrückt, dann kann schon ein solcher Psychoboom entstehen, weil man auf die Dauer nicht wichtige Seiten des Menschen unterdrücken kann. Sie wehren sich und suchen Kanäle, durch die sie zum Bewußtsein streben können. Der Feminismus ist wohl ein solcher Kanal und Psychogruppen versuchen es auch zu sein. Psychotherapeuten versuchen die emotionale Seite ihres Klienten zu fördern, aber in einer Weise, wie es ihrem eigenen Weltbild entspricht, und dieses ist oft von den patriachalen Normen beeinflußt. Und so fördern sie ihre Hilfesuchenden im Rahmen ihres Weltbildes, was meist zu einer größeren Anpassung führt, es sei denn, sie beginnen, ihr Weltbild infrage zu stellen, wie das feministische Therapeutinnen versuchen.

Theresa Stark und Dietlinde Wenzl

## ... noch stets mindestens am männlichen Maßstab gemessen ...

Ich bin wissenschaftliche Assistentin an der Uni Stuttgart, ledig, und habe ein dreijähriges Kind, das mitten in meiner Assistentenzeit geboren wurde.

Ich möchte bei der Schilderung meiner Tätigkeit weniger auf ihre Inhalte und die Frage »Frau und Wissenschaft« eingehen, als die spezifischen Probleme darstellen, die sich aus dem Frau-Sein in einem total durch Männer determinierten Arbeitsbereich ergeben und für die berufliche Situation der Wissenschaftlichen Assistentinnen in der BRD charakteristisch sind. Diese verallgemeinerbaren berufspolitischen Aspekte sind von solcher Relevanz, daß sie auch meine »private« Existenz im wesentlichen bestimmen.

Beginnen wir mit der Stuttgarter Situation. Nach einer Untersuchung des »Arbeitskreises der Wissenschaftlerinnen an der Hochschule Nordrhein-Westfalen« betrug im Wintersemester 1979/80 der Frauenanteil am gesamten Lehrkörper der Uni Stuttgart 3 %. Auf den 400 Lehrstühlen - den Spitzenpositionen in der universitären Hierarchie - saßen ganze 4 Frauen (= 1 %). Innerhalb des Mittelbaus (mittlere akademische Laufbahn mit Lebenszeitstellen und befristeten Stellen) hatten es 3 Frauen von 36 Männern (3 %) zum Akademischen Rat gebracht (Lebenszeitstelle). Bei den Wissenschaftlichen Assistenten und Mitarbeitern (befristete Stellen) sind die Frauen mit 4 % vertreten. Die Stuttgarter Situation markiert einen Tiefstand in der ohnehin patriarchalischen Uni-Szene der BRD. Insgesamt sind nur 3 % der bundesdeutschen Hochschullehrer Frauen, während sie mit 10 % im Mittelbau vertreten sind und zwar vorwiegend auf den Stellen, die zeitlich befristet sind. Diese verschwindend geringe Repräsentanz von Frauen in Forschung und Lehre wirkt umso grotesker, als sie auch in traditionell »weiblichen« Studiengängen zu finden ist; in Fächern wie Anglistik, Romanistik und Germanistik ist der weibliche Anteil der Studierenden besonders hoch (weit über die Hälfte), unter den Dozenten finden sich in diesen Fächern keine einzige Professorin, eine Akademische Rätin und wenige Assistentinnen[*]. Wo bleiben all die Studentinnen, die ihr Studium mit ernsthaftem Interesse an der Wissenschaft aufgenommen haben? Inzwischen weiß man, daß in den Geisteswissenschaften (wozu die genannten Fächer gehören) die Abbruchquote doppelt so hoch ist wie in anderen, von Frauen nicht so stark frequentierten Studiengängen. Also zum einen: Abbruch des Studiums - eine bereits vor dem Beruf stattfindende Diskriminierung, auf deren soziale und psychische Voraussetzung ich hier nicht weiter eingehen will.

Über die innerhalb des Berufs stattfindende Diskriminierung - wenn frau es »geschafft« hat - will ich hier sprechen. Für die meisten Frauen an der Uni hängt die Möglichkeit einer Weiterbeschäftigung nach Ablauf des befristeten Vertrages von einer wissenschaftlichen Weiterqualifikation ab (Promotion oder Habilitation). Außerdem wird von den Wissenschaftlichen Assistenten erwartet, daß sie sich während ihrer Dienstzeit durch Publikationen profilieren. Die Arbeit umfaßt demnach den Unterricht und die Forschung. Sind die Fristen unter normalen Bedingungen schon knapp bemessen, so sind sie völlig unzureichend, wenn während dieses Zeitraumes ein Kind kommt. Besondere Schutz- oder Urlaubsregelungen für diese Frauen sind in der Hochschulgesetzgebung nicht vorgesehen. Für sie gelten die gleichen Bedingungen wie für ihre männlichen Kollegen, die in der Regel ihre ganze Arbeitskraft für ihre berufliche Qualifikation einsetzen können. Sie sind weder durch ihre biologische noch sonstige alltägliche Reproduktionstätigkeiten in ihrer beruflichen Arbeit nennenswert beeinträchtigt, werden im Gegenteil von ihren Ehefrauen von »privaten« Pflichten entlastet und nicht selten in ihrer beruflichen Arbeit unterstützt. Den Frauen dagegen wird ohne weiteres zugemutet, daß sie Kinder-Großziehen und Beruf in gleicher Perfektion beherrschen, ja daß sie den an die Mutterrolle geknüpften gesellschaftlichen Erwartungen entsprechen und zugleich in ihrer wissenschaftlichen Laufbahn etwas »bringen«. Es muß möglichst »überdurchschnittlich« sein (so ein Professor), denn ihre Arbeitsleistung wird »noch stets **mindestens** am männlichen Maßstab gemessen«. Wie die Herren auf dem Lehrstuhl über Frauen mit Kind (u.a. über ledige Frauen) denken, soll an zwei Beispielen illustriert werden. Ein Hochschullehrer der Stuttgarter Geisteswissenschaften erkundigt sich im Falle weiblicher Bewerbungen bei Stellenausschreibungen vorher, ob die betreffende Bewerberin Kinder hat. Wenn ja, wird die Bewerberin erst gar nicht zur Vorstellung eingeladen. Grund aus seinem Mund: eine Frau mit Kindern kann sich nicht um die Wissenschaft kümmern. Das zweite Beispiel betrifft meine eigene Situation: anläßlich meiner nicht unproblematischen Vertragsverlängerung bekam ich von professoraler Seite den diskreten Vorwurf zu hören, daß ich wohl nicht »vorher gewußt habe, worauf ich mich einlasse«. Was hätte ich wohl vorher wissen müssen? Doch sicherlich die Tatsache, daß die Qualifizierungsbedingungen an der Hochschule derart bemessen sind, daß sie zumindest eine Arbeit, wie sie das Großziehen von Kindern darstellt, einfach nicht zulassen. Ich hätte mich daher gegen ein Kind entscheiden müssen. Oder aber: ich hätte mich angesichts der zu erwartenden Doppelbelastung mit dem Verzicht auf wissenschaftliche Weiterqualifizierung - und damit auf die Verlängerung meines Vertrages - von vornherein vertraut machen müssen. So und so laufen die aus der Sicht des Professors (die die der herrschenden Verhältnisse ist) auf eine Art Bestrafung dafür hinaus, daß ich mich für ein Kind entschieden haben.

Daß ein Großteil der Professorinnen der BRD darauf verzichtet hat (61,9 % ohne Kinder), ist noch kein Grund dafür, daß es so weitergehen müsse. Es ist eher ein Indiz für die Schwierigkeit, emotionale und berufliche Selbstverwirklichung miteinander zu verbinden. Ich war bei meiner Entscheidung für ein Kind nicht nur aus existentiellen Gründen zur Weiterarbeit in meinem Beruf gezwungen, meine berufliche Praxis konstituiert inzwischen auch einen Großteil meiner Identität, den ich nicht missen wollte. Ich möchte die Frage an den betreffenden Professor zurückgeben: Haben Sie sich seinerzeit, als in Ihrer Biografie die Familiengründung anstand, überlegt »worauf Sie sich einlassen?« Daß Ihre Karriere beeinträchtigt, Ihre Arbeitsbelastung erheblich anwachsen würde? Haben Sie sich denn vorher überlegt, daß man nicht beides haben kann: den Beruf, die Karriere fürs eigene Fortkommen und die Familie (vor allem Kinder) für die emotionalen Bedürfnisse? Natürlich nicht - denn Ihnen kommt ja die geschlechtliche Arbeitsteilung zugute, derzufolge die Frau fürs »Private«, der Mann fürs »Öffentliche«, in erster Linie für den Beruf, zuständig ist.

Auch wenn immer mehr Frauen berufstätig werden, hat sich an der Gestaltung des »privaten« Raums wenig geändert: für die aus der Kindererziehung resultierenden Pflichten werden immer noch die Mütter als zuständig betrachtet, obgleich gerade diese Arbeit eine eminent gesellschaftliche ist. In ihrer Anerkennung als gesellschaftliche Arbeitsleistung und in ihrer vernünftigen Organisierung (Gleichverteilung der aus der Kindererziehung resultierenden Pflichten) liegt die Voraussetzung für unsere beruflichen Entfaltungsmöglichkeiten. Da dies aber ein weites Ziel ist, müßte als Übergangslösung eine frauenfreundliche Gestaltung der Arbeitsverträge (längere Qualifikationsfristen) geschaffen werden.

»Wir haben uns als Frauen lange genug an die gesellschaftlichen Verhältnisse angepaßt und unsere zusätzlichen Lasten und Freuden als »privat« definiert, nun ist es an der Zeit, daß sich die Verhältnisse an uns anpassen und unsere »privaten« Pflichten als gesellschaftliche Verantwortung aufgenommen werden.«

(Zitate aus: »Memorandum und Dokumentation von Wissenschaftlerinnen an den Hochschulen von NW und Vorschläge zu ihrer Verbesserung«, Dortmund, Januar 1981).
* Stand 1982

## Sozialarbeiterinnen bei Pro Familia

Wir arbeiten als Sozialarbeiterinnen bei Pro Familia. Den Schwerpunkt unserer Arbeit bilden die sogenannten »Schwangerschaftskonfliktberatungen« d.h. die sozialen Beratungen zum § 218b StGB. Wir machen diese Beratungen als »Professionelle« und verdienen damit unseren Lebensunterhalt. Darüber hinaus ist diese Arbeit für uns aber mehr als ein Job: Wir begegnen hier als Frauen anderen Frauen, deren Erfahrungen, Wünsche und Gefühle den unseren teilweise ähnlich sind, sich teilweise abheben, die uns aber selten gleichgültig lassen. Immer wieder stellen wir fest, daß die Gespräche mit den Frauen bei uns Fragen aufwerfen, in uns Gefühle erwecken, die uns persönlich betreffen, uns über unsere Arbeitszeit hinaus beschäftigen. Darüber wollen wir hier schreiben.

Wir haben beide seit Beginn unserer Arbeit eine ähnliche politische Einschätzung: Wir wissen von der Geschichte des Abtreibungsverbotes und dem langen Kampf der Frauen dagegen. Wir sehen, wie der § 218 in seinen verschiedenen Fassungen stets als Instrument dient, um das Selbstbestimmungsrecht der Frauen in einer solch wichtigen Frage zu unterdrücken; wie er dagegen versagt, was den Schutz des werdenden Lebens betrifft. Diese belegen die vielen illegalen Abbrüche, die es immer gab und auch weiterhin gibt, und die für die betroffenen Frauen verbunden sind mit Demütigungen, Schmerzen und Schuldgefühlen. In der letzten Reform des § 218 sehen wir nur einen halbherzigen Kompromiß, denn noch immer liegt die letzte Entscheidung darüber, ob eine Schwangerschaft ausgetragen werden kann bzw. muß, nicht bei den Betroffenen. Das geltende Gesetz mißt Außenstehenden (d.h. den Ärzten, die eine Indikation stellen oder ablehnen) mehr Kompetenz zu als den Frauen selbst. Diese Form der Entmündigung halten wir für falsch. Nach unserer Überzeugung können die Frauen oder Paare selbst am besten beurteilen, ob ihre derzeitigen Lebensumstände das Austragen einer Schwangerschaft zulassen, und die Verantwortung für die Entscheidung sollte bei denen liegen, deren Leben durch die Folgen der Entscheidung beeinflußt wird.

Ebenfalls für falsch halten wir den Zwang, daß jede Frau sich vor einem Abbruch beraten lassen muß. Ein sinnvolles Beratungsgspräch ist nur möglich, wenn alle Beteiligten bereit sind, gemeinsam am Problem zu arbeiten; d.h. wirkliche Beratung setzt immer Freiwilligkeit voraus. Durch den Beratungszwang wird die Beratung für viele Frauen nur zu einer weiteren Hürde vor dem Abbruch (»Scheinesammeln«). Problematisch finden wir auch, daß der ganze vorgeschriebene Ablauf darauf angelegt ist, die Frauen zu vereinzeln, denn eingegangen wird fast nur auf das jeweils Subjektive des einzelnen Lebensschicksals. Dadurch entsteht wenig Bewußtsein der gemeinsamen Schwierigkeiten in einer frauen- und kinderfeindlichen Gesellschaft. Warum machen wir trotz dieser Widersprüche die Beratungen? Wir meinen, daß die Einstellung der Beraterin/des Beraters den Ablauf der Beratung beeinflußt. Eigentlich hoffen wir, daß wir, gerade weil wir unsere Funktion kritisch einschätzen, weniger dazu neigen, diese Funktion zu mißbrauchen. Aber die Spannungen und Widersprüche, die unsere Arbeitssituation prägen, lassen uns immer wieder zweifeln.

Viele Frauen und Paare kommen nicht freiwillig zu uns. Oft stehen wir vor der Frage, wie weit dürfen wir in sie dringen, wann verletzen wir ihre Intimsphäre? Wieviel Anteilnahme wird von uns erwartet, wo beginnt der Bereich, den die Frauen lieber für sich behalten möchten? Wann wirken wir aufdringlich, wann umgekehrt desinteressiert?

In manchen Beratungen merken wir, daß die Frauen oder Paare gerne ein Stück ihrer Verantworung an uns abgeben würden, uns einen Teil ihrer Entscheidung zuschieben möchten. Immer wieder hören wir die Frage: Wie würden Sie an meiner Stelle entscheiden? Eine Frage, die wir nicht beantworten können, da wir nicht an ihrer Stelle sind; eine Frage, die wir nicht beantworten wollen, da jede Antwort ein Stück Manipulation wäre. Unser Anspruch ist es, Frauen, die das wünschen, dabei zu unterstützen, eine selbstverantwortliche Entscheidung zu finden, ohne sie durch die Beratung in eine Richtung zu drängen. Wie weit können wir diesen Anspruch einlösen, wo wir doch nie als distanzierte Beratermaschinen den Frauen gegenübersitzen, sondern stets als Frauen, die ihre eigenen Erfahrungen und Einschätzungen zum Problembereich mitbringen? Wie weit müssen wir diese persönliche Meinung zurücknehmen, um nicht zu beeinflussen? Wie weit ist uns das überhaupt möglich, und wie weit ist es wünschenswert? Haben die Frauen und Paare nicht auch ein Recht zu erfahren, wer ihnen gegenübersitzt? Was können sie anfangen mit einer Beraterin, die sich wie ein professionelles Phantom ohne eigene Gedanken und Gefühle verhält?

Auf all diese Fragen gibt es keine allgemeingültige Antwort, sie stellen sich in jeder Beratung neu. Immer wieder bleiben wir nach einem Gespräch unbefriedigt zurück, weil wir das Gefühl haben, daß Wichtiges nicht richtig besprochen wurde oder kein wirkliches Vertrauensverhältnis zustande kam. Häufig wissen wir dann nicht, ob es daran lag, daß die Frau manche Dinge mit uns eben nicht besprechen **wollte**, etwas, was wir grundsätzlich akzeptieren, oder ob es an uns lag, daß sie manches nicht besprechen **konnte**, weil wir nicht sensibel genug waren. Wir schwanken dann zwischen Ärger über die objektive Situation der Zwangsberatung und individuellen Versagens- und Schuldgefühlen.

Ähnliche Überlegungen löst bei uns die Tatsache aus, daß die meisten Frauen sich nach dem Abbruch nicht wieder melden. Auch hier bleiben uns oft nur Spekulationen: Haben die Frauen einfach bekommen, was sie brauchten, nämlich die Beratungsbescheinigung? Wollen sie durch uns und unsere Beratungsstelle nicht mehr an die unangenehme Erfahrung Abbruch erinnert werden? Oder haben wir nicht den richtigen Ton getroffen; liegt es an uns, an unserer Art zu beraten?

Die Anzahl der Beratungen (bis zu 7 am Tag) bewirkt, daß wir uns manchmal überfordert und ausgelaugt fühlen. Oft sind die Lebensumstände, von denen die Frauen erzählen, bedrückend. Das macht uns traurig, hilflos und wütend:
- traurig, weil wir oft erleben, daß die Entscheidung den Frauen von den sozialen Umständen diktiert wird und ihren eigentlichen Wünschen und Gefühlen widerspricht,
- hilflos, weil wir über soziale Hilfen beraten sollen, wo es in vielen Fällen keine geeigneten, ausreichenden Hilfen gibt,
- wütend, weil wir uns so ohnmächtig auf verlorenem Posten finden: Die Politiker, die in schönen Reden wieder so lautstark die Freuden der Mutterschaft und die Idylle der Familie preisen, überlassen es uns, den Betroffenen zu sagen, wie die Realität des »sozialen Netzes« aussieht. Andererseits sehen wir aber auch, wieviel Kraft in vielen Frauen steckt. Wir bewundern die Energie, mit der sie oft jahrelang Doppel- und Dreifachbelastungen ertragen. Wir sind überrascht von ihrer Zähigkeit und Beharrlichkeit, mit der sie die täglichen Anforderungen bewältigen, von ihrer inneren Stärke, die sie der drohenden Verzweiflung entgegensetzen. Manchmal erschrecken wir auch: zu welcher Meisterschaft im Ertragen und Aushalten es Frauen bringen können! Hier setzt unsere Phantasie ein: Was wäre möglich, wenn soviel weibliche Kraft, Beharrlichkeit und Gefühl anders eingesetzt würde? Nicht mehr das Gegebene hinnehmend, ertragend, ausharrend, sondern vorwärtsdrängend verändernd? Was würde geschehen, wenn diese Frauen nicht mehr ihre Hoffnungen als »Illusionen« Stück für Stück begrüben, sondern zäh und ausdauernd versuchten, sie Stück für Stück zu verwirklichen?

**Die Geburt**

Mein liebes Kind, als du geboren wurdest, das war

1

Ja wo soll ich nun anfangen? Wie schnell man vergißt, wie gebären ist. Als der Kopf auf einmal draußen war und das übrige so nachglitschte, da habe ich aufgehört zu begreifen. Und kaum hat das Begreifen aufgehört, kam schon der erste Schrei.

Das war, als wäre jemand ins Zimmer eingetreten. Jemand neues, bisher fremdes. Nichts kleines wuzzliges, über das sich Frauen und Männer beugen und eideidei sagen. Es war ein erwachsener Mensch, und da man sich bei uns auf dieser Erden den Mensch zunächst mal männlich vorstellt, blitzte es durch mein gedankenleeres Hirn

jetzt ist er da.

Ich darf ihnen zu einer Tochter gratulieren, sagte bald darauf der Arzt und gleichzeitig trug jemand, es wird die Hebamme gewesen sein, das Kind an mir vorbei zum Wärmebett. Es hing an ihren Fingern wie Wäsche an der Leine (ich sollte es wohl schnell ein bißchen betrachten können) und hätte ich denken können, hätte ich geschrien:

2

Warum tragen sie mein Kind von mir fort?

3

Jetzt ist sie wieder wie neu, sagte der Arzt, als er den Schnitt endlich vernäht hatte. Als die Hebamme mir das Kind an die Brust legte, sagte sie: Sie haben eine sehr zähe Haut. Eine unheimlich dicke Haut, wußten sie das? Deshalb war das Nähen etwas schwierig. Und sie stopfte dem Kind die Brustwarze in den Mund. Sie knallte das Köpfchen an die Mutterbrust. Wie kann das dem Kind so selbstverständlich sein? Es hat noch nie eine Brust gefühlt. Seine Lippen schließen sich um den braunen Rand, das tut gut, und es tut auch ein bißchen weh. Es hat seine Augen zu und saugt, bis sie es wieder von mir forttragen.

4

So war es die Nacht zuvor in meinem Bauch:

Das Kind ist heute so wild, sagte ich zum Mann. Wie kann es so wild sein, es hat doch gar keinen Platz mehr. Der Mann sagte: vielleicht feiert es seine Abschiedsfete. Es weiß ja, daß es raus muß.

Was rumpelt und pumpelt in meinem Bauch. Immer wenn ich mich nachts auf die Seite legte, hatte das Kind Turnstunde. Manchmal lag ich auf dem Rücken. Es dauerte nicht lange bis dann die Beulen kamen. Etwas buchtete heraus, war es ein Fuß, ein Knie, wir wußten es nicht recht. Der Mann und ich, wir guckten, wie es zuckte und wogte, und wir versuchten die Beulen zu packen. Dann war es plötzlich wieder glatt, und wir warteten auf die nächsten Beulen.

Ich hatte es besser als der Mann, weil ich es fühlen konnte. Er konnte es nur sehen.

Das Kind im Bauch zu fühlen gibt Geborgenheit. Man ist nicht allein. Das ist die Ausnahme im Leben jedes Menschen, der letzten Endes allein bleibt in jeder Situation, bis hin zum Sterben. Nur so lange er im Bauch ist, ist er nicht einsam. Die Frau ist nicht einsam, so lange sie ein Kind im Bauch trägt. Mit der Geburt beginnt die Einsamkeit.

3

Ich hatte gerade eine Stunde geschlafen. Es war ein Uhr, als es sich in mir zusammenzog. Ich überlegte, was für ein Gefühl das ist. Da war es schon wieder vorbei.

6

Um zwei Uhr wachte ich wieder auf. Dieses wohlige Gefühl im Becken. Jetzt konnte ich es ein bißchen besser beobachten, es war wie

wenn das Wehen sind!

Es war wie eine Vorfreude auf den Mann: der endlose Kuß ist ausgekostet, jetzt kommt die Ungeduld, die Hände liegen auf den Brüsten, der Leib bekommt Seegang, unten ziehen sich die Muskeln leicht zusammen.

7

Schlafen. Nach einer halben Stunde wachte ich auf. Ich schrieb im Dunkeln auf einen Zettel: halb drei Uhr. Ganz leichte Wehe. Fragezeichen. Und ich dachte, vielleicht täusche ich mich. Das soll doch eigentlich schon weh tun.

Zu meiner Mutter hatte ich am Telefon gesagt (als wollte ich mir selber gut zureden) es tun ja nur die letzten Wehen weh. Am Anfang ist es ja noch gar nicht schmerzhaft. Meine Mutter hatte dann geantwortet: So? (Pause) (bedeutendes sarkastisches Lachen) na ja (Wechsel in Tonfall und Tempo) ich bin froh, wenn du es hinter dir hast, Kind.

(Bei mir wird es anders. Man darf keine Angst haben. Man darf der Gebärtätigkeit des Körpers nicht entgegenarbeiten. Es ist nur unerträglich, wenn man sich verkrampft. Wenn man weiß was im einzelnen passiert, ist alles halb so schlimm. Atmen. Atmen. Gegen den Schmerz anatmen.)

8

Etwa drei Uhr. Ich atme gegen das leichte Ziehen an und genieße. Ich schreibe die Uhrzeit und das Fragezeichen auf den Zettel. Ich hoffe, daß die Gefühle stärker werden, damit ich die Fragezeichen weglassen kann. Ich werde aufgeregt und kann nicht mehr schlafen. Ich ziehe um in ein anderes Zimmer, damit ich den Mann nicht wecke, wenn ich das Licht zum Schreiben anmache. Die Gefühle werden jetzt häufiger. Ich locke sie herbei, indem ich auf sie warte. Die Pausen werden kürzer.

9

Ich renne hinüber zum Mann. Du entschuldige, daß ich dich wecke, es ist erst fünf. Er schaut mich verstört an. Du ich glaub, ich habe Wehen, jedenfalls kommen sie schon alle sieben, fünf, zwei Minuten, ich kanns kaum glauben, es tut doch gar nicht weh, es zieht nur so, es zieht so als ob

der Mann sagt nichts, weil er noch arg müde ist um diese Zeit. Der Mann muß erst mal duschen. Ich dusche auch und rede schnell und viel und aufgekratzt. Der Mann wird munter. Wir fahren bei Schnee und Eis zur Klinik. Die Luft ist jung und kühl. Der Wagen hält. Ich kann es kaum abwarten: Hurrah, wir gebären. Ich habe meinen Zettel bei mir, ich schreibe das wenige auf.

10

Es gibt Frauen, denen fällt das Kind beim Duschen zwischen den Beinen heraus. Sie haben gar nichts davon gemerkt. Auf einmal ist es da, das Kind, auf einmal ist es geboren. Der Mann muß schnell kommen und die Nabelschnur durchbeißen, später kommt der Arzt und alles ist in Ordnung.

Ein Kind ist geboren. Das soll es alles schon gegeben haben.

Bei einer fünfundsechzigjährigen Frau war es so: Sie war damals sehr jung und ledig und durfte keinem sagen, daß sie ein Kind erwartet, auch ihrer Mutter nicht. Und wie sie so hochschwanger am Herd stand (ihre Mutter, die Gemüse putzte, hatte immer noch nichts gemerkt) fiel auf einmal das Kind aus ihr heraus.

So kam ihr Sohn auf die Welt. Die Geschichte ist ihr heute noch peinlich. Sie erzählt sie nur im Vertrauen.

DAS IST DIE EINE SORTE VON GESCHICHTEN, SIE SOLLEN DIE ANGST VERJAGEN. DIE ANDEREN WILL ICH GAR NICHT ERZÄHLEN, DIE GRUSELGESCHICHTEN, DIE MORITATEN, DIE ANGSTMACHER. DIE HELDENSAGEN. JE GRÖSSER DER SCHMERZ, DESTO BEDEUTENDER DIE HELDENTAT.

Seid dankbar, ihr Kinder. Sei furchtsam, süßes schwaches Weib, denn die Bibel sagt: In Schmerzen sollst du gebären. Ich sage: Furcht tut weh

Und die Angst zerrt an ihrem Fleisch, und die Angst drückt wie ein Schraubstock die Öffnung zu, durch die der Mensch den spektakulärsten Auftritt seines Lebens vollziehen soll.

11

Die Katzen empfinden die größte Lust nicht beim Vögeln, sondern beim Kätzchenkriegen.

12

Stellt euch vor, ihr Männer: das Vielfache der Lust, die ihr empfindet, wenn ihr auf dem Weibe liegt

das reißt einem schon beinahe das Fleisch von den Knochen

wird Wehenschmerz genannt. Der Bibelautor wird geahnt haben, was ihm entgeht. Deshalb hat er den Frauen, Hätschelkindern der Natur, so Angst gemacht. Er war ein Mann.

13

Das ist alles tabu.

14

Nach dem Einlauf gings dann richtig los. Der Mann und ich, wir liefen noch ein bißchen im Krankenhaus spazieren, wir gingen die Besucherhalle auf und ab, wir bogen in den Flur ein. Wenn es nur ein Clo in der Nähe gab. Ich mußte ständig aufs Clo rennen. Kaum die Hand auf der Türklinke, ging ich schon in die Knie. Nach dem Kacken war der Drang immer noch nicht weg. Da kam es mir langsam, daß ich jetzt ernsthafte Wehe hatte, ohne Fragezeichen.

Als ich alle war, ließ ich Clo Clo sein und ging gleich in der Halle in die Knie. Warte mal einen Moment, sagte ich zum Mann und setzte mich in die Hocke. So saß ich den Betschwestern und flanierenden Patienten im Weg (was wollten die da so früh?) und schnaufte. Danach gingen wir ein paar Schritte weiter, bis es mich wieder erwischte. Wieder schnaufen, weiterlaufen, und so fort.

Ich lachte. Das beutelt einen ganz schön herum, sagte ich zum Mann und ging in die Knie. Schnaufen. Schnell die Treppen hinauf. Jetzt kommt es in Wellen. Die Brandung ist stark, man kann sich kaum aufrecht halten, wenn die starken Wehen anrollen.

15

Der Mann sitzt neben dem Bett. Sein Gesicht ist so weiß wie das Laken auf dem ich meine Arbeit verrichte. Obwohl mich die Wehen jetzt ziemlich beschäftigen, möchte ich gern wissen, was in ihm vorgeht. Ich lache ihn an. Sein Gesicht bleibt unbewegt. Er ist vollkommen unerreichbar. Er ist gar nicht da, und außerdem ist er ein anderer. Er hat weiße Augen und er hat einen weißen Kittel an. Er streichelt mir die Haare aus der Stirn.

(Was habe ich eigentlich in der Zeit mit meinen Händen gemacht? Ich habe sie vergessen. Ich war nur noch Bauch und ein Gesicht im Kissen. Wenn die Wehe vorbei war, kam auch der Rest von mir wieder ins Bewußtsein. Ich hatte gerade genug Zeit um

16

Da kommt es schon wieder. Es rollt an, kommt zum Höhepunkt und ebbt wieder ab. Dann kann man schnell die Hebamme fragen: wie lange kann eine Wehe dauern, und sie antwortet: eine Minute, und

17

das Stöhnen gehört dazu. Es ist etwas, an dem man sich festhalten kann. Der Körper zieht und reißt und schmeißt sich ins Kissen. Ich weiß nicht wo man hinkäme, wenn man sich nicht am Stöhnen halten könnte wie an einer Stange, an einem festen Griff.

Die Tür zum Entbindungszimmer ist geschlossen. Davor warten einige Frauen auf ihre Sprechstunde. Ich höre ihre Stimmen durch mein Stöhnen und denke: wer weiß was sie sagen. Ich saß auch mal draußen, als eine Frau hier am Gebären war. Sie hat es anders gemacht, jedenfalls klang ihre Stimme anders. Es war ein Klagen. Die Frauen, die mit mir warteten (sie hatten alle schon große Kinder in ihren Bäuchen), beschwerten sich untereinander und sagten: was man hier alles mitanhören muß. Sie hatten alle Angst. Es war aber eine gute Hebamme da. Ich fragte sie: ist es bei der Frau schon kurz davor? Die Hebamme nickte. Ich sagte: weil sie weint. Die Hebamme sagte: das darf sie jetzt auch.

Es ist ja auch keiner dagewesen und hat ihr die Angst genommen.

18

Ich hatte einmal einen merkwürdigen Traum, den ich auch noch nach Jahren nicht vergessen konnte. Ich träumte mein Gesicht in Großaufnahme. Auf einmal gab es einen Knack und ich hatte einen kleinen Sprung in der Stirn. Da rann klares Wasser heraus, das Wasser war lauwarm und rieselte an meinem Gesicht hinunter. Ich sah mir tatenlos zu. Ich dachte nichts, ich hatte nur ein Gefühl, das der Angst sehr ähnlich war.

Ich habe den Traum damals nicht verstanden. Heute weiß ich, daß es eine Erinnerung an meine Geburt war. Die Fruchtblase ist gesprungen. Die Öffnung war unten, dort wo mein Kopf lag. Dort rann das Wasser hinaus. Jetzt gab es kein Zurück mehr. Ich mußte geboren werden.

19

Jetzt wird es doch ein bißchen arg. Jetzt krallen sich die Hände ins Laken, die Füße stemmen sich in die Matratze, das Kreuz biegt sich durch. Machen sie einen runden Rücken, befiehlt die Hebamme. Ja, sage ich gehorsam, aber ich weiß nicht, wie ich es machen soll. Die Hebamme legt Hand an meinen Körper. Sie bringt mich in die richtige Form und reibt Kreise auf meinen Rücken. Mein Schnaufen überschlägt sich, es geht nicht mehr, ich kann nicht mehr in den Bauch hinunter atmen. Ich werde ausgewrungen. Es würgt. Ich bin dem Würgen ausgeliefert, ich komme nicht dagegen an

nicht pressen! schreit die Hebamme. Sie dürfen noch nicht pressen!

Die Hebamme sitzt auf mir wie ein Nachtmahr. Ich schau mal nach wie weit es ist, und faßt zwischen meine Beine. Sie greift in die Öffnung die immer größer wird. Ihre Finger liegen dort wo es sich wund anfühlt. Dort bohrt sich der kleine Schädel einen Weg. Es ist schon fast ganz offen, sagt die Hebamme.

(ich komme gegen das Würgen nicht an. Ich werde umgestülpt)

Nur auf der einen Seite, sagt die Hebamme, stehen noch ein paar Millimeter über, die kann ich mit der Hand wegschieben, sehen sie

(Nicht! Nicht!)

20

Die Preßwehen tun im Prinzip gar nicht mehr weh, sagt die Krankengymnastin den übenden Frauen. Wenn sie bei der ersten Preßwehe richtig mitpressen, haben sie es geschafft. Sie dürfen nur keine Angst haben. Wenn sie bei den Preßwehen das Kind zurückhalten, aus Angst, und nicht richtig mitpressen, dann ist es allerdings sehr schmerzhaft. Wenn sie richtig gepreßt haben und sie merken, daß es nicht weh tut, dann haben sie auch keine Angst mehr davor. Dann haben sie es so gut wie geschafft.

Die Frauen liegen auf ihren Matten, die Bäuche ragen wie kleine gemütliche Hügelchen der Decke zu. Die Frauen winkeln ihre Beine an, die Hände fassen unter die Kniekehlen, die Frauen atmen tief ein und heben ihre Nacken. Zählen sie auf zwanzig, sagt die Krankengymnastin. Je länger sie die Luft anhalten können, desto besser. Sie dürfen sich nicht verkrampfen. Und heben sie den Kopf an.

Die Krankengymnastin sagt auch: genieren sie sich nicht, wenn beim Pressen ein bißchen Stuhl mitkommt. Sie müssen so pressen, wie wenn sie auf dem Clo sitzen. Dann ist es richtig.

Wenn es dann so weit ist, denkt man nicht mehr an die Ratschläge. Es ist alles wie vergessen.

Es ist wie ein Rausch. Ich liege schief auf dem Bett und mache alles falsch. Ich mache die Beine nicht richtig auseinander. Ich hebe den Kopf nicht an. Jemand stützt meinen Nacken. Es ist der Mann.

Ich schlürfe die Luft ein, als ob ich am Ersaufen wäre, dann presse ich wild drauf los. Das Kind bewegt sich nicht von der Stelle. Wenn jetzt noch ein bißchen Druck von oben käme, sagt der Arzt.

Da. Ein bißchen Kacke.

Jetzt, sagt der Arzt. Ich habe es kapiert. Plötzlich fällt mir die Krankengymnastin wieder ein: sie müssen so pressen wie wenn sie auf dem Clo sitzen. Jetzt rutscht das Kind. Ja! Ja! sagt der Arzt. Das spornt an.

Noch einmal Luft holen.

Hände fassen in die Öffnung hinein, die Hände fühlen sich an wie Klammern. Ich lasse vor Schreck los. Enttäuschte Stimmen am Fußende meines Bettes. Wir müssen die nächste Wehe abwarten.

22

Wieder diese zerrenden Hände in meinem Leib. Diesmal halte ich es aus. Ich bin wie eine Pumpe, ich schiebe in mir einen Kolben hinunter. Jetzt drückt es. Da ist eine empfindliche Stelle.

Das ist der Durchtritt.

Ich schreie auf, obwohl es gar nicht weh tut. Auf einmal ist der Kopf draußen. Die Hände haben ihn hinausgezerrt. Der Rest glitscht nach.

23

Es ist da, sagt der Mann mit einer unglaublich weichen Stimme. Auf einmal sind wir draußen. Vorher war es das Paradies oder das Nirwana oder wie wir es sonst nennen wollen, jenachdem wo wir leben und arbeiten. Manche sagen Schlaraffenland. Irgendwoher müssen wir das kennen. Die Geschichte von der Vertreibung aus dem Paradies ist uns nicht umsonst eingefallen.

Es war alles da, was wir brauchten. Es war immer warm genug.

Wir werden hinausgetrieben. Wir werden das erste Mal gequält und geschunden. Wir werden überfallen von einer ganz anderen Welt. Der totale Gegensatz von zwei verschiedenen Welten macht den Wechsel fast unerträglich.

25

Das Sterben müßte ganz ähnlich sein.

April 79                                               Carmen Kotarski

## III. Frauengruppen und Selbsthilfeinitiativen

Die einzelnen Gruppierungen zeigen mannigfaltige Aspekte. Seien sie nun sozial-politisch-künstlerisch oder gesundheitspolitisch engagiert: wir haben alle Selbstdarstellungen so belassen, wie wir sie zugeschickt bekamen.
Wir danken allen Frauen sehr herzlich, die uns durch ihre Mitarbeit geholfen haben, einen wenn auch rissigen Spiegel der Stuttgarter Frauen»seene« zusammenzukitten. Wir grollen jenen, die uns immer wieder vertröstet haben und dann doch nichts schrieben.
Schwamm drüber. Gratisarbeit und Engagement in oft aussichtsloser Position kosten Kraft und Nerven....


*Doch wo man auch beginnt, es ist zuviel, was getan werden muß. Und mit wem man es auch beginnt, es sind zu wenige, die dabei mitmachen.*

Rossana Rossanda, Einmischung


*Der schöne Traum, die Welt aus Angeln zu heben, kann immer schwerer geträumt werden. Der patriarchale Klebstoff sitzt in allen Ritzen. Er ist längst brüchig. Wir werden ihn noch brüchiger machen. Dann befreien wir diesen Traum.*

Ria Enders, Am Ende gekommen

# Arbeiterinnen- und Arbeiterselbsthilfe Stuttgart e.V. (ASH)

Damit Mißverständnisse vermieden werden können, ist zunächst eine kurze Darstellung der politischen Inhalte, der Zusammensetzung der Mitarbeiter/innen und der Zielgruppen der 'Arbeiterinnen- und Arbeiterselbsthilfe Stuttgart' notwendig. Denn es gibt im Bundesgebiet nicht wenige Projekte, die den gleichen - doch bei genauerem Hinsehen und Hinhören - nur ähnliche Namen tragen. Die 'Arbeiterselbsthilfen' verfolgen zudem in ihrer Arbeit andere Zielsetzungen und sprechen andere Bevölkerungsgruppen an.

Die 'Arbeiterinnen- und Arbeiterselbsthilfe Stuttgart', der Namen drückt's aus, ist nicht, wie immer wieder angenommen wird, ein reines Frauenprojekt. Entscheidend ist jedoch, daß zum einen wir Frauen in der absoluten Mehrheit sind und zum anderen nur die Männer mitarbeiten können, die in ihrem **alltäglichen Handeln** die feministischen Inhalte aktiv unterstützen. Solche Männer gibt es vereinzelt und sie sind bei uns wichtig, solange ihre Wut über männliches Überlegenheitsgebaren echt ist.

Die meisten Mitarbeiterinnen der ASH-Stuttgart und die meisten Frauen unserer Zielgruppen hängen ganz massiv in den üblichen Abhängigkeitsbeziehungen zu Männern. Sie können sich ein Leben ohne Mann, das heißt, ohne Schutz- und Versorgungsillusion, nicht vorstellen. Diese Illusionen haben natürlich gesellschaftliche Ursachen in der Verbannung der Frauen aus dem Arbeitsmarkt und damit der Selbstversorgung, an Herd und Bett in die Abhängigkeit vom Ernährer. Es kommt darauf an, daß die Angst vor dem Verlust der angeblichen männlichen Sicherheit, durch Forderungen nach Selbstversorgung und auch sexueller Befreiung ersetzt wird!
Für viele Männer sind Geschlechtsgenossen, die »ihren« Frauen z.B. zu einer eigenen Existenzgrundlage verhelfen, indem sie ihre handwerklichen Fähigkeiten weitervermitteln und zur eigenen Stärke ermuntern, eine enorme Provokation. Aber auch nicht wenige Frauen nehmen die Unfreiheiten der männlichen Versorgung lieber in Kauf, als »sich selbst zu überwinden, aus dem alten Trott herauszukommen (Zitat Inge)«. Die angeblich privaten Beziehungen zwischen Frau und Mann sollen bei uns nicht ausgeklammert und durch eine weibliche Insel ersetzt werden. Denn wir Frauen werden durch die Auseinandersetzungen zwischen Geschlechtsgenossen und Geschlechtsgenossinnen und Auseinandersetzungen zwischen den Geschlechtern entscheidend für die private Auseinandersetzung gestärkt. Die Frauen der ASH-Stuttgart brauchen den offenen Streit über das Private in der Gruppe zur Klärung des eigenen Standpunktes. **Voraussetzung ist allerdings die absolute Mehrheit der**

Frauen, die den zeitweiligen Rückzug in die weibliche Insel ermöglicht und damit die Erfahrung der gemeinsamen Stärke faßbar macht!

**DER AUSDRUCK UND DIE VORANSTELLUNG DES FRAUENANTEILS IM NAMEN DER 'ARBEITERINNEN- UND ARBEITERSELBSTHILFE' IST MEHR ALS EINE WORTSPIELEREI!**

1977 wurde die ASH-Stuttgart auch als bloße 'Arbeiterselbsthilfe' gegründet. Gründungsmitglieder/innen waren ehemals obdachlose und arbeitslose Männer und Frauen, Flüchtlinge aus psychiatrischen Zwangsanstalten und ehemalige Sozialarbeitstudent(en)innen. Die Erweiterung zur 'Arbeiterinnen- und Arbeiterselbsthilfe' 3 Jahre später war keine Spinnerei von mir, der damals noch einzigen Frau, (Sozialarbeitstudentin). Sicher ist richtig, daß ich aus den gemachten Erfahrungen heraus, um meiner Identität willen, meine Weiterarbeit in einer gemischten ASH-Gruppe von den möglichen feministischen Inhalten abhängig machte. Ich hatte nicht vor, mich für andere um des Helfens willen aufzuopfern. Es ging auch um meine Selbsthilfe. Im Alltag der ASH zeigte sich, trotz aller gemeinsamen Betroffenheit, daß wir Frauen keine Chance zur eigenen Entfaltung unserer Interessen und Person hatten. Ganz besonders die zu uns von der Straße kommenden Frauen hätten massiv gegen die Unterwerfungsversuche ihrer männlichen Leidensgenossen ankämpfen müssen. Woher sollten ausgerechnet sie die Kraft nehmen?

Und wie sollten auch ausgerechnet gedemütigte, verachtete Männer auf ihre Überlegenheitsstellung gegenüber den Frauen verzichten, wo dies doch ihre gesellschaftlich weitaus besser angesehenen Geschlechtsgenossen oft noch viel weniger tun?

Dies wäre, so meine ich, ein falscher Ansatzpunkt in der Auseinandersetzung zwischen den Geschlechtern gewesen.

**Die Entscheidung fiel zugunsten des Frauenanteils in der ASH-Stuttgart und damit zugunsten einer sozialpolitischen und feministischen Orientierung der Arbeit!**

Es war sicher ein glücklicher Zufall, daß mein ehemaliger Mitstreiter an diesem Scheideweg der Interessen zwischen männlichem Klassenbewußtsein und feministischer Orientierung des Klassenbewußtseins, die Wandlung zu letzterem bewußt und aktiv unterstützte.

Gesellschaftliche Tatsachen sind nach wie vor, daß die Lage der zur »Unterschicht« zugerechneten Frauen noch weniger Beachtung findet als die ihrer Männer. Sie werden als mögliche Arbeitskraft der industriellen Reservearmee noch seltener in Betracht gezogen. Da die ASH-Stuttgart sich immer an den gesellschaftlich Schwächsten orientiert hat und für deren Interessen eintritt, ist es nur konsequent, daß die Lage der

Frauen in solch einer Organisation besondere Beachtung findet. So ist zum Beispiel, in der zu anderen Kommunen bis vor kurzem vergleichsweise fortschrittlichen Nichtseßhaftenpolitik der Statdt Stuttgart, bis zum massiven Eintreten der ASH für die obdachlosen Frauen, deren Situation einfach vergessen und vertagt worden.

**Die öffentliche Mißachtung der Lage der Frauen macht deutlich, daß der Ausdruck und die Voranstellung des Frauenanteils in der Namensgebung von uns nicht als Wortspielerei gedacht ist!**
**Bezogen auf die ASH-Stuttgart soll auch hier der Anteil der Frauen an den Inhalten und der Arbeit nach innen und außen sichtbar werden!**

Solche praktische Symbolik und Demonstration sollte viel mehr in der Sprache ihren Niederschlag finden. Unverkennbar wird diese Sprache von vielen als Angriff gegen patriarchale Besitzstände erkannt. Sie löst Ablehnung, Peinlichkeiten, Diskussionen, aber auch bewußtseinsverändernde Signale aus. Man/frau kann hier im Kontakt mit öffentlichen Amtsträgern in der Stadtverwaltung, im Gemeinderat, in den Parteien, mit Journalisten, (sind ja fast ausschließlich Männer), im Kontakt mit Sozialarbeitern und Unterstützern sehr schnell erkennen, wer die 'Arbeiterinnen' akzeptiert oder beständig ignoriert. Von uns war diese Provokation, (es könnte ja auch eine Selbstverständlichkeit sein) unserer Zeitgenossen beabsichtigt. Sie hat bisher erstaunlich viel bewirkt und übertraf alle unsere Erwartungen. Erfreulich ist die stillschweigende Auseinandersetzung bei denen, die nicht drum herum kommen, unseren Namen öfter in den Mund nehmen zu müssen und die sich irgendwann gegen die Peinlichkeit zur Selbstverständlichkeit durchringen.

**Das Fehlen der Arbeiterinnen in der Arbeiterbewegung ist eine, sich bis heute negativ auswirkende, verpaßte Chance zur inneren Revolution!**

Es ist mehr als bedauerlich, daß man(n) nicht von der 'Arbeiterinnen- und Arbeiterbewegung', (oder umgekehrt), spricht. Was in Worten fehlt, fehlt auch in der Geschichtsschreibung und in den Köpfen und Herzen. Was von den Genossen, aber auch von den wenigen Genossinnen, als Nebenwiderspruch abgetan wird, ist in Wahrheit eine bis heute verpaßte Chance der inneren Revolution der Gesellschaft. Eine Revolution, die die Herr-schaft der Stärkeren über die angeblich Schwächeren aufhebt. Eine innere Umwälzung, die das herr-schende Menschenbild in sein Gegenteil verkehrt. Eine Kraft, die die Freiheit des »Weiblichen«, des »Schwachen« für Frauen **und** Männer will. Lebensbedingungen, die die sexuellen Befreiung aus Familie und Ehe und die Befreiung der weiblichen Lust, **gerade** den Frauen ermöglichen ...

Auf diesen inneren Grundlagen einer Gesellschaft wären Faschismus, Diktatur, Unterdrückung und Ausbeutung des Menschen durch Menschen und die Zerstörung des Urquells des Menschen durch Menschen - unserer Erde - nicht möglich.

**Dem entsprechend versucht die ASH-Stuttgart in der Tradition der Arbeiterinnen- und Arbeiterbewegung zu arbeiten!**

Und hier setzen schon die nächsten Verdrängungsmechanismen der überwiegenden Mehrheit der Zeitgenossen, aber auch der Zeitgenossinnen ein:
**Die Mitarbeiterinnen und die Zielgruppen der Arbeit des ASH-Stuttgart werden nicht als Mitglieder/innen der Arbeiterklasse anerkannt, sondern selbst von deren Angehörigen ausgegrenzt.**

Arbeitslose, Obdachlose, zwangspsychiatrisierte Menschen, zwangskriminalisierte Menschen, Sozialhilfeberechtigte, Alleinerziehende, Rentner/innen, Kranke, Behinderte, aber auch Arbeiterinnen und Arbeiter der untersten Lohngruppe sind's.
Als »Asoziale«, »Schmarotzer«, »Blöde«, ..., werden sie verachtet und ausgestoßen wie Aussätzige.
Ganz bewußt nehmen wir den Begriff 'Arbeiterin' bzw. 'Arbeiter' für die Interessensvertretung, der in der ach so sozialen Marktwirtschaft unbrauchbar Gemachten und vom Ausschluß Bedrohten in Anspruch!

**Mit Vehemenz stellen wir uns gegen die Aufsplitterung der Arbeiterinnen- und Arbeiterklasse in Produktive und Unproduktive, in Brauchbare und Unbrauchbare, in Arbeitnehmer und Randgruppenangehörige, in sozial Starke und sozial Schwache!**

Wie ist doch der Begriff »sozial« pervertiert!

In der Sprache des modernen Sozialstaates, des sozialdemokratischen Modell Deutschlands, vertritt die ASH-Stuttgart die »Randgruppenangehörigen«, die auch »Sozial Schwache« genannt werden.
Wir wollen sensibel dafür machen, daß schon in diesen Begriffen die Ausgrenzungsmechanismen der Brauchbaren gegen die Unbrauchbaren, die Taktik der Herrschenden, perfekt funktioniert.

Den Mächtigen ist es im Laufe der Industrialisierung noch perfekter gelungen, von dem sogenannten »arbeitsscheuen Gesindel« ein Bild der Unmoral, des Unsittlichen, des Verwerflichen und Abartigen, auch in den Köpfen und Herzen der Arbeiterschaft zu zementieren - insbesondere der organisierten Arbeiterschaft.
Mir ist Rosa Luxemburg als einzige prominente Vertreterin der sozialistischen Arbeiterbewegung bekannt, die diese politische Selbsttäuschung erkannte und öffentlich für die Ausgesonderten Stellung bezog.

Anläßlich des heuchlerischen öffentlichen Interesses, selbst des Kaisers, an dem Massensterben von mindestens 70 obdachlosen Arbeitern in einem Berliner Asyl, fand sie folgende drastischen Worte:

»... *Die Arbeiter selbst, namentlich die Bessergestellten, die organisierten, glauben gern, daß alles in allem, Dasein und Kampf des Proletariats in den Grenzen der Wohlanständigkeit und Ehrbarkeit abläuft. Ist denn die 'Verelendung' nicht als graue Theorie längst widerlegt? Jedermann weiß, daß es Asyle, daß es Bettler, Prostituierte, Geheimpolizisten, Verbrecher und 'lichtscheue Elemente' gibt. Aber das alles wird gewöhnlich als etwas Fernes und Fremdes empfunden, als etwas, das irgendwo außerhalb der eigentlichen Gesellschaft liegt. Zwischen der rechtschaffenden Arbeiterschaft und jenen Ausgestoßenen steht eine Mauer, und man denkt selten an den Jammer, der jenseits der Mauer im Kot kriecht. Plötzlich passiert etwas, das so wirkt, wie wenn inmitten eines Kreises wohlerzogener, feiner und freundlicher Menschen jemand zufällig unter kostbaren Möbeln Spuren scheußlicher Verbrechen, schamloser Ausschweifungen aufdecken würde. Plötzlich wird unserer Gesellschaft durch ein grauenhaftes Gespenst des Elends die Maske der Wohlanständigkeit entrissen, ihre Ehrbarkeit als die Schminke einer Dirne erwiesen. Plötzlich zeigt sich, daß unter dem äußeren Rausch und Tand der Zivilisation ein Abgrund der Barbarei, der Vertierung gähnt; Bilder der Hölle tauchen auf, wo menschliche Geschöpfe im Kehrricht nach Abfällen wühlen, in Todeszuckungen sich winden und verreckend ihren Pesthauch nach oben senden.*

*Und die Mauer, die uns von diesem düsteren Reich der Schatten trennt, erweist sich plötzlich als eine bloß bemalte papierne Kulisse.*

*Wer sind die Bewohner des Asyls, die dem faulen Bückling oder dem giftigen Fusel zum Opfer fielen? Ein Handlungsgehilfe, ein Bautechniker, ein Dreher, ein Schlosser - Arbeiter, Arbeiter, lauter Arbeiter. Und wer sind die Namenlosen, die von der Polizei nicht rekognosziert (erkannt) werden konnten? Arbeiter, lauter Arbeiter oder solche, dies es noch gestern waren ...*«[1].

Und heute?

Rosa's Worte sind nach wie vor brandaktuell! Der Bann der Aussonderung der »Entarteten« hält erfolgreich an.

---

(1) Aus:»Wohnsitz Nirgendwo«, Katalog zur Wanderaustellung

**Wer das vernichtende Menschenbild der Herr-schenden bekämpfen will, muß das Patriarchat bekämpfen!**

Die Mauer zwischen den als entartet Abgestempelten und den Ehrbaren scheint mir tiefer zu gehen als die Mauer zwischen den Klassen. Die Religion über Moral und Unmoral, über sittlich und unsittlich, über normal und abartig, bleibt unangetastetes Tabu. Diskussionen über das vorherrschende Menschenbild, die Käuflichkeit des sozialen menschlichen Besitzstandes - die innere, ver-innerlichte Unterdrückung schlechthin - gibt es kaum. Die neue Frauenbewegung hat hier Unverzichtbares geleistet. Doch im Zusammenhang mit den »Asozialen«, den von der vorherrschenden Norm ver-rückten Menschen, gibt es ein Infragestellen des öffentlichen Menschenbildes nicht und schon gar nicht als gesellschaftliche Bewegung. Wir bessergestellten Frauen sollten innerlich und öffentlich zur Unmoral und Unsittlichkeit stehen und unsere patriarchale Ehrbarkeit fallen lassen im Interesse einer gemeinsamen Bewegung mit den ausgesonderten Frauen.

Das arrogante und ständig auf Überlegenheit trachtende Menschenbild der Herrschenden ist eine andauernde Kriegserklärung gegen uns alle, gegen das Weiblich-menschliche überhaupt. Diese Kriegserklärung müssen wir **selbst** erwidern. Wir sollten nicht über die uns im Stich lassenden Zeitgenossen klagen. Auch wenn sie mit uns oft in der »Theorie« einig sind, sind sie doch zunächst immer blind vor den Auswirkungen des Patriarchats im Alltag. Wir sollten Gefallen finden an dieser uns zufallenden Rolle - an unserer Stärke!

**Das Monopol der mächtigen Minderheit über ihre Version der sozialen und sittlichen Werte muß entrissen werden. Denn diese Religion läßt nichts Menschliches wachsen!**

Es ist ja nicht genug, daß mittlerweile wieder Millionen Menschen ihr menschliches Recht auf Arbeit, Wohnung, ausreichenden Lebensunterhalt und Lebensqualität verweigert wird.
Nein! Sie werden **zusätzlich** ihrer Würde beraubt und öffentlich beschmutzt, indem ausgerechnet ihnen, öffentlich und privat, das Etikett der Unmoral angeheftet wird. Es ist, als würden sie in den schauerlichen Untergrund der perversen Fantasie der Ehrbaren gestoßen. Eine innere Revolution der Werte ist bitter notwendig. Ansonsten kann nichts Menschliches wachsen.

**ASH-Stuttgart vereinigt in ihrer Arbeit 3 untrennbar zusammengehörende politische Inhalte:**

**1. Lobby für und mit den von dieser Gesellschaft ausgesonderten Bür-**

gerinnen und Bürger.
**Dazu gehören die Ausgesperrten von Morgen.**
**Wir fordern öffentlich menschliche Rechte nach:**
**Arbeit, Wohnung, ausreichenden Lebensunterhalt, seelische, geistige und körperliche Unversehrtheit.**
2. **Das Weibliche stärken - die Stärke in dem angeblich Schwachen freisetzen.**
3. **Das Menschenbild der Herr-schenden als absurd und durch und durch unmenschlich überführen.**

**Die Ausgesonderten werden den Dienern der Mächtigen, der öffentlichen und privaten Fürsorge, zum Fraß vorgeworfen!**

Die Zeiten der Weimarer Republik, als sich wenigstens einige wenige Organisationen der Arbeiterbewegung für die Arbeitslosen und deren Familien zuständig fühlten, sind vorbei. Dafür hat man ja heute die Sozialarbeit. Keine Gewerkschaft, keine Arbeiterorganisation macht sich die Mühe, die moderne Armenfürsorge zu kontrollieren oder sie greift sie gar als Elendsverwaltung der zwangsweise Unproduktiven an.

Für mich als Frau, als Mensch, gehört es zu meiner Identität, daß ich mich nicht in den Dienst der Herren stelle und mich zur Erfüllungsgehilfin als Sozialarbeiterin in ihren Instituionen machen lasse. Ich will das herrschende Menschenbild, unter dem auch ich leide, öffentlich angreifen und ihre Sozialpolitik infrage stellen. Ich will parteilich sein für und mit den Ausgesonderten. Meine Wut, meine Wärme, meine Liebe ausleben: radikal, sanft, gerecht aber auch ungerecht sein dürfen. An dem Abbau meiner perversen Menschlichkeit zu arbeiten und mit dieser neu gewonnenen Kraft die öffentliche Sozialpolitik anzugreifen, scheint mir in diesen Zeiten wichtiger zu sein, als immer neuen Reförmchen und völlig unbrauchbaren Therapien innerhalb der Sozialarbeit zu huldigen. Sie werden doch zu nichts anderem gebraucht, als zur beständigen Pflege des Menschenbildes über die »Unfähigen«, die »Psychisch Kranken«, die »Asozialen«, die »Arbeitsscheuen«, die »Außenseiter«. Dort wo Sozialarbeit noch Lobbyfunktion übernehmen kann, hat sie sicher ihre Berechtigung. Doch diese vereinzelten Bemühungen reichen bei weitem nicht aus.

An dieser Stelle möchte ich nicht verschweigen, daß die Arbeit in einem öffentlich ungeliebten und unbequemen Projekt einen hohen Preis an körperlichem und nervlichem Verschleiß mit sich bringt. Dieser Verschleiß der einzelnen Personen darf aber so nicht isoliert gesehen werden. Denn auf der anderen Seite ist der Gewinn an persönlicher Stärke,

Durchsetzungsvermögen und innerer Befreiung - gerade für mich als Frau - groß und für mein Über-leben unverzichtbar.

**Selbsthilfe ist eine sinnliche Erfahrung!**

Grundlage und »Werkzeuge« unserer Arbeit ist die Selbsthilfe. Eine Arbeit mit bildungsbenachteiligten Menschen kann nie über den Kopf laufen; sie muß sinnlich erfahrbar sein. (Im übrigen würde dies Bildungsbevorteilten keineswegs schaden!) Selbsthilfe ist die gelebte Erfahrung mit sich selbst und anderen und vor allem auch die erlebte Wechselwirkung von Hand-, und Kopfarbeit. Im Aus-leben von Gefühlen und Erfahrungen können Ängste abgebaut und Selbstvertrauen gewonnen werden. Die so eroberten inneren Freiheiten setzen die notwendige Kraft und Fantasie zum Nach-Außen-Richten des eigenen und gemeinsamen Leidensdrucks frei.

Selbsthilfe läßt sich greifbar fassen als Eroberung von persönlichem und kollektiven Selbstvertrauen. Als innere und äußere Befreiung vom herrschenden Menschenbild. Als Aufbau einer eigenen Idendität.

**Zur Zeit bestehen innerhalb der ASH-Stuttgart folgende Arbeitsbereiche:**

**1. Stadtteilbezogene Arbeit im Arbeiterinnen- und Arbeiterviertel S-Hallschlag:**

**Dazu gehören:**

**Mieterinitiative der städtischen Mieter/innen.**
**Aktivspielplatz Hallschlag**
**Gebrauchtwaren- und Informationsstelle.**
**Sozialhilfeberatung.**

Die Mieterinitiative setzt sich fast ausschließlich aus Frauen zusammen. Die Interessengruppe Sozialhilfe, die sich z. Zt., wegen unserer Überlastung nicht regelmäßig trifft, besteht ausschließlich aus Frauen. Diese Frauengruppen wurden von uns so nicht geplant, sondern ergaben sich von selbst. Eine Ursache ist auf jeden Fall das große Bedürfnis der Frauen im Hallschlag nach Kontakten und Austausch, dem wir im Moment nur ungenügend gerecht werden können.

**2. Beschwerdestelle und Sozialhilfeberatung:**

Durch die Veröffentlichung des Ratgebers »Sozialhilfe in Stuttgart« (2. Auflage wieder zu beziehen ab 1982/83) hat sich gezeigt, daß im Bereich der Information über die Rechte und Forderungen der Sozialhilfeberechtigten eine enorme Lücke besteht, die nicht von der Sozialbüro

kratie geschlossen wird. Natürlich können so Millionen eingespart werden. Aus Stuttgart, von Heidelberg bis zum Bodensee, kommen Leute angereist oder wollen sich schriftlich informieren. Die Praxis der Stuttgarter Sozialämter, bis auf einige Bezirksämter, ist im Vergleich zu anderen Kommunen relativ liberal. Doch jetzt kommt es vor allem darauf an, Widerstand gegen die Kürzungen im Sozialhilfebereich aufzubauen, von denen natürlich auch die Stuttgarter Sozialhilfeberechtigten betroffen sind. Nachdem wir Sozialhilfeinteressensvertretungen bundesweit mit unseren Forderungen nach Erhöhung der Sozialhilfesätze und nach der Nichtanrechnung des Kindergeldes auf die Sozialhilfe gescheitert sind, müssen wir alles daransetzen, noch Schlimmeres zu verhindern! OB-Rommel hat mittlerweile wieder laut über die »notwendigen« Einsparungen des Sozialetats nachgedacht. Hier bestätigt sich wieder einmal, daß zuerst, am meisten und am härtesten, bei denen eingespart wird, die nicht über eine Lobby verfügen! Sozialhilfeberechtigte sind in der Mehrzahl Frauen. Hier muß etwas geschehen!
Der Verteilungskampf in der sogenannten 1. Welt hat erst begonnen.

**Selbsthilfe durch den selbstverwalteten Betrieb für und von ehemals obdach- und arbeitslosen Frauen.**

8 Frauen (Kerngruppe) bauen zur Zeit ihre Existenzgrundlage selbst auf. Sie werden zeitweise von einem Mechaniker, einem Fahrer und mir unterstützt.

Arbeitsbereiche:
Möbelabholungen, Haushaltsauflösungen.
Gebrauchtwarenverkauf in der H.-Baumann-Straße und im Hallschlag.
Unser Kundenkreis sind ausschließlich Leute mit wenig Einkommen, dementsprechend verkaufen wir nichts Antiquarisches oder Rohholzmöbel und kaufen auch keine Möbel an.
Schreinerwerkstatt.
Metallwerkstatt.
Webwerkstatt.
Papierbrikettherstellung.
Drehpunkt in der Selbstverwaltung ist der Bürobereich. Hier wird die Verwaltung der Firma und der ASH für alle durchschaubar. Verantwortung für die ganze Gruppe und eigene Entscheidungen sind hier unumgänglich, (Kassenverwaltung, Telefon, Buchhaltung, Briefe beantworten, Arbeitsbesprechung vorbereiten, sie Gesamtorganisation übernehmen).
Ein Wechsel in den Arbeitsbereichen findet regelmäßig statt.

Angestrebt wird von uns ein versicherungspflichtiges Beschäftigungsverhältnis, also Kranken-, Renten-, und Arbeitslosenversicherung. Die

AOK macht hier Schwierigkeiten; denn sie möchte ehemals obdachlose, nichtseßhafte Arbeiter/innen nicht in ihre Leistungen übernehmen. Offensichtlich fürchtet sie die angeblich hohen Folgekosten, die im Krankheitsfall sonst das Sozialamt tragen müßte. Bei höchstens 20 Frauen ist das ein Witz. Außerdem möchte sie einen **selbstverwalteten** Betrieb nicht als Arbeitgeber anerkennen, weil kein »klares Unterordnungsverhältnis« besteht.

Schwierigkeiten gab es ebenso mit Teilen der Stadtverwaltung, die eine Entscheidung über die Zukunft der Selbsthilfe durch den selbstverwalteten Betrieb seit 1 1/2 Jahren hinausschleppte. Eine unersetzliche Selbsthilfemöglichkeit für 30 Frauen, d.h. selbstbestimmtes Wohnen und Arbeiten wurde im Juni '82 endlich vom Gemeinderat bestätigt. Menschen, die sonst weder auf dem Wohnungs- noch auf dem Arbeitsmarkt eine Chance hätten und in Heimen, Psychiatrien, Knast, Krankenhäusern, den Rehabilitationszentren und der Sozialhilfe weitaus mehr Geld kosten würen, sichern jetzt ihren Lebensunterhalt selbst. Der finanzielle Aufwand an Sozialleistungen kann niemals die Menschenwürde ersetzen. Unsere einzige Forderung an die Stadt Stuttgart bleibt die unentgeldliche Überlassung des Gebäudes. 6000 DM Miete/Monat (kalt) aufzubringen, wäre eine Unmöglichkeit. Das Leistungsniveau müßte so hochgeschraubt werden, daß aus der Selbsthilfe von ungelernten Arbeiterinnen, die geschwächt sind durch die Zerstörung ihrer Existenz, eine »Selbsthilfe« von Hochqualifizierten, ohne erlebte existenzielle Probleme, werden würde.
Teilen der Verwaltungsspitze scheint diese minimale Unterstützung durch die Stadt noch zu viel zu sein.

**Warum Frauen in der ASH-Stuttgart leben und arbeiten wollen:**

**»Mein Gefühl für all die Sachen ist einfach sagenhaft!«**
Inge Hofer: »Wenn eine Frau auf der Straße steht, ist sie Freiwild für die Männer. Sie gerät an Zuhälter oder auch Zuhälterinnen, von denen sie schlecht wegkommt. Sie wird geschlagen und gequält mit Ketten, oder mit anderen Gegenständen, die der Typ gerade hat.
In der ASH ist die Frau ihre eigene Person, kann Sachen machen, die sie sich nie zugetraut hätte. Holz verarbeiten, Möbel abholen, Metallwerkstatt oder sogar das Elektrische, das ich mir früher nicht zugetraut hätte. Mein Gefühl für all die Sachen ist einfach sagenhaft! Ich bin glücklich, daß ich das alles lernen kann. Nicht nur daheim am Herd stehen und kochen.
Frauen in der ASH werden nicht mehr von Männern unterdrückt, die entweder ihr Geld wollen oder nur zu Hause sein müssen. Kann nicht weg, muß immer da sein, wenn er sie braucht.
Ich finde es gut, daß die Frau ihr Leben selbst in die Hand nehmen

kann. Und sich selbst überwinden, aus dem alten Trott herauszukommen und sich das Leben selbst zu gestalten. Problemlos zu sein, weil die meisten Frauen sonst nie zu ihrem Recht kommen.«

**»Es wird nach meiner Meinung gefragt und ich werde nicht in den Hintergrund gedrängt, wie es die Männer mit uns machen. Ich kann auch ohne den Mann etwas leisten.«**

Iris Schneider: »Ich wollte in die ASH, weil es mir imponierte und gefiel, daß hier Frauen selbständig leben, handeln und arbeiten können, ohne von den Männern abhängig zu sein.
Auf mich machte es auch einen großen Eindruck, daß Frauen auch Arbeiten verrichten, was normalerweise in der Umwelt nur Männer verrichten. Die ASH gab mir auch das Gefühl, daß ich was wert bin und daß ich dazu fähig bin, etwas zu leisten. Das hat mir die ASH gezeigt.«

Petra Rheinberger: »Seit ich in der ASH bin, habe ich mehr Selbstvertrauen. Und getraue mich auch, meine eigene Meinung auszusprechen. Ich bin nicht mehr abhängig von den Typen oder Personen, die älter sind als ich. Endlich getraue ich mich auch mal Dinge zu tun, die ich früher niemals gewagt hätte zu tun. Es macht mir Spaß mit den Leuten zusammenzuarbeiten. Und ich werde akzeptiert, so wie ich bin. Und werde nicht wie der letzte Dreck behandelt. Da habe ich Verantwortung und weiß, daß ich nicht unnütz bin.«

**»Weil es mir das Gefühl wieder gibt, ein Mensch zu sein.«**
Anita Boswell: »Als ich zum ersten Mal bei der ASH arbeitete, erkannte ich nicht den Sinn der Sache. Ich brauchte lange Zeit dazu, um überhaupt zu erkennen, was es für mich bedeutete, selbständig und mit Verantwortung etwas aufzubauen. Mir fehlte das Selbstvertrauen. Dazu kam, daß ich sehr labil war und in einer Traumwelt lebte, aus der ich dachte, nicht mehr herauszufinden. Ganz langsam erkannte ich, daß es vielen Menschen genauso ging oder sogar noch schlechter. Durch meine Mitbewohnerinnen wurde ich mitgerissen, endlich etwas zu tun, was mir als nützliche und sinnvolle Tätigkeit erschien. Ich wollte nicht wie andere Menschen als Arbeitstier weiterleben, wo man doch ausgenützt wird, täglich der gleich Trott. Das alles machte mich unzufrieden. Es würde mein Leben nicht ausfüllen und befriedigen. Ich habe in der Selbsthilfegruppe das Gefühl, gebraucht zu werden und möchte anderen Menschen helfen, denen es schlechter geht als mir. Es bedeutet mir viel, aus eigener Kraft mit der Gruppe einen selbstverwalteten Betrieb aufzubauen, weil es mir das Gefühl wieder gibt, ein Mensch zu sein. Es fehlt mir noch einiges, aber ich werde es in der ASH lernen. Durch die Selbsthilfegruppe bin ich selbständiger geworden und baue mir eine Existenz auf, kann mich selbst verantworten und sehe jetzt vieles mit anderen Augen.

Wir werden den Spießern zeigen, daß wir auch Menschen sind und sie werden uns nicht mehr abstempeln und uns verjagen wollen! Ich wünsche jedem, der schlecht über uns redet, daß er in eine solche Lage kommt und dann noch den Willen und die Kraft hat, etwas selbständig aufzubauen!«

**»Hier fühle ich mich nicht unterdrückt wie in der Fabrik.«**
Karin Pekdemir: »Ich bin in der ASH, weil ich früher auf der Straße war und es schwer war für mich, draußen eine Arbeit zu finden. Erstens, weil ich im Gefängnis war und zweitens, weil ich früher Alkoholikerin war. Dann habe ich eine Entziehungskur gemacht und leider hat es nichts geholfen. Und das alles, weil ich keine Arbeit gefunden habe. Und dann bin ich nach Stuttgart gekommen und da war es auch schlecht Wohnung und Arbeit zu finden. Dann bin ich zum Sozialamt gegangen und habe 1 Monat auf dem Hauptbahnhof geschlafen. Und dann habe ich einen Platz gefunden bei der ASH. Hier fühle ich mich nicht unterdrückt wie in der Fabrik beim Arbeiten, weil man hier wegen der Arbeit alles selbst oder mit der Gruppe besprechen kann.«

**»Ich bin mein ganzes Leben lang überall ausgenützt und unterdrückt worden.«**
Klara Bölster: »Ich bin mein ganzes Leben lang überall ausgenützt und unterdrückt worden. Seit meinem Unfall ist es ganz schlimm, weil ich keine Arbeit mehr finden kann. Hier habe ich das Gefühl nicht, daß ich unterdrückt werde. Das ist ganz wichtig für mich.«

**4. Seit November 1980 »übernahm« die ASH die erste Notübernachtungseinrichtung für Frauen in Stuttgart und die erste in der BRD überhaupt.**
Das Wort »übernahm« steht deshalb in Anführungszeichen, weil dies keine Selbstverständlichkeit der Stadt war, sondern von uns - wie alles andere - erkämpft und durchgesetzt wurde.
Hintergrund war eine Absprache mit dem Sozialamt. Wir sollten uns verpflichten, einen Winter lang im Gebäude H.-Baumann-Straße für 10 Personen die Notübernachtung zu betreuen. Anschließend sollte der Gemeinderat den Übergang in die Selbsthilfe absegnen. Wir bestanden darauf, diese 10 Plätze für Frauen freihalten zu dürfen. Dies gab erhebliche Schwierigkeiten, weil das Sozialamt die Zahl der alleinstehenden obdachlosen Frauen nicht einmal auf 10 einschätzte. Wir gingen davon aus, daß die Dunkelziffer sehr viel höher sein muß, da Frauen nicht andauernd auf der Straße überleben können und deshalb nicht registriert sind. Frauen sind auf Unterschlupfmöglichkeiten angewiesen, um der direkten Vergewaltigung zu entgehen. Sie leben zwischen Bett und Straße und erhalten dafür als Gegenleistung: ein Dach überm Kopf, Waschgelegenheit und Frühstück.

Innerhalb 14 Tagen waren diese 10 Plätze voll belegt. Denn zusätzlich stellte sich heraus, daß die Frauen, die noch nicht lange obdachlos sind, nicht die 2 Notbetten für Frauen im Wohnheim Nordbahnhofstraße in Anspruch nehmen. Ein Asylleben bringt den totalen »sozialen Abstieg« mit sich.

Tatsächlich nahmen in den 1 1/2 Jahren eine große Zahl Frauen diese Notübernachtungsmöglichkeit in Anspruch!

Mindestens 103 Frauen im Alter von 16 bis 79 Jahren und 2 Kleinkinder wohnten länger als 2 Tage im Haus.
80 Frauen davon blieben länder als 1/4 Jahr.

Die Altergruppen schlüsseln sich so auf:
| 45 | Frauen | waren | zwischen | 16 und 26 | Jahre | alt. |
|---|---|---|---|---|---|---|
| 2 | '' | '' | '' | 30 und 40 | Jahre | jung. |
| 16 | '' | '' | '' | 40 und 60 | '' | '' |
| 5 | '' | '' | '' | 60 und 70 | '' | '' |
| 5 | '' | '' | '' | 70 und 79 | '' | '' |

Soweit der letzte Wohnort nachvollziehbar war, in %-Zahlen:
70 % Stuttgarterinnen, die meisten in Stuttgart geboren.
20 % aus den Umlandgemeinden.
10 % außerhalb von Baden-Württemberg.

Im Alltag lebten durchschnittlich 30 Frauen im Haus. Fast alle hatten eine Beziehung zu einem Mann, der meist ebenfalls obdachlos war, oder sie lebten vorher in einer Gruppe zusammen mit Männern. Da die Frauen das Haus selbst verwalteten, führten sie die Regelung ein, daß 4 Nächte pro Woche die Männer hier übernachten durften und sich immer im Haus aufhalten konnten, wenn sie da waren. Das führte dazu, daß ständig durchschnittlich 50 Menschen im Haus lebten. Sicherlich war und ist diese Regelung sinnvoll, da die Frauen ihre Bedürfnisse nach Zärtlichkeit sonst immer nur in entwürdigender Weise leben konnten und bei Streitigkeiten den kürzeren zogen, d.h. auf die Straße gesetzt wurden. Jetzt konnten **sie** die Beziehung selbst bestimmen! Die Situation spitzte sich jedoch zu, nachdem auch den Männern im Winter 81/82 eine Notunterkunft verweigert wurde. Es war nun nicht mehr so einfach möglich, sie an ihren Wohnplatz zu verweisen; denn auf sie warteten überfüllte Wohncontainer, Kälte, Nässe und zwangsläufig Gefahr für Gesundheit und Leben.
In bewundernswerter Weise bewältigten die Frauen der Selbsthilfegruppe diese schwierige Situation. Sie leisteten, was professionelle Sozialarbeiter/innen nie zu leisten vermochten. Ihre Motivation war gestützt auf die Hoffnung der Selbsthilfe und dem Aufbau einer eigenen Existenzgrundlage. Wichtig war auch, daß **sie** die kleine »Anerken-

nung« in Geld für den Verein vom Sozialamt **selbst** verdienten zum Aufbau ihres Betriebes. (Die Stadt vergütete lediglich die Betreuung von 10 Plätzen.) Im April 1982 mußten wir wegen völliger Überbelegung die Notaufnahme stoppen. Die Hoffnung, daß das neu eröffnete Neefhaus die Notübernachtung weiterführt, (so wurden wir immer vertröstet), erfüllte sich nicht.

**Jetzt liegt es wieder an uns, für den mühsam errungenen »sozialen Besitzstand« einer eigenen Einrichtung zur Übernachtung für Frauen zu kämpfen!**

Seit wir die Notaufnahme stoppen mußten, wurden erstmals wieder seit Jahren Frauen, die außerhalb von Stuttgart hier ankommen, ein Hotelbett bzw., eine Unterkunft verweigert.
Wir halten diese Praxis für einen Akt der Verletzung der Menschenrechte. Sicher trifft dies für die männlichen Leidensgenossen genauso zu. Aber in einem wesentlichen Punkt unterscheidet sich die Notlage der Frauen von der der Männer:
**Frauen leben ständig in der Gefahr der Vergewaltigung!**
**Frauen müssen nach wir vor »Ihren Körper auf den Markt werfen«, um überhaupt zu einer Unterkunft zu kommen.**
**Zusätzlich zur Obdachlosigkeit, Arbeitslosigkeit und Armut muß die sexuelle Ausbeutung der Frau als zusätzliche existenzielle Notlage, als Verletzung der Menschenwürde und der Menschenrechte, anerkannt werden. »Die Würde des Menschen ist unantastbar.«** Die Würde der Frau, die zur Prostitution gezwungen wird, ist offenbar antastbar, verletzbar, ausbeutbar!

**Zur Situation der obdachlosen Frauen und Mädchen in Stuttgart:**
Zusätzlich zur Obdachlosigkeit und Arbeitslosigkeit und Armut, muß die sexuelle Ausbeutung der Frau als zusätzliche existentielle Notlage, als Verletzung der Menschenwürde und der Menschenrechte anerkannt werden!

Wie ihre Leidensgenossinnen schon vor hundert Jahren müssen die Frauen ihre Menschenwürde vermarkten. Damals wie heute müssen sie die Folgen der körperlichen und psychischen Zerstörung selbst tragen. Damals wie heute ist das Kindergebären ihr Problem. Die bereitgestellten Mutter-Kind-Heime und das Angebot der Freigabe zur Adoption ist eine fragwürdige »Nächstenliebe« der kirchlichen und staatlichen Institutionen. Kindergebären für die Ehrbaren, die Bessergestellten! Ihre Not auf der Straße interessiert nicht. Ihre Demütigung zwischen den Betten und der Straße wird scheinheilig als ihre Unsittlichkeit registriert - an all der Frauenverachtung hat sich bis heute nichts geändert.

**Die Dunkelziffer der obdachlosen Frauen und Mädchen ist weitaus höher als die registrierte Zahl!**

Schon jetzt steht fest, daß in kurzer Zeit auch die Platzzahl von 50 im Wohnheim Neefhaus belegt sein wird. Bei uns könnten (wenn der Gemeinderat seinen Segen dazu gibt), 30 Frauen leben und arbeiten. Wir schätzen die Dunkelziffer der obdachlosen Frauen und Mädchen die wegen fehlender Alternative zur Prostitution gezwungen werden, auf **mindestens 5 mal höher als es offizielle Plätze gibt**. Ein sehr wichtiger Punkt ist auch hier, daß die meisten Frauen ein Wohnheim der professionellen Sozialarbeit meiden. Die meisten Frauen kamen oder blieben bei uns nur deshalb, weil hier das größtmögliche Maß an individueller Freiheit, Transparenz der Institution, (Selbstverwaltung) und Anonymität, (keine Registrierung, Akten, etc.), gewährleistet war und ist. Solch eine Übernachtungsmöglichkeit zu erhalten, hielten wir für dringend notwendig. Die schlechteste Möglichkeit wäre ein erweitertes Angebot im Wohnheim Nordbahnhofstraße, weil dies die meisten Frauen nicht in Anspruch nehmen würden.

**Die Kürzung der 13 DM Sozialhilfe auf 3 DM pro Tag trifft besonders die Frauen hart!**

Stuttgart war bis zum Jan. 82 fortschrittlich, indem es seit ca. 2 Jahren annähernd die Forderungen des Bundessozialhilfegesetzes einhielt. Jetzt ist auch Stuttgart wieder zu der rechtswidrigen Praxis der Barleistungen zurückgekehrt. Frauen erhalten keine Gelegenheitsjobs auf dem Schnelldienst, (obwohl auch diese sehr fragwürdig sind), und können sich kein Taschengeld verdienen. Der Zwang zur Prostitution wird noch größer.

**Ursachen von Obdachlosigkeit von Frauen und Mädchen:**

Die häufigsten Ursachen sind:
1. Mißhandlung in der Familie als Kind.
Meistens bedingt oder verbunden mit Alkoholkrankheit des Vaters, seltener ist die Mutter Alkoholikerin.
2. Mißhandlung in der Ehe, bzw. wohnungslos nach der Scheidung.
3. Arbeitsplatz- und Wohnungsverlust.
Entweder ist der Wohnplatz an den Job gebunden, z.B. Hotel- und Gaststättengewerbe, Haushalt, oder das Zimmer konnte wegen Arbeitslosigkeit nicht mehr bezahlt werden. Beliebt ist von Firmen die Praxis, junge Frauen vor dem Eintritt des Kündigungsschutzes zu entlassen. Stuttgart ist nach wie vor ein Anziehungspunkt auch für arbeitslose Frauen, da die Arbeitsmarktlage hier im Bundesdurchschnitt gut ist. Doch auch hier sieht es für ungelernte Frauen sehr schlecht aus. Die

Jobs, die noch zur Verfügung stehen, sind sehr schlecht bezahlt, körperlich extrem hart, haben schlechte äußere Arbeitsbedingungen und der Zwang zu Überstunden, die auch gar nicht vergütet werden, ist an den Job gebunden. (Bsp.: Gebäudereinigungsfirmen, Mac Donalds).
4. Entlassung aus Heimen und Familien mit Beginn der Volljährigkeit. Ohne echte Alternative werden die Mädchen aus der Jugendhilfe in die mündige Ungewißheit entlassen. Viele Eltern sind rigoros und setzen auch ihre Töchter an ihrem 18. Geburtstag auf die Straße. Dies scheint eine bequeme Art der Konfliktlösung zu sein.
5. Entlassung aus Psychiatrie und Knast bzw. Flucht aus Erziehungsheimen und psychiatrischen Kliniken.
Hier schließt sich der Kreis. Denn meist hängen mehrere dieser Ursachen zusammen. Wer aus geschlossenen Anstalten flüchtet oder in sie eingewiesen wird, hat meist einen langen Leidensweg hinter sich.
6. Unmittelbare Ursache ist dann meist der Verlust der Unterkunft in einer Zwangsbeziehung. Diese »Partnerschaften« sind meist mit extremer Abhängigkeit und meist mit Mißhandlung verbunden. Besonders die heimatlosen jungen Frauen schenken den Versprechungen nach Ehe und Familie immer wieder Glauben. Ihre Suche nach Geborgenheit endet entweder in extremer Ausbeutung, Zwangsprostitution oder »Ehen« mit Asylanten.

**Sexueller Mißbrauch von Mädchen ist u.a. eine der tieferen Ursachen von Obdachlosigkeit!**

Was in der EMMA Nr. 12/81 zu lesen ist, können wir nur bestätigen: »Sexueller Mißbrauch von Kindern, das bedeutet selten: der unbekannte »schwarze Mann« an der Ecke, sondern meist: der eigene Vater, Bruder, Onkel. Die amerikanischen Statistiken beweisen es: 80 Prozent aller Kinderschänder sind mit ihrem Opfer verwandt (nicht selten sind es die eigenen Väter) oder mit der Familie des Opfers befreundet. Die Statistiken beweisen weiter: 70 bis 80 Prozent der kindlichen Opfer sind Mädchen. Und schon der Kinsey-Report stellt fest: jede vierte Amerikanerin wurde bereits in ihrer Kindheit sexuell belästigt, mißbraucht oder gar mißhandelt. Es ist kaum eine Überraschung, daß der Prozentsatz der schon als Kind Mißbrauchten **in einigen Gruppen besonders hoch ist: so haben unter den Prostituierten 70 Prozent aller Frauen als Kind diese demütigende Erfahrung machen müssen, unter den Drogenabhängigen und straffälligen Jugendlichen 80 Prozent** ... Bundesdeutsche Medien behandeln den sexuellen Mißbrauch von Kindern nur dann kritisch, wo es der »böse schwarze Mann« war und die Folgen unübersehbar dramatisch sind ... Von dem heimlichen, selbstverständlichen gewohnheitsmäßigen sexuellen Mißbrauch durch Väter und »Freunde« hingegen hört man kein Wort. Der ist bestenfalls ein Kavaliersdelikt... Schlimmer, er wird immer salonfähiger. Ist doch das Alter der Sexmodelle in Illustrier-

ten, Pornos in diesen letzten Jahren ohne Unterlaß gesunken und posieren inzwischen schon 8 und 10 jährige...«
Die Erfahrung der Mädchen bei sexuellem Mißbrauch durch die Väter oder »Freunde« der Familie sind ähnlich wie die Erfahrungen bei Vergewaltigung - wenn nicht noch schärfer. Dem Mädchen wird bei Behörden, Bekannten oder auch von der Mutter kein Glaube geschenkt. Zudem werden sie von dem Vater u.U. mit dem Tod bedroht. Jeder Auflehnungsversuch wird von ihm mit Unterwerfungsforderungen bestraft. Zudem entwickeln die Mädchen schon früh ein Verantwortungsgefühl für die ganze Familie, für die Mutter und die Geschwister, deren Leben sie nicht zerstören wollen. Dieses gesellschaftlich erzwungene Verantwortungsgefühl verbessert aber letztlich nicht ihre Lebenslage und auch nicht die ihrer Mutter oder ihrer Geschwister. Sie festigt und zementiert nur die Willkür bzw. »Narrenfreiheit« und im strafrechtlichen Sinne kriminelle Freiheit des Vaters oder »Freundes«. Staatliche Behörden und die Öffentlichkeit schützen, ja fördern die kriminellen Freiheiten ihrer Peiniger!
Die Flucht aus der Familie und Ehe in die Ungewißheit der Obdachlosigkeit ist ein verzweifelter Versuch zur Befreiung aus der Unerträglichkeit. Diese Fluchtversuche enden aber kurze Zeit später in ebensolcher Unfreiheit. Befreiungsversuche werden nicht als solche erkannt, sondern bestraft.

**Die Lage obdachloser Frauen**

Das Wort »Obdachlos« verwenden wir als Sammelbegriff für die Situation, Jahre oder auch Tage ohne Wohnung leben zu müssen. Begriffe wie Stadtstreicher, Penner und nicht Seßhafte lehnen wir als Demütigung ab.
In all den Begriffen der Sozialbürokratie, aber auch der wiederentdeckten Bezeichnung »Berber«, kommt unsere Situation als wohnungslose Frauen und Mädchen nirgendwo zum Ausdruck. Wir leben öffentlich verschwiegen, weil nur wenige auf der Straße überleben können, und deshalb auch nicht beim Sozialamt registriert sind. Um der Vergewaltigung zu entgehen, sind wir dazu gezwungen, irgendwelche Zwangspartnerschaften einzugehen. Die Bezahlung beschränkt sich natürlich auf Naturalien: Bett, Waschgelegenheit und Essen.
Zusätzlich zur Wohnungslosigkeit, Arbeitslosigkeit und Armut wird unsere sexuelle Ausbeutung nicht als verschärfte Notlage anerkannt. Wir wissen, daß die Menschenwürde der Frau bei uns nicht viel wert ist. Man(n) hat nichts gegen unser Zwangsverhalten, Prostitution, entwürdigende Jobs z.B. in irgendwelchen Bars einzuwenden. Im Gegenteil man(n) hat ja was davon. Bei Arbeitslosenzahlen von jetzt 2 Millionen, bei der großen Wohnungsnot für Leute mit wenig Einkommen, und gleichzeitig Abbau von Sozialhilfe, haben wir Frauen sowieso keine

Chance mehr. Unsere eh schon menschenunwürdige Lage wird noch unerträglicher werden.

**Ein paar Beispiele, warum Frauen und Mädchen obdachlos werden: Mißhandlung in Ehe und Familie:**

U. 17 Jahre alt, geb. und aufgewachsen in Stuttgart!
Mit 16 Jahren lief ich von zu Hause davon. Ich konnte es daheim nicht mehr aushalten, weil mich mein Vater jeden Tag geschlagen hat. Ich wurde ein paar Mal von der Polizei aufgegriffen und in die Arrestzelle gebracht. Ich kam dann in verschiedene Erziehungsheime. Dort lief ich weg, weil ich mich eingesperrt fühlte. Sie brachten mich in die psychiatrische Landesklinik »Zwiefalten«. Ich war dort zwei Monate mit Unterbrechung. Dann kam ich ins Margaretenheim. Da wurde ich auch eingesperrt und lief wieder davon. Da wurde ich ein halbes Jahr obdachlos und schlief auf der Straße. Durch meine Schwester kam ich in die Heinrich-Baumann-Str. 17.

I. 22 Jahre alt, geb. in der Nähe von Stuttgart, kam 1980 nach Stuttgart.
Meine Mutter hat mir zu verstehen gegeben, daß ihr Freund mich nicht in der Wohnung haben will. Der Grund war, daß ich etwa vor 6 Jahren mit ihm gehen sollte, ich wollte nicht. Er war zu alt für mich, ich war damals erst 16 Jahre alt.
Da hab ich gesagt, daß ich zu meinem Vater ziehen will. Ihr war es egal. Ich zog zu meinem Vater. Mein Vater hat dumm geschaut, wo ich bei ihm zu Hause war. Er hat gesagt: »Was tust du denn hier?«. Ich hab gesagt, daß Mutti mich rausgeschmissen hat. Ich blieb bei ihm etwa 2 Jahre.
Immer wenn der Freitag, Samstag kam, hatte ich fürchterliche Angst, denn da war er immer besoffen, und hat geschrien, ich wäre Schuld am Tod seiner Mutter. Es hat natürlich nicht gestimmt, denn Oma ist an der Aufregung gestorben.
Mein Vater ist sogar einmal auf seine Mutter losgegangen, gut, daß ich dabei war, er hätte sie nämlich umgebracht.
Er ist unzurechnungsfähig und gefährlich. Er hat oft gesagt, er bringt mich um. Er ist auch schon mit dem Messer auf mich los gesprungen. Ich hätte gesagt, er wäre nicht ganz normal, und ich hätte ihn ausgelacht, wegen seinem Sprachfehler. Es stimmt natürlich nicht, weil ich so was nicht tue.
Er hat mich überall mitgenommen, er hat mir alles bezahlt, obwohl ich überhaupt keine Lust hatte. Später hat er es mir wieder vorgehalten. Dann fing er an, mich Freitag, Samstag auf die Straße zu jagen. Er hat gesagt, wenn ich nicht gehe, holt er die Polizei. Dann bin ich eben gegangen. Nach fünf Mal rausschmeißen bin ich nicht mehr heim, auch wenn er es verlangt hat.

Ich habe dann 1 Jahr in einem alten Haus geschlafen, bis sie es dann abgerissen haben. Ich wußte nicht wohin, als daß ich nach Stuttgart fahren soll. Zum einen fand ich keine Arbeit mehr, zum anderen geriet ich an eine Zuhälterin, von der ich weg wollte. In Stuttgart bekam ich vom Sozialamt ein Hotelzimmer bezahlt. War dann bis zur Entbindung meines Kindes in einem Mutterkindheim! Nach Freigabe der Adoption, was ich nicht freiwillig getan habe, wurde mir eine Frist gesetzt, wann ich aus dem Heim ausziehem mußte. Mit einem Bekannten ging ich in die damalige Notübernachtung für Männer mit. Der Bekannte hat mich, wenn er betrunken war, geschlagen und eingeschlossen ins Zimmer. Als ich mich dann wehrte, wurde mir dann Hausverbot gegeben, und nicht ihm! Da kam ich in die Heinrich-Baumann-Str. 17.

**Heime:**

I. 19 Jahre alt, geb. in Stuttgart und aufgewachsen.
Durch die Scheidung meiner Eltern kam ich im Oktober 1976 in das Mädchenwohnheim in die Gerokstr. Nach dem ich durch die Trennung meiner Eltern ziemlich aus dem Gleichgewicht gerissen worden bin, schmiß ich meine Friseurlehre hin und fand keinen richtigen Halt mehr. Ich arbeitete mal da, mal dort, doch ich war nie zufrieden mit mir selbst. Anfang April 1980 mußte ich dann aus dem Heim ausziehen, weil ich inzwischen volljährig war. Ich hatte dann eine Stelle mit Zimmer in der Gastronomie. Dort blieb ich vier Monate. Danach war ich bis Mitte November bei einer Freundin. In der Zwischenzeit bemerkte ich, daß ich schwanger war. Nach einem Streit mit meiner Freundin setzte sie mich vor die Tür. Ich nahm Kontakt mit der Heimleiterin meines ehemaligen Heimes auf und schilderte meine Lage. Sie erklärte, ich könnte für ein paar Tage ins Heim kommen und dort übernachten, bis ich einen anderen Schlafplatz hätte. Kurz darauf hatte ich eine Fehlgeburt, so daß ich bis Mitte Dezember im Heim blieb. Danach erklärte sich meine Mutter bereit, daß ich bei ihr wohnen könnte, bis ich ein eigenes Zimmer und eine Arbeit gefunden hätte. Doch da meine Mutter alkoholsüchtig ist, (sie war fast jeden Tag betrunken) gab es Streit und am 23. Dezember warf sich mich raus. 14 Tage schlug ich mich durch, pennte manchmal bei Freunden, lief nachts umher, oder hockte auf irgendwelchen Parkbänken. Dann traf ich meine jetzige Freundin, sie sagte, sie wohne in einer Notübernachtung für alleinstehende Frauen. Ich ging also mit. Donnerstag um 18.00 Uhr war Besprechung. Ich erzählte den Sozialarbeitern meine Lage, und sie sagten, ich könnte bleiben. Seit Anfang Januar bin ich jetzt hier, die erste Zeit schliefen wir zu viert in einem Zimmer, jetzt sind wir zu zweit in einem Zimmer.

**Arbeits- und Wohnungsverlust durch Krankheit:**

D. 49 Jahre alt, geb. außerhalb von Stgt.
Ich bin seit 1980 im Dezember auf der Straße, weil ich im Dezember 1980 meine Arbeit und Wohnung durch Krankheit verloren habe. Seit dieser Zeit bin ich ohne Wohnung. 1981 war ich in Heidelberg, auch ohne Wohnung. Ich habe mich immer bemüht um Wohnung und Arbeit, aber bis jetzt hat es noch nicht hingehauen, denn mir sind auch meine ganzen Papiere in Stuttgart gestohlen worden. Seit 22.12.81 bin ich wieder in Stuttgart, und möchte mich hier festsetzen, um meine Papiere in Ordnung zu bringen.

A. 18 Jahre alt, geb. in Stuttgart.
1980 im September hatte ich Urlaub. Vor dem Urlaub war ich zwei Monate krank, und nach dem Urlaub war ich wieder krank. Am 8. Oktober mußte ich ins Krankenhaus, wegen einer Knieoperation. Darauf kündigte mir mein Arbeitgeber das Arbeitsverhältnis und somit auch die Wohnung. Als ich am 16. oder 17. November aus dem Krankenhaus kam, meldete ich mich arbeitslos. Die vom Arbeitsamt schickten mich dann in die Büchsenstraße zur Sozialhilfe. Die in der Büchsenstraße sagten mir dann, daß in der Heinrich-Baumann-Str. 17, in der Arbeiterinnen-Selbsthilfe Platz ist zum Wohnen. Seitdem wohne ich hier. Das ist seit dem 21. November 1980.

**Knast:**

Es waren insgesamt 6 Frauen, die aus dem Knast entlassen wurden, und in die Heinrich-Baumann-Str. 17 kamen, da sie durch die Entlassung obdachlos waren, und keine Arbeit hatten.

Beate Blank

*Wo ist unser Land, unser Staat, wo?*
*(...) Frauen sind die Batteriehühner*
*aller Männerstaaten. Die Abtreibungs-*
*gesetze, die Gebärgesetze werden ohne*
*sie gemacht. Ein bißchen Liberalität*
*kann jederzeit widerrufen werden. (...)*
*Welche Armee verteidigt uns gegen*
*prügelnde Ehemänner, bestialische*
*Frauenschlächter, Kinderschänder,*
*Zuhälter, Pornofaschisten? Wer verteidigt*
*eigentlich Fraueninteressen?*
*Gunild Feigenwinter*

**Arbeit mit griechischen Frauen und ihren Kindern**
von Sofia Anastasiadou und Hanne Braun

Der Verein für Internationale Jugendarbeit arbeitet schon seit Jahren regional und auf Weltebene mit den YWCA für die Verbesserung der Situation »von Frauen und Mädchen in der Wanderung« (women in migration) wie: Au-pair-Mädchen, Beratung bei Ehen mit einem ausländischen Partner, Rücksiedler- und Flüchtlingsfrauen, Opfer des Sex-Tourismus und Frauen ausländischer Arbeitnehmer. Der Verein hat sich zunächst der griechischen Frauen und Mädchen angenommen.
In der Begegnung mit ihnen haben wir erfahren, wie lange schon ausländische Frauen an Isolation, Sprachbarrieren, Gettoisierung, Teilemanzipation, Rollenkonflikten und an Identitätskonflikten leiden.

Seit 1976 haben wir eine Frauengruppe mit Kinderbetreuung eingerichtet, die sich regelmäßig zweimal im Monat an einem Samstagnachmittag trifft. Zur Gruppe zählen ca. 50 Frauen. An den Nachmittagen sind durchschnittlich 20-25 Frauen und 15-20 Kinder im Alter von 3-10 Jahren anwesend. Die Frauen sind im Alter von 21-50 Jahren, verheiratet, ca. 8 Frauen geschieden, 4 verwitwet und 3 ledig. Sie sind berufstätig, zwei in Ausbildung zu sozialpädagogischen Berufen und zwei erwerbsunfähig. Obwohl die Gruppe altersmäßig und bildungsmäßig sehr unterschiedlich ist, haben die Gruppenmitglieder jedoch die gleichen Alltagsprobleme, die sie in der Gruppe diskutieren und hier zu bewältigen suchen. Durch die Gruppe erfahren sie Ermutigung und Solidarität.
Probleme sind: die Isolation, die Frage nach der Rolle - was bedeutet es, als Griechin in der Bundesrepublik zu leben, die Kindererziehung - erziehe ich Kinder für Griechenland oder für Deutschland.

Die Isolation

Obwohl die meisten Frauen der Gruppe schon über 10-15 Jahre in der Bundesrepublik sind, sprechen sie sehr wenig, oft gar kein Deutsch, haben keine Kontakte zu deutschen oder anderen ausländischen Frauen und Familien. Viele wohnen in Wohnheimen, sind auch am Arbeitsplatz nur unter sich. Es gibt keine Möglichkeit, Deutsch zu lernen oder es zu praktizieren. Ihr eigenes Programm besteht darin, möglichst schnell, viel Geld zu verdienen. Sie hatten oft drei Beschäftigungen - um schnell wieder in die Heimat zurückkehren zu können. Diese Doppelt- und Dreifachbelastung führte zu eine totalen Isolation auch gegenüber den eigenen Landsleuten. Die heimatliche Sitte der Gastfreundschaft, des gemeinsamen Essens und Sprechens mit den Nachbarn und den Nachbarinnen schrumpfte zu kurzfristigen Besuchen am Sonntagnachmittag

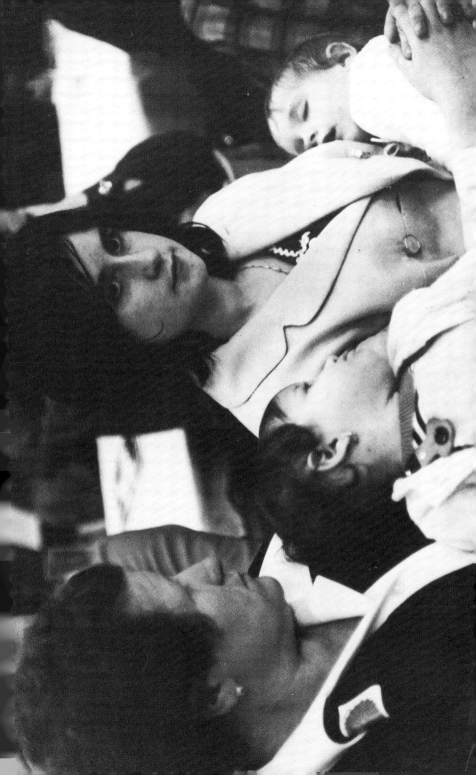

zusammen.

Obwohl sie also recht bald wieder in die Heimat wollten, stellen die Frauen fest, daß sie noch immer in der Bundesrepublik sind, und wohl auch noch länger bleiben werden, daß sie unfähig sind, Kontakte zu haben, und ihre Umgebung nicht kennen. »Bis jetzt habe ich nicht gelebt«, sagte eine Griechin, die seit 15 Jahren hier ist und noch nie ein Restaurant oder Café besucht hatte. »Als alleinstehende Frau tut man das doch nicht.«

Die Frauengruppe wird als Treffpunkt und Begegnungsmöglichkeit erlebt.

Die Isolierung unter den Frauen ist oft soweit fortgeschritten, daß sie eben nur die Einrichtungen, die für ihre Lebensorganisation unbedingt notwendig sind, kennen: Behörden, Arbeitsstelle, Einkaufsmöglichkeiten und Ärzte. Alle anderen Einrichtungen wie Schwimmbäder, Museen, Vereine, Kegelbahnen etc. sind für sie kaum zugänglich. In der Gruppe aber haben sie den Mut, einmal hinzugehen, die Einrichtung kennenzulernen, um dann später auch einmal mit der Familie oder im kleineren Kreis dort wieder hinzugehen. Ausflüge und Besichtigungen sind ungemein beliebt. Manchmal kommen die Ehemänner mit, und die Frauen sind dann ganz stolz, daß sie die treibende Kraft waren und die Idee zu dieser Unternehmung hatten. Diese Ausflüge und Besuche helfen die Hemmschwellen abzubauen und nehmen der Umgebung den fremden, oft angstmachenden Charakter.

Rollenkonflikt - Leben in der Bundesrepublik als Griechin: Was bedeutet das?

Bei den Griechinnen sind viele Frauen erwerbstätig. Durch diese Erwerbstätigkeit hat die griechische Frau eine »Teilemanzipation« erfahren. Sie verfügt das erste Mal über eigenes Geld, muß sich alleine beim Meister, im Betrieb, im Lohnbüro durchsetzen und stellt fest, daß sie dies kann. Sie erwartet nun von ihrem Ehemann, daß er ihre Erwerbstätigkeit - oft im gleichen Betrieb, an den gleichen Maschinen, nur in der Gegenschicht - partnerschaftlich anerkennt, und sie gemeinsam den Haushalt, die Finanzierungen und Anschaffungen besprechen und bewältigen.

Der Mann ist froh, daß seine Frau soviel zum Familienbudget beiträgt, weil sich dadurch die Rückkehrmöglichkeit schneller erreichen läßt. Er nimmt deshalb die Selbständigkeit seiner Frau im Erwerbsleben in Kauf, ihre Wünsche nach Partnerschaft in allen anderen Bereichen machen ihm jedoch Angst, denn sie stellen seine Rolle als »Patriarch« in Frage.

Viele reagieren sehr aggressiv und meinen, daß die Fabrikarbeit genug »Ausgang« für die Frau gebracht habe und sie deshalb am Samstagnachmittag doch zu Hause bleiben solle.
Erst wenn die Frauen nervös, unzufrieden oder gar depressiv werden, lassen die Männer sie zum Frauennachmittag gehen, nicht ohne ihn weiterhin argwöhnisch zu beobachten. Werden nicht der Frau »die Lichter ausgewechselt«, wie das auf griechisch heißt? Sie sind sehr erstaunt, wenn sie merken, daß die Frauen aus diesem Nachmittag eine Ermutigung für den Alltag mitbringen, die sich positiv auf das Familienleben auswirkt. Auch die Frauen selbst sind sehr unsicher über ihre Rolle. Der Besuch der Gruppe war anfänglich geradezu eine Trotzreaktion: »Ich gehe jetzt auch einmal aus - in meinen Club!«, wurde dem Mann entgegengesetzt, der ständig ins Café gehen konnte. Sie beneideten die Männer um ihre Freiheiten. Seit einem Wochenendseminar, das die Gruppe im Schwarzwald erlebte, und bei dem sie Abstand von Familie, Haushalt und Küche hatten, sahen die Dinge auf einmal jedoch differenzierter aus.

Plötzlich fanden sie das Leben ihrer Männer und »ihre Freizeitbeschäftigung« gar nicht mehr so erstrebenswert. Sie mußten zugeben, daß ihre Männer zwar in Kneipen gehen konnten, dort aber als »Gastarbeiter« auch nur eine geduldete Rolle spielten und keine Gelegenheit hatten, in einer Gruppe Probleme zu diskutieren und neue Informationen zu bekommen. Die Frauen beschlossen deshalb, die Männer ab und zu zu Seminaren oder anderen Veranstaltungen einzuladen.
Das wichtigste aber ist wohl, daß sie ihre Rolle finden, sich selbst als Frau sehen und nicht nur als Gattin und Mutter. Wir ermuntern sie, Bedürfnisse und Wünsche zu äußern und nach Möglichkeit durchzusetzen. So war zum Beispiel der gemeinsame Besuch einer griechischen Taverne für die Frauen ein ungemein aufregendes Erlebnis und zugleich ein Lernfeld für selbständiges Handeln.

Einen Nachmittag verbrachten wir damit, einzuüben, wie man diesen Wunsch zu Hause vorbringt und zu einer Lösung kommt. Wir haben dabei festgelegt, daß dies wohl das Problem aller Frauen ist, daß sie nicht gewohnt sind, ihre Bedürfnisse zu artikulieren und zu erklären.

Das nächste war, den Raum in der Taverne zu bestellen und darauf zu bestehen, daß man alleine feiern möchte. Für den Wirt und die anwesenden Männer war dies kaum verständlich. Durch Tagungen für griechische Frauengruppen, die wir jetzt zweimal für ca. 70 Frauen in Haus Lerbach durchgeführt haben, Erholungswochen für griechische Frauen und deutsch-griechische Bildungswochen für Mütter mit Kleinkindern, erleben die Frauen oft das erste Mal, daß sie Menschen mit eigenen Bedürfnissen sind, deren Ziel es nicht mehr ist, die »Männerwelt« zu kopieren, sondern eigene Wege zu suchen.

Kindererziehung und Kindergruppe

Viele der Frauen leiden unter dem Verhalten ihrer Männer, das sich durch den Aufenthalt in Deutschland nicht geändert hat. Sie schimpfen auf ihre Schwiegermütter, die ihre Söhne verwöhnt haben und bemerken nicht, daß sie selbst mit ihren Kindern dasselbe für die nächste Frauengeneration tun. Aus diesem Grund hatten wir von Anfang an für die Kinder eine eigene Kindergruppe geplant. Über ein Jahr hatten die Frauen Schwierigkeiten, die Kinder ungehindert spielen zu lasen. Sobald die Kinder friedlich spielten, eilte eine hinüber, um nach der Tochter oder dem Sohn zu sehen, die dann auch sofort zur Mutter wollten und damit beide Gruppen störten. Die Frauen waren hin- und hergerissen zwischen dem Wunsch, sich mit den anderen Frauen ohne Kinder auszutauschen und der Angst, das Kind könnte sie über dem Spiel vergessen. Hier wurde ganz deutlich, daß die Frauen ihre ganze Bestätigung aus ihrer Mutterrolle beziehen und die Kinder für ihre soziale Sicherheit (wer versorgt mich denn im Alter?) fast »neurotisch« an sich binden. Das Thema »Mutterliebe« wurde daher auch längere Zeit stark diskutiert und hinterfragt.

Die Kinder haben es schwer. Sie sollen, weil es die ganze Verwandtschaft will, Griechenland lieben, obwohl sie es nur vom Urlaub her kennen. Sie sollen gut griechisch sprechen, obwohl die Mütter mit ihnen ein griechisch-deutsches Sprachengemisch reden. Sie sollen griechische Lieder können, aber niemand singt mit ihnen. Sie sollen eine neue Rolle als Mann und Frau erwerben, aber niemand zeigt sie ihnen.
Wir hatten deshalb in der Gruppe zur Betreuung eine Griechin und einen Griechen. Der Mann spielte für sie die Rolle des Vaters oder eines Freundes und war der beliebteste Spielpartner. Durch seine Art, wie er mit der griechischen Kollegin gemeinsam aufräumte, Geschirr abräumte oder auch einmal mit den Puppen spielte, brach er mit der angelernten Rollenerwartung der Kinder, in der die Jungen immer zuerst das Spielzeug erhalten und sich an Dingen wie Abtrocknen und Aufräumen nicht beteiligen müssen. Wir hatten dies anfangs auch mit einer deutschen Kollegin erprobt, doch gab es da bei den Frauen viel Widerstand. »Sie macht unsere Kinder zu Deutschen« war der Kommentar.

Was hat sich nun verändert?

Unsere Ziele waren zu Beginn der Arbeit hochgesteckt. Wir hofften, daß die Frauen bald den Wunsch hätten, sich mit anderen Gruppen zu treffen, an großen Veranstaltungen teilzunehmen und mitzumachen und sich auch mehr für die politische Situation der ausländischen Frauen interessieren würden.

Jetzt nach 5 Jahren müssen wir sagen, daß dies **unsere** Wünsche waren, die wir durch diese Gruppe verwirklichen wollten, und daß die Bedürfnisse, Möglichkeiten und Erwartungen der Frauen andere sind. Die Frauen brauchen den konkreten Austausch und die gegenseitige Hilfe. Das Loskommen von zu Hause ist ein steter emanzipatorischer Vorgang, den man nicht unterschätzen soll. Die Frauen aber haben zugleich begonnen, sich mit der Gruppe zu identifizieren. Sie vertreten sie bei Konferenzen und Tagungen und sind bereit, selbst darüber zu berichten, auch im Rundfunk. Einige sind bereit, ihre Erfahrungen bei der Gründung neuer Gruppen in Vorstädten mit einzubringen und mitzumachen. Andere bekamen den Mut, trotz Haushalt und Kindern eine sozialpädagogische Ausbildung zu beginnen und durchzustehen. Die Gruppe hilft dann mit bei der Kinderbetreuung oder der Haushaltsführung.
Dies sind kleine, positive Ansätze, die die Frauen aus der Isolation führen, sie offen für ihre Umwelt, die Welt ihrer Kinder und zur Begegnung mit deutschen und ausländischen Frauen machen.


Verein für Internationale Jugendarbeit e.V., Arbeitsgemeinschaft christlicher Frauen
Geschäftsstelle Württemberg: Moserstraße 10, 7000 Stuttgart 1, Tel. 23 47 86/82


**Mädchentreff**
- eine freizeitpädagogische Maßnahme für ausländische Mädchen ab 14 Jahre


Seit Oktober 1981 gibt es regelmäßig jeden Dienstag ab 16 Uhr einen Mädchentreff im Mädchenclubheim des Vereins für internationale Jugendarbeit, Urbanstraße 44. Bis jetzt kommen ungefähr zwanzig Mädchen im Alter zwischen 14 und 24 Jahren mehr oder weniger regelmäßig zu den wöchentlichen Treffen. Außer einer Griechin, einer Italienerin und einem französischen Au-pair-Mädchen gehören nur türkische Mädchen zur Gruppe.
Die meisten Mädchen kennen wir aus den Sprachkursen des Vereins, die im selben Club stattgefunden haben, von der Schulsozialarbeit, oder von ausländischen Mädchenfesten. Diese Mädchenfeste werden ungefähr drei- bis viermal im Jahr in Zusammenarbeit mit anderen Einrich-

tungen (wie z.B. dem Internationalen Bund für Sozialarbeit) durchgeführt. Die Mädchen wurden von uns angesprochen, angeschrieben und zum Mädchentreff eingeladen. Schon auf den früheren Festen, zu denen meist über 70 Mädchen kamen, wurden die Mädchen auf die Möglichkeit eines solchen Treffs hingewiesen und befragt, ob ein derartiges Bedürfnis und Interesse besteht. In Anbetracht dieser Vorbereitung und der großen Zahl von Mädchen, die eingeladen wurden, ist die Zahl derjenigen, die nun zum Treff kommen, eher gering. Dies zeigt deutlich, wie schwer es ist, an die Mädchen heranzukommen.

Unter den Mädchen, die nun ins Clubheim kommen, finden sich Schülerinnen, Berufsschülerinnen, arbeitslose Mädchen und einige, die eine überbetriebliche Ausbildung machen. Ein Teil kennt sich aufgrund dieser gemeinsamen Ausbildung oder aus früheren Kursen und einige Kontakte bestehen auch außerhalb des Mädchentreffs, so daß die Mädchen schon sehr vertraut miteinander sind. Erwähnenswert ist auch, wie selbstverständlich Geschwister gemeinsam kommen; deshalb auch der Altersunterschied in der Gruppe. Die Eltern erweisen sich, wenn die Schwestern gemeinsam ausgehen, großzügiger. Die meisten Mädchen haben sich inzwischen an den Treff gewöhnt und kommen mit einer grösseren Selbstverständlichkeit ins Clubheim. Für sie ist er eine Möglichkeit geworden, Freundinnen zu sehen, zusammenzusitzen und miteinander zureden. Der Treff ist für manche auch eine Möglichkeit, für eine Weile von zu Hause wegzukommen, wo sie meist viele Aufgaben im Haushalt zu erfüllen haben, und oft unter der Strenge der Eltern leiden. Die meisten Eltern versuchen, die Mädchen nach den althergebrachten türkischen Wertvorstellungen zu erziehen. Das bedeutet unter anderem, daß jeder außerschulische Kontakt mit männlichen Jugendlichen untersagt wird, und daß aus Angst davor auch andere harmlose Unternehmungen verboten werden. Die Mädchen werden nach dem Frauenbild der Türkei erzogen: sie müssen gehorchen, anständig und fleißig sein, sonst sind sie keine »guten« Mädchen. Hier in Deutschland werden diese alten Traditionen durch die »freieren« Moralbegriffe der westlichen Gesellschaft radikal in Frage gestellt. Das Ergebnis: die Eltern werden noch ängstlicher und damit strenger, und die Mädchen geraten immer mehr in den Zwiespalt, den Anforderungen zweier Kulturen gerecht zu werden.

Aus Angst davor, als Ausländerin, als Außenseiterin abgestempelt zu werden, kommt es zu einer Überidentifikation mit den von der Werbung suggerierten Idealfrauen. Die Mädchen versuchen, sich möglichst modisch zu kleiden, um dadurch den westlichen Vorstellungen von der Frau zumindest von der Erscheinung her zu entsprechen. Trotzdem und auch wegen des Drucks der Eltern, der anderen Mentalität, Sprache, Kultur usw. finden nur sehr wenige Kontakt zu deutschen Jugendlichen. So werden die Mädchen immer mehr isoliert und mit ihren Schwierigkeiten von beiden Kulturen alleingelassen. Hinzu kommen noch Probleme mit Behörden, mit der Ausbildung, mit der Sprache und vielem mehr. Unser Ziel ist es, den Mädchen im Clubheim die Möglichkeit zu geben, über diese Probleme ohne Druck zu reden und damit ihre Situation zu reflektieren. Ein weiterer Lernschritt wäre, die bisher weitgehend unbekannte neue Umwelt realistischer einschätzen zu lernen (d.h. nicht alles positiv zu bewerten), sie vor allem auch richtig kennen zu lernen. Zudem wollen wir durch das Programmangebot und über die Gruppengespräche auch neue Wege finden und aufzeigen können, wie ausländische Mädchen in Deutschland leben können.

Durch Ausflüge und Erkundungsgänge können die Mädchen lernen, sich in ihrer Umwelt freier und sicherer zu bewegen und den Mut zu bekommen, sie selbst zu erforschen. Im Gespräch und in der Gruppe können sie lernen, sich besser mit ihrer Familie, den Landsleuten, mit den männlichen Jugendlichen auseinanderzusetzen und einen eigenen Standpunkt zu finden. In der Gruppe soll ein Gefühl der Solidarität entwickelt werden, das den Mädchen helfen könnte, ihre Situation eher zu meistern und zu begreifen, daß ihre Probleme nicht nur individueller Natur sind. Insgesamt wollen wir den Mädchen durch diesen Mädchentreff Alternativen zu ihrer bisherigen Form der Freizeitgestaltung und Lebensweise näherbringen. Vielleicht sind sie einmal bereit, diese Alternativen auszuprobieren?

Es ist klar, daß wir zunächst auf die Mädchen eingehen müssen, selbst wenn sie im »Discofieber« sind, und daß wir von ihrem Standpunkt aus arbeiten müssen, was viel Zeit und Geduld erfordert. Dies muß sich jedoch an den Vorstellungen von emanzipatorischer Mädchenarbeit orientieren, die gerade bei der Größe der konkreten Schwierigkeiten nicht aus den Augen verloren werden sollten.

Um mehr Mädchen, vor allem die isolierteren, ansprechen zu können, wird es nötig werden, solche Angebote wie den Mädchentreff hauptsächlich im Umfeld der Mädchen, z.B. in der Nähe der Berufsschule, anzubieten. Es ist wichtig, im Rahmen der Schulsozialarbeit der Freizeitarbeit einen größeren Stellenwert beizumessen, da sie ein wichtiger Sozialisationsfaktor ist.

Stuttgart, den 14.1.1982
Heidi Ullmer (Sozialarbeiterin, grad.)
Alexandra Fliss (Praktikantin)

Kontaktadresse: Heidi Ulmer, Verein für internationale Jugendarbeit e.V. Arbeitsgemeinschaft christlicher Frauen, Moserstr. 10, 7000 Stuttgart 1

# CAMUR

Das CAMUR (d.h. Comitee zur Unterstützung der chilenischen Frau im Widerstand) wurde angeregt durch einige exilierte chilenische Frauen, denen bewußt geworden war, daß es nicht genügt, als Frau zusammen mit dem Mann nur gegen die Diktatur zu kämpfen. Die Frau muß sich gleichzeitig für ihre eigene Befreiung einsetzen. Denn die Geschichte hat gezeigt, daß eine Revolution nicht automatisch die Befreiung der Frau mit sich bringt. Die Arbeit von CAMUR knüpft hier an. Die Frauen von CAMUR wollen gerade diese zwei Aspekte der »Befreiung« verbinden, den Widerstand gegen die Diktatur und den Kampf für die Gleichberechtigung der Frau in der Gesellschaft.
Die ersten CAMUR-Gruppen, in denen sowohl Deutsche als auch Lateinamerikanerinnen zusammen arbeiten, haben sich in der BRD im Laufe der Kampagne, die am 24. Sept. 81 in Hamburg begann und sich mit Solidaritätsveranstaltungen in verschiedenen Städten Deutschlands, Frankreichs und anderen Ländern Europas fortsetzten, gebildet. Diese Kampagne trug den Namen von Laura Allende, einer Frau, die auch im Exil den Kampf gegen die chilenische Diktatur fortführte. Als der schwer erkrankten Frau die Einreise nach Chile, um dort sterben zu können, veweigert wurde, nahm sie sich in Havanna (Cuba) das Leben. Wir haben unserer Kampagne diesen Namen gegeben, weil wir denken, daß jede(r) für sich selbst über die Rückkehr bestimmen soll und nicht die Diktatur. Daher haben wir uns u.a. auch die Aufgabe gestellt, zurückkehrende Genossinnen, die in Chile am Widerstand teilhaben wollen, zu unterstützen.
Dafür brauchen wir die Solidarität der deutschen Frauen und Frauengruppen. Ein Möglichkeit der Unterstützung ist die Übernahme einer finanziellen Patenschaft. Jede zurückkehrende Genossin braucht für ihren Lebensunterhalt für ein Jahr monatlich 300 DM.
Wir wollen über die aktuelle Situation der Frau in Chile und über die Arbeit von Selbsthilfegruppen der Frauen in Chile, wie z.B. CODEM (Comitee zur Verteidigung der Rechte der Frau) informieren und Unterstützung schaffen.
Es ist uns ein besonderes Anliegen, auch die nichtorganisierte chilenische Frau hier im Exil zu erreichen, die in der Isolation und daher auch in der Abhängigkeit von ihrem Mann lebt.
In der CAMUR-Arbeit sehen wir einen Ansatz, den Kampf zur Befreiung der Frau in Lateinamerika und hier in Europa zu verstärken.

Die Situation der chilenischen Frau hat sich sehr verschlechtert: Durch die katastrophale Situation der chilenischen Wirtschaft sind immer mehr Betriebe und Fabriken gezwungen zu schließen. Frauen werden dadurch verstärkt in ihre Rolle als Hausfrau und Mutter zurückge

drängt.
Durch den Plan Laboral (Arbeitsplan), den die Junta auch innerhalb ihres ökonomischen Modells durchführt, haben die Frauen fast alle gewerkschaftlichen Rechte verloren.
Das Rentenalter beginnt jetzt mit 60 Jahren anstatt mit 55 wie es früher war.
Der Mutterschutz wurde praktisch per Dekret abgeschafft.
Die Schwangerschaft ist Grund zur Entlassung geworden. Wo die Frau nicht gleich entlassen wird, wurde der Mutterschutz gekürzt. Kindergrippen und Tagheime, die es früher gesetzlich in jeder Fabrik gab, werden nicht mehr eingerichtet, und die Kinder bekommen keinen halben Liter Milch mehr täglich kostenlos.
Die Pille wird vom Gesundheitsamt nicht mehr verteilt; eine kostenlos Schwangerschaftskontrolle gibt es nicht mehr. Stattdessen wird bei Untersuchungen ohne Wissen und Einverständnis der Frau die Spirale herausgenommen.
Die Abtreibung ist illegal, da die Frau aus dem Volk nicht die Möglichkeit hat, eine solche zu bezahlen, muß sie das Kind bekommen, auch wenn sie schon 4 oder 6 Kinder hat.
Die Propaganda der Junta fördert, daß die Frauen mehr Kinder für's Vaterland gebären sollen.
Die Erziehung wird nicht mehr von Staat finanziert, sondern von den Gemeinden. Das bedeutet, daß die reicheren Gemeinden in der Lage sein werden, gute Schulen für ihre Kinder zu haben. Die ärmeren Gemeinden der Elendsviertel z.B. können oft nicht einmal die 4 obligatorischen Grundschuljahre finanzieren. Das Fernbleiben in der Schule ist bei den Mädchen viel häufiger der Fall als bei Jungen. Viele junge Mädchen sehen sich gezwungen, ihre Schule frühzeitig aufzugeben. Da sie keine würdige Stelle finden können, greifen sie zu dem ältesten Gewerbe, das für die Frauen geschaffen wurde - zur Prostitution, die seit 1973 um 40 % gestiegen ist.

Die Stuttgarter CAMUR-Gruppe trifft sich Donnerstags um 20 Uhr im Sozialistischen Zentrum, Neckarstr. 178
Kontaktadresse: Marianne 62 48 15 abends.

## Seit Oktober 1980 gibt es das Forum Stuttgarter Frauen und Frauengruppen

Es besteht aus vielen Fraueninitiativen, Gruppen der autonomen Frauenbewegung und interessierten Einzelfrauen Stuttgarts.

Parteilich organisierte Gruppen wie Deutsche Jungdemokraten, DJD, Arbeitskreis Emanzipation u. F.D.P.-Arbeitskreis Frauen in der Gesellschaft sind ebenso vertreten wie unabhängig arbeitende Frauen der Ambulanten Hilfe e.V., Arbeitskreis Frauen der Demokratischen Fraueninitiative DFI, Frauen für den Frieden, Frauen gegen Militär, Frauengruppe des Sozialistischen Zentrums, Frauen helfen Frauen e.V., Frauennotrufgruppe, Frauen treffen Frauen, Frauenzentrum Kernerstraße, Universitätsfrauengruppe, und des Video Frauenkollektivs Stuttgart.

Der Ursprung des Forums geht auf eine gute Idee des F.D.P.-Arbeitskreises Frauen in der Gesellschaft zurück. Diese Gruppe lud innerhalb ihrer Aktionswoche »Frauen in den Medien« Stuttgarter Frauen und Frauengruppen spontan zu einem Treffen ein.

Das Bedürfnis, mehr voneinander zu erfahren, sich zu beraten und zu ergänzen, auch gemeinsam zu arbeiten, führte zu weiteren Begegnungen.
So wurde aus dem neugierigen Beginn ein regelmäßiger, monatlicher Kontakt.
Der Name und die Form für das Forum wurden von den Frauen erdacht und beschlossen.
Ohne Satzung und Vorstand, ohne Hierarchie und strenge Organisation versteht sich diese Gruppe als zwangloser Zusammenschluß aller aktiven Frauen und Frauengruppierungen. Alle sollen sich ermuntert fühlen, an den Treffen teilzunehmen, und das tun sie sehr rege seit Januar 1981.

Wichtig sind im Forum der gegenseitige Erfahrungs- und Informationsaustausch, die Hinweise auf Vorhaben und Aktionen der einzelnen Gruppen, die Orientierung interessierter Frauen für eine mögliche Mitarbeit an den laufenden Projekten und natürlich die Gelegenheit, gemeinsam und öffentlich Stellung zu beziehen, Forderungen zu formulieren und so für die Frauen politisches Gewicht zu erreichen.
Aktionen - Diskussionen - Informationen sind die »drei Säulen« des Forums.

Seit Anfang des Jahres 1981 trat die Gruppe mit folgenden Aktionen an die Öffentlichkeit:
Am 24. Februar 1981 organisierten die Frauen ein Pressegespräch im

Zusammenhang mit der Eröffnung des (Städtischen) Frauenhauses für geschlagene Frauen in der ehemaligen Bopserklinik. Nach einer kritischen Besichtigung gab das Forum eine Erklärung zur Eröffnung ab.

Zum 8. März (Internationaler Frauentag) 1981: Ein Aufkleber FRAUENFEINDLICH wurde gezielt und in der Innenstadt konzentriert auf entsprechende Plakate und Werbungsanzeigen geklebt. Außerdem befaßte sich die IWZ Miniumfrage mit einem Frauenthema. Im Karl-Adam-Haus fand eine Veranstaltung statt: Frauen zwischen 18 und 80, ein Podiumsgespräch über Frieden.
Am 26. Juni 1981 riefen die Frauen des Forums zu einer großen, friedlichen Friedensdemonstration auf.
Ein Friedensforum im Dezember 1981 auf dem Killesberg wurde von den Forumsfrauen mit vorbereitet.
Eine der Frauen aus der Gruppe Frauen für Frieden formulierte im August 1981 für alle einen Einspruch gegen die öffentlich ausliegenden Bebauungspläne für das AKW Neckarwestheim Bauabschnitt II - DA und sorgte für die Weitergabe an die zuständigen Stellen.
Kritik, eine Dokumentation und Strafanzeige gegen die Stuttgarter Oberbekleidungsfirma Lorenz waren Bestandteile einer Aktion gegen Werbung mit unbekleideten Kindfrauen mit eindeutiger sexueller Komponente. Das war im November 1981. Der Erfolg dieses Kampfes zeigte sich im April 1982 mit dem Rückzug der kritisierten Werbeweise.
Am 8. März 1982, zum Internationalen Frauentag, fanden sich 65 Frauen aus dem Forum mit einem schriftlichen Protest und über 700 Unterschriften von Frauen gegen eine mögliche Dienstverpflichtung nach Paragraph 12 a Absatz 4 des Grundgesetzes im Verteidigungsfall. Eine vorsorgliche Kriegsdienstverweigerung also, die die Frauen im Amt für Zivilschutz unter schwierigen Bedingungen abgaben mit der Aufforderung nach Bestätigung und Verpflichtung zur Weiterleitung an das Ministerium für Verteidigung in Bonn.
Herrn Goller, dem Leiter der Abteilung Gaststätten beim Amt für öffentliche Ordnung, verpaßten an diesem Tag einige Frauen einen satirischen »rund-um-die-uhr-peep-spanner-orden« gegen die Sittenwidrigkeit von peep-shows.

**Diskussionen** im Forum Stuttgarter Frauen und Frauengruppen bewegen sich um Themen, die die Frauenbewegung, Frieden und Kriegsdienstverweigerung, Antidiskriminierungsgesetze, Sparmaßnahmen der Bundesregierung zum Nachteil der Frauen, aber auch kommunale Probleme im Zusammenhang mit Frauen zum Inhalt haben. So besteht die Forderung im Forum nach selbstverwalteten Frauenhäusern, der die Frauen mit zwei Gastsitzen im Ausschuß Frauenhausarbeit im Rathaus Nachdruck verleihen.
Ein weiteres wichtiges Diskussionsthema im Forum waren die Frauenin-

formationstage. Ursprünglich vom 'Unterstützer' Bundesminister für Jugend, Familie und Gesundheit 'Fraueninformationsbörse' genannt, wollten die Stuttgarter Frauen die Gelegenheit zur Selbstdarstellung wahrnehmen und über Möglichkeiten der Frauenarbeit informieren. Dabei übernahmen die Initiatorinnen im Forum nicht etwa die Vorstellungen des 'Unterstützers Staat' von der Gewinnung neuer unentgeltlicher Frauenarbeit. Vielmehr wollten die Frauen im Projekt »Fraueninformationstage« über Möglichkeiten des politischen, gesellschaftlichen und kulturellen Engagements informieren, wobei Politisierung und Selbstverwirklichung wichtig sind.

Zum Schluß soll der Bereich **Information** angesprochen werden. Ganz allgemein erfahren die Frauen des Forums bei ihren monatlichen Begegnungen alle Einzelheiten über Veranstaltungen, Demonstrationen und Aktionen, die in und außerhalb Stuttgarts geplant werden.
Informierte Frauen berichten über neue Gruppen, wie z.B. die Initiative 6. Oktober, 1980 von enttäuschten Bonner Wählerinnen (Bundestagswahl 5. Oktober 1980) gegründet. Diese Frauenarbeitsgruppe hat unterdessen ein Werkstattpapier erarbeitet, das konkrete Kritik übt an den bestehenden Verhältnissen ganz besonders im Hinblick auf die Frauen in der Bundesrepublik. Doch darüberhinaus enthält dieses Papier ebenfalls konkrete Forderungen und Vorstellungen der Frauen für eine Veränderung. Ein 1. bundesweiter Kongreß hat im Mai 1981 stattgefunden, der 2. Kongreß zur Verabschiedung des Werkstattpapiers wurde von der Initiative im Mai 1982 veranstaltet. Viele Frauen und viele Menschen überhaupt werden dieses Manifest lesen, kritisieren und ergänzen. Es soll ein »beweglicher« Katalog bleiben, um wesentlicher Bestandteil für eine Veränderung zu werden. Durch die jährlichen Kongresse und die entstandenen Kontakte hat sich ein Informationsfluß ähnlich der Struktur eines Spinnennetzes gebildet. Auch hierbei wirkt das Forum Stuttgarter Frauen und Frauengruppen intensiv mit.

Über die Bonner Friedensdemonstration und einen Frauenkongreß der F.D.P. im Juni 1981 wurde im Forum ebenso informiert, wie über ein Videofilmprojekt von Frauen über Frauen über die Frauenfilmwoche im Kommunalen Kino im Oktober 1981 und wie über das Buch, in dem ihr gerade lest.

Demonstration für Abrüstung und Frieden 26. Juni 1981

**Frauenfriedensdemonstration 26. Juni 1981**

Paßt auf, Ihr da im Rathaus!
Der Krieg wird nicht mehr erklärt, sondern fortgesetzt, das Unerhörte ist alltäglich geworden! (Ingeborg Bachmann)
Paßt auf, Ihr da im Rathaus!
Heute ist die BRD das Land mit der größten Atomwaffendichte der Welt, eine Atomabschußrampe von unerhörten Ausmaßen!
Wen soll das schrecken, wenn nicht uns selbst! Denn: Das Gleichgewicht des Schreckens hat den Frieden nicht sicherer gemacht, sondern die Gefahren eines Krieges erhöht. Nato und Warschauer Pakt verfügen schon seit 25 Jahren über genügend Atomwaffen, um sich gegenseitig zu vernichten und die Menschheit mehrfach auszurotten. Trotzdem erleben wir den Fortgang eines gesteigerten Wettrüstens, das insbesondere Europa mehr und mehr zu einem atomaren Pulverfaß macht. Auf jede europäische Stadt ist ein mehrfaches Vernichtungsangebot der Hiroshima-Atombombe gerichtet.
Paßt auf, Ihr da im Rathaus!
Eine Friedensbewegung muß sich zur Aufgabe stellen, alle Kräfte, die zum Krieg treiben, zu blockieren. Wir lassen uns dabei nicht auf das Waffenzählen in Ost und West ein, das jeweils nur die eigene Aufrüstung rechtfertigen soll. Wir fordern von unserer Regierung sofort und ohne Vorbedingungen Schritte zur Abrüstung, vor allem, die Rücknahme der Nato-Nachrüstungsbeschlüsse, mit denen der Atomkriegswahnsinn auf die Spitze getrieben wird.
Wir wollen nicht mit Pershing II Raketen und Neutronenwaffen der USA ausgerüstet sein. Aber auch die Stationierung von Atomraketen SS-20 in der UdSSR, die auf uns gerichtet sind, ist kein bißchen besser. Der Widerstand gegen die Atomrüstung ist unteilbar. Es gibt keine Möglichkeit, nach einem Atomkrieg zu überleben!
Hört auf dem Wettrüsten in Ost und West!
Paßt auf, Ihr da im Rathaus!
Jede Minute werden nach Berechnungen des Stockholmer Instituts für Friedensforschung 2,3 Millionen DM für Rüstung in der Welt ausgegeben, 500 Milliarden im Jahr. Nato und Warschauer Pakt tragen dabei die Hauptlast. Aber auch die Entwicklungsländer halten immer stärker mit. Und unsere Regierung ist genauso kurzsichtig schizophren. Im Jahre 1958 hat Helmut Schmidt, damals nur Bundestagsabgeordneter in der Opposition, sich noch anders als heute zur Friedensbewegung und zur Atomaufrüstung geäußert. Damals hielt er die atomare Bewaffnung noch für einen Wahnsinn, heute ist Pazifismus ein Schimpfwort für ihn. Damals hat er noch die schleichende Unsichtbarkeit der Strahlenauswirkungen und die grauenhaftesten Menschenvernichtungswerkzeuge der Geschichte erkannt und heute? Verblendet von den Zwängen der Rü-

stungsindustrie werden Inhalte wie Frieden, Volksbefragung und Generalstreik ad acta gelegt.

Paßt auf, Ihr da im Rathaus!
Wir wollen nicht wie früher Krieg lindern, weil es beim nächsten kein Danach mehr gibt, sondern Krieg verhindern!
Wir sind daher gegen die Einbeziehung von Frauen in Militär- und zivile Verteidigung.
Gegen atomare Aufrüstungsbeschlüsse
Für ein atomwaffenfreies Europa
Gegen Stationierung von Mittelstreckenraketen
Gegen kalten Krieg
Gegen Waffenproduktion und Waffenhandel
Gegen die Verherrlichung von Militär und Gewalt.
Nur eine Gesellschaft ohne Gewalt, auch ohne die Formen der alltäglichen Gewalt, ist für uns Garantie gegen einen Krieg. Deshalb stehen wir hier am Rathaus, vor einem der Häuser, die in Stuttgart Macht symbolisieren. Auch hier wird versucht, uns Sand in die Augen zu streuen. Über Neckarwestheim wird zwar im Gemeinderat debattiert, aber der wirkliche Katastrophenschutz, der nur durch Stillegung des Werkes erreicht werden kann, wird dennoch nicht in Angriff genommen. Wie Hohn klingen da die Worte von OB Rommel: »Ich bin froh, in einer Republik zu leben, in der die Erörterung eines solch heiklen Themas in öffentlicher Sitzung möglich ist.« Doch Redenkönnen hat noch nie einen Störfall verhindert!
Paßt auf, Ihr da im Rathaus!
Wir sind nicht friedlich, wir werden uns wehren. Wir Frauen fühlen uns zuständig, für Frieden, Leben und das Glück unserer Kinder zu kämpfen. Wir machen nicht mit beim Geschäft mit der Angst, bei der Kriegstreiberei. Wir sind sensibel für Gewaltstrukturen, die schon im Alltag das Verhältnis der Menschen zueinander beschweren. Alte, Schwache, Kranke, Frauen und Kinder müssen in dieser Gesellschaft noch immer Gewalt und Macht erdulden.
Drum, der Krieg wird nicht mehr erklärt, sondern fortgesetzt, das Unerhörte ist alltäglich geworden!
Fürchtet Euch, Wehrt Euch!


**Internationaler Frauentag - 8. März 1982**

Geboren wurde die Idee zu einem Internationalen Frauentag im Jahre 1910 auf der II. Internationalen Sozialistischen Frauenkonferenz in Kopenhagen. Dieser Frauentag sollte zunächst vor allem der Agitation für das Frauenwahlrecht dienen. Im gleichen Maße, wie die Kriegsgefahr wuchs, wurden die Veranstaltungen zum Frauentag auch zu Protestaktionen gegen Militarismus und Krieg. Clara Zetkin rief 1915 in der Zeitschrift »Die Gleichheit« dazu auf, den Frauentag 1915 zu einem Anti-Kriegs-Tag zu machen.

In Erinnerung an den Streik der russischen Textilarbeiterinnen am 8. März 1917 (nach dem alten russischen Kalender war dies der 23. Februar) wurde das Datum des Internationalen Frauentages im Jahre 1920 auf den 8. März festgesetzt.

»Gegen soziale Demontage, für Gleichberechtigung und Frieden« war das Motto des Internationalen Frauentages 1982. In Stuttgart, Bremen und verschiedenen anderen Orten der BRD reichten Frauen demonstrativ Verweigerungsbescheide bei den Zivilschutzämtern ein:

### An den Dienststellenleiter des Zivilschutzamtes in Stuttgart

Wir wenden uns noch einmal mit unserer Verweigerung der Dienstverpflichtung nach Artikel 12 a Abs. 4 des GG an Sie.

Bereits im September 1980 wandten sich zahlreiche Stuttgarter Frauen an das Zivilschutzamt in dieser Angelegenheit. Damals erklärten Sie sich für nicht zuständig und verwiesen die Frauen ans Arbeitsamt, wo man ebenfalls nichts mit den Verweigerungen anzufangen wußte.

Unter dem Druck einer wachsenden Kriegsgefahr ist die Welle der Verweigerungen bundesweit angestiegen. Allein in Stuttgart haben über 600 Frauen durch ihre Unterschriften zum Ausdruck gebracht, daß sie nicht Teil der Kriegsvorbereitungsmaschinerie sein wollen. Wir wollen uns mit diesem ernsten Anliegen nicht länger von einer Institution zur anderen verweisen lassen und fordern Sie auf, die Verweigerungsbriefe anzunehmen, deren Empfang zu bestätigen und auf dem direktesten Weg an das Verteidigungsministerium weiterzuleiten.

Hiermit geben wir noch einmal stellvertretend für alle Frauen öffentlich folgende Erklärung ab:

»Mir ist es wichtig, Ihnen schon heute mitzuteilen, daß ich einer Dienstverpflichtung nicht Folge leisten werden.

**Begründung:**
Ich will nicht mit der Angst vor einem Krieg leben müssen. Durch diesen Artikel sollen wir Frauen gezwungen wreden, einen Krieg zu ermögli-

chen und zu unterstützen. Zivile Dienstleistungen im zivilen Sanitäts- und Heilwesen in ortsfesten militärischen Lazarattorganisationen sind Kriegsdienste, weil ohne sie ein Krieg nicht möglich ist. Deshalb berufe ich mich auf das im Grundgesetz garantierte Recht auf Kriegsdienstverweigerung.

Krieg ist kein Naturgesetz, sondern das Ergebnis einer menschenfeindlichen Politik. Rüstung und Kriege zerstören nicht nur Menschenleben, sondern verschwenden Rohstoffe unserer Erde in verbrecherischem Ausmaß und zerstören somit die natürlichen Lebensgrundlagen der nachfolgenden Generation.

Krieg ist für mich keine Form der Konfliktlösung. Ständige Aufrüstung und die darin liegende Kriegsdrohung gefährden den Frieden, anstatt ihn zu sichern.

Die Ideologie der Drohung und Abschreckung führt zwangsläufig dazu, daß in allen gesellschaftlichen Bereichen bei der Lösung von Konflikten Gewalt angewendet wird. Ich bin davon überzeugt, daß eine dauerhafte Lösung von Konflikten nur gewaltfrei möglich ist.

Ich wehre mich hiermit gegen die fortschreitende Militarisierung der Gesellschaft, wie sie z.B. in Form einer Gemeinschaftsdienstpflicht verwirklicht werden soll. Hier wird die Bereitschaft der Frauen, sich unter anderem im sozialen Bereich zu engagieren, dazu benutzt, sie in die Kriegsmaschinerie einzuplanen.

Ich will weder das gleiche Recht haben, mich im Militärapparat kaputtmachen zu lassen, noch die gleiche Pflicht, die Zerstörung von Leben zu unterstützen.

## Demokratische Fraueninitiative

WER WIR SIND

Die DFI gibt's seit 1976. Sie ist hervorgegangen aus der »Initiative Internationales Jahr der Frau 1975«. Inzwischen existieren in der BRD ungefähr 100 örtliche, selbständige DFI-Gruppen, eine davon in Stuttgart. Seit November 1979 treffen wir uns regelmäßig.

In unserer Gruppe sind berufstätige Frauen, Studentinnen, Schülerinnen, Auszubildende, Frauen unterschiedlicher sozialer Herkunft und politischer Meinung. Aber in einem Punkt sind wir einig: Wir Frauen sind auf fast allen Ebenen benachteiligt. Wir müssen uns gegen unsere Benachteiligung zur Wehr setzen. Dazu brauchen wir uns gegenseitig und auch, weil Solidarität wohltut!

WAS WIR WOLLEN

Unser Ziel ist eine Gesellschaft, in der Frauen und Männer gleichberechtigt miteinander leben können, patriarchalische Strukturen überwunden sind, die Unterdrückung der Frau aufgrund ihres Geschlechts ebenso der Vergangenheit angehört, wie jede Ausbeutung und Unterdrückung des Menschen.

Wir wollen deutlich machen, daß es Zusammenhänge gibt zwischen unserem Alltag und der wirtschaftlichen, sozialen und politischen Situation. Wir wollen nicht länger isoliert bleiben und Gewalt dulden.

Wir wollen nicht nur über Benachteiligung und Diskriminierung, Rollenverteilung und Doppelbelastung reden, wir wollen sie **abschaffen**.

Was Frauen lange vor uns gewagt, geleistet, erreicht und erlitten haben, zornig, leidenschaftlich, klug und kämpferisch, wie sie für Frauenrechte, für Menschlichkeit und Frieden eingetreten sind, bestärkt uns in unserem Handeln.

WIE WIR DAS FRAUENPROBLEM SEHEN

Frauen werden in unserer Gesellschaft im häuslichen, im privaten Bereich »eingesetzt«. Sie werden verantwortlich gemacht für die Wiederherstellung des Arbeitsvermögens des Mannes, für die Betreuung und Erziehung der Kinder, für alle Hausarbeit schlechthin.

Für Männer hingegen ist lebenslange Berufstätigkeit »Vorsehung«.

Bei dieser Arbeitsteilung spart der Staat viel Geld für familienergänzende Einrichtungen (wie Kindertagesstätten, Ganztagsschulen usw.). Unternehmer stecken Extraprofite ein, weil Frauen angeblich nur »dazuverdienen«, weil ihr Arbeit als »leicht« und damit billig eingestuft wird. **Darin** sehen wir die Ursachen dafür, daß diese Trennung aufrechterhalten wird.

Diese Funktionsverteilung beschränkt tendenziell die Möglichkeiten aller Frauen im Beruf, in der Politik, im kulturellen wie im gesamten gesellschaftlichen Leben. Erst dadurch bekommen Männer Privilegien.

Klar, daß auch Schluß sein muß mit den traditionellen Vorstellungen von der »natürlichen Überlegenheit« des Mannes. Vorurteile über das, was Mädchen und Frauen können, was sie tun oder lassen sollten, sind zählebig. Obwohl wissenschaftlich und durch Praxis widerlegt, werden sie immer wieder herangezogen, um diese Verhältnisse zu stabilisieren.

Wir sehen den Grund für die Ungleichheit der Geschlechter in der in erster Linie ökonomisch bedingten Aufgabenteilung. Wir sind also der Meinung, daß Männer (die selbst in der Mehrheit ausgebeutet sind!) noch lange keine Unterdrücker oder potentielle Vergewaltiger sind, nur weil sie den »kleinen Unterschied« besitzen. Wir grenzen uns auch nur ungern von anderen Frauengruppen ab oder stehen in Konkurrenz zu ihnen. Aber die Theorie: Männer sind aggressiv und hart, Frauen gefühlvoll und friedfertig, deshalb gibt's die Unterdrückung des weiblichen Geschlechts - akzeptieren wir nicht! Erstens, weil wir da andere Erfahrungen gemacht haben und zweitens lenkt auch das nur wieder von den eigentlichen Ursachen ab.


WAS WIR TUN

Unter den geschilderten Bedingungen lautet die nicht sehr originelle, aber einzig wirkungsvolle Antwort für uns:


AKTIV WERDEN

Wir treffen uns alle 14 Tage zu Gruppenabenden. Es wird diskutiert, gearbeitet, manchmal auch gefeiert, Veranstaltungen werden geplant, Informationsstände vorbereitet. Jede Frau, die mitmachen oder erst 'mal nur zuhören will, kann dort hinkommen.

Die Schwerpunkte unserer bisherigen Arbeit waren:

- Diskussion unserer (36-Seiten umfassenden) Arbeitsgrundlage. Diese Arbeitsgrundlage wurde dann nach einem mehrjährigen Diskussions-Prozess in allen Gruppen auf einem bundesweiten Kongreß im Juni 1981 verabschiedet.

- Unser Verhältnis zu politischen Parteien, zu anderen Organisationen und warum wir uns **Demokratische** Fraueninitiative nennen.

- Die Frage, was uns Berufstätigkeit bringt, warum wir ein Recht auf Arbeit fordern, und Lohn für Hausarbeit ablehnen.

- Frauen und Zusammenleben:
Partnerschaften, männliche und weibliche Sexualität, Konkurrenzverhalten unter Frauen ...

- Unsere DFI-Gruppe arbeitet auch aktiv in der wachsenden Friedensbewegung, weil ein dauerhafter Frieden Voraussetzung für die Gleichberechtigung von Frau und Mann, für mehr Demokratie ist.

Wir haben dazu mehrere Info-Stände in der Stuttgarter Innenstadt gemacht, haben uns an der großen Demonstration in Bonn und an den Friedenstagen des Stadtjugendrings beteiligt. Dabei steht für uns die Ablehnung eines Wehrdienstes für Frauen im Vordergrund: Frauen in die Bundeswehr - WIR SAGEN NEIN! Egal ob freiwillig oder dienstverpflichtet! Wir machen mit in der Ostermarschbewegung, fordern die Rücknahme des NATO-»Nach«-Rüstungsbeschlusses, sammeln Unterschriften für den KREFELDER APPELL.

- Im März 1982 ist unsere DFI-Gruppe zu einem Frauen-Arbeits-Wochenende auf die Alb gefahren. Wir haben uns dort ein Programm entwickelt: was wir weitermachen wollen, was wir besser machen können. Wir nehmen jetzt den Zusammenhang von Krise - Rotstiftpolitik im Sozialbereich und ideologischen Kampagnen von der »sanften Mütterlichkeit« unter die Lupe.

Wir wissen, daß wir uns viel vorgenommen haben. Die Wirklichkeit verändern wollen, bedeutet, mit massivem Widerstand, mit Hindernissen rechnen müssen. Aber durch unsere Arbeit haben wir so viel Mut und Selbstvertrauen erlangt, daß wir auch anderen Frauen sagen wollen:
*Wartet nicht auf Ermutigung,*
*mutet euch selbst was zu.*
*Wartet nicht auf die Trauung,*
*traut euch selbst was zu - wartet nicht!*

**Frauen für Frieden**

Im Frühjahr 1980 haben sich in Stuttgart Frauen gefunden, denen das ständige Säbelgerassel der Großmächte einfach zu viel wurde. Den Anstoß zu dieser Frauengruppe hier und in vielen anderen großen und kleinen Städten gaben skandinavische Frauen, die mit einer Unterschriftensammlung und Forderungen wie
»Abrüsten für einen dauerhaften Weltfrieden«
»Rüstungsmilliarden für Nahrung aller auf der Welt«
an die Öffentlichkeit gegangen sind.
Dieses weltweite Aufbegehren von Frauen über die Grenzen hinweg hat es bereits vor dem 1. und dem 2. Weltkrieg gegeben. Damals waren es hauptsächlich Frauen aus der Frauenbewegung, die Gleichheit und Frieden als Programmziel aufstellten.
Die Forderung nach einem Frauenwahlrecht konnten sie verwirklicht sehen, aber alle anderen Forderungen blieben unerfüllt, für die sich die Frauen heute engagieren müssen. Aus dieser Tradition heraus begreifen sich heute zahlreiche dieser Frauenfriedensgruppen, für die die Forderung nach Frieden gekoppelt ist mit Veränderungen in der Gesellschaft. Eine Gesellschaft wie die unsrige funktioniert nur mit Macht und Herrschaftsanspruch und sie kann sich auch nur scheinbar mit Gewalt diesen Anspruch sichern. Formeln wie »Gleichgewicht der Waffen« und »Abschreckung des anderen mit Waffen« lösen politisches Handeln ab. In diesen Konzepten kommen Menschlichkeit, Liebe, Gefühle, Angst überhaupt nicht mehr zur Geltung. Die Angst darf nicht gezeigt werden, sie könnte dem Gegner als Unsicherheit erscheinen und ihn zum Angriff veranlassen. Ein Umdenken scheint notwendiger denn je, wenn wir die Erde bewohnbar erhalten wollen. Das gilt für weitere Umweltzerstörung ebenso wie für eine weitere Militarisierung.

Wir Frauen müssen besonders um diese Militarisierung wissen, da sie uns verstärkt betrifft. Alle noch anstehenden Entscheidungen in Richtung Militarisierung schließen die Frauen mit ein. Ungefragt werden wir verplant und vereinnahmt. Um diese Militarisierung aufzuzeigen, ist es notwendig zu wissen, in welchen Bereichen die Frauen schon heute militärisch oder paramilitärisch tätig sind. Zwar sind Frauen durch Gesetz vom Dienst mit der Waffe ausgeschlossen, aber seit langem im zivilen Bereich Mitarbeiterinnen der Bundeswehr. Es sind heute rund 50.000 Frauen.
Bei weiter ansteigender Arbeitslosigkeit wird der sichere Arbeitsplatz Bundeswehr natürlich noch attraktiver, besonders für Frauen, denen andere Arbeitsplätze in der Wirtschaft versagt bleiben. Diese Tendenz zeichnet sich jetzt schon ab. Minister Apel hat einmal den Zivilbereich der Bundeswehr als »Einstiegsdroge« für Frauen bezeichnet.

1968 wurden die wohl einschneidensten Maßnahmen in unser Grundrecht auf Freiheit gefaßt - die Notstandsgesetze -. Sie umfassen ein Paket von Gesetzesänderungen und Erweiterungen, von denen hier aber nur eine Änderung für uns Frauen von erheblicher Bedeutung ist. Es ist der Artikel 12a, Anhängsel des Artikels 12 des Grundgesetzes. In diesem Artikel 12a, Absatz 4 heißt es:
*»Kann im Verteidigungsfall der Bedarf an zivilen Dienstleistungen im zivilen Sanitäts- und Heilwesen sowie in der ortsfesten militärischen Lazarattorganisation nicht auf freiwilliger Grundlage gedeckt werden, so können Frauen vom vollendeten achtzehnten (18) bis zum vollendeten fünfundfünfzigsten (55) Lebensjahr durch Gesetz oder aufgrund eines Gesetzes zu derartigen Dienstleistungen herangezogen werden. Sie dürfen auf keinen Fall Dienst mit der Waffe leisten.«*

Diese Dienste, die uns hier per Gesetz verordnet werden, betrachten wir, da sie eng mit dem Kriegsgeschehen verbunden sind, als das, was sie sind, als Kriegsdienste. Bis heute haben mehrere tausend Frauen ihre Dienste nach Artikel 12 a beim Verteidigungsministerium oder beim zuständigen Zivilschutzamt verweigert. Die Reihe der Aktenordner mit diesen Verweigerungen wächst und wird hoffentlich weiter wachsen. Es muß diesen zuständigen Behörden einfach klargemacht werden, daß wir uns nicht verplanen lassen für einen Krieg, den wir **nicht** wollen.

Eine ebenso einschneidende Maßnahme ist das Gesetz »zur Sicherstellung von Arbeitsleistungen für Zwecke der Verteidigung einschließlich des Schutzes der Zivilbevölkerung (Arbeitssicherstellungsgesetz)«. Dort heißt es in § 2, »für Zwecke der Verteidigung einschließlich des Schutzes der Zivilbevölkerung kann nach den Vorschriften dieses Gesetzes 1. das Recht zur Beendigung des Arbeitsverhältnisses von Männern vom vollendeten 18 bis zum vollendeten 65 und von Frauen vom vollendeten 18 bis zum vollendeten 55 Lebensjahr beschränkt werden.«
Hier wird das Recht auf freie Wahl des Arbeitsplatzes erheblich eingeschränkt. Frauen und Männer, die in versorgungstechnischen Produktionen oder auch in der Rüstungsindustrie arbeiten, werden somit gezwungen, einen Krieg zu verlängern.

Neben diesen 1968 verabschiedeten Gesetzen, die weite Bereiche verplanen, ist ein Gesetz inzwischen in den Schubladen der zuständigen Bundes-Ministerien verschwunden, bzw. an die Länder weitergegeben. Es ist das Gesundheitssicherstellungsgesetz, das unter anderem die medizinische Versorgung in einem Atomkrieg sichern soll. Betroffen hiervon sind Frauen und Männer, die im Gesundheitswesen tätig sind, aber auch die 250.000 Frauen, die in Schwesternhelferinnen-Kursen über 4 Wochen bei so »mildtätigen« Organisationen wie »Deutsches Rotes Kreuz«, »Malteser Hilfsdienst« und »Johanniter Orden« speziell für

den »Verteidigungs- und Katastrophenfall« ausgebildet werden. Sie mußten und müssen sich per Unterschrift verpflichten, für den Kriegsfall als Arbeitskraft bereit zu stehen.
Wir wehren uns mit Entschiedenheit dagegen, daß unsere Bereitschaft zum Engagement im sozialen Bereich dazu benutzt wird, um die allgemeine Militarisierung voranzutreiben.

Am Beispiel der Einbeziehung von Frauen in die Bundeswehr wird der Aspekt der Militarisierung besonders deutlich. 1985 beginnt die Zahl der wehrpflichtigen Männer zu sinken. Nach Wunsch von Minister Apel soll aber weiterhin eine 500.000 Mann Armee »unter Waffen sein«. Hierüber haben sich Abgeordnete des Verteidigungsausschusses des Bundestages in einer »Kommission für Langzeitplanung« unter Ausschluß jeglicher öffentlichen Kontrolle Gedanken gemacht. Vorschläge zur Problemlösung gibt es jetzt, und sie sind der Öffentlichkeit bekannt. Weniger bekannt ist der Vorschlag vom deutschen Bundeswehrverband e.V. für eine Gemeinschaftsdienstpflicht. Hier heißt es unter anderem, »die vom Bundeswehrverband vertretene erweiterte Dienstpflicht würde erlauben, im Rahmen eines Stufenplans auch Frauen heranzuziehen.« Oder, »unter dem Begriff der Gemeinschaftspflicht versteht der Bwv die Heranziehung jedes jungen Bürgers - auch Frauen - zu einer Dienstleistung für Staat und Gesellschaft«... oder »in die Gemeinschaftsdienstpflicht sind nicht nur soziale Dienste einzubeziehen. Neben dem Wehrdienst - einschließlich waffenlosem Dienst in den Streitkräften - gehören zur Gemeinschaftsdienstpflicht folgende Dienstleistungen:
in Krankenhäusern, Pflegeheimen, Altenheimen, in der Altenbetreuung, im Unfallrettungsdienst und Krankentransport, in der Behindertenbetreuung, im Zivilschutz, Katastrophenschutz, Umweltschutz, Entwicklungshilfedienst, technischen Hilfswerk, Versorgungsschutz der Zivilbevölkerung, Unterstützungswesen der Streitkräfte, Feuerwehrwesen und im Deichwachdienst.« usw ... dem militärischen Geist alter Zeiten sind hier keine Grenzen gesetzt. Mit diesem Vorschlag würde sich eine totale Militarisierung breitmachen.
Aber auch die sonst bekannten Vorschläge rekrutieren immer mehr Bevölkerungsgruppen und ziehen somit eine Welle der Militarisierung nach sich.
Die Entscheidung »Frauen in die Bundeswehr« ist gefallen. Ohne Gesetzesänderung wird es möglich, viele Frauen einzustellen. Unsere Entscheidung ist klar - »wir wollen uns nicht in Reih' und Glied ordnen, wir tanzen aus der Reihe -«

Aber noch einen anderen Bereich müssen wir uns anschauen, der uns Frauen doppelt trifft, nämlich die Mütter unter uns.
Bundesminister Apel ist in seiner »Angst« vor einer schwindenden Verteidigungsbereitschaft der Bundeswehr an die Konferenz der Kultusmi-

nister herangetreten und hat sie aufgefordert, sich über das Thema »Friedenssicherung und Bundeswehr im Unterricht« Gedanken zu machen. (Es gibt bis heute eine Vorlage, die federführend vom Kultusminister Baden-Württembergs verfaßt wurde, aber auch einen Vorschlag der Kultusminister von SPD regierten Ländern)
Schon jetzt wehren sich viele an dem Thema Beteiligten gegen den Begriff »Wehrkunde«, aber wie sollen wir es sonst verstehen, wenn in der Vorlage die Bundeswehr als ausschließliche Möglichkeit zur Friedenssicherung dargestellt wird. Nur mit einem Satz wird zum Ausdruck gebracht, daß es ja noch irgendwie alternative Sicherheitskonzepte gibt. Es heißt, »... das schließt die unterrichtliche Behandlung anderer Konzepte der Friedenssicherung nicht aus; jedoch sollen die Aufgaben der Bundeswehr so verständlich gemacht werden, daß sie von den Schülern als **notwendig** anerkannt werden können.« Oder an anderer Stelle: »einer aktuellen militärischen Bedrohung kann nach aller Erfahrung der Geschichte nur durch die Bereitschaft zur Verteidigung mit militärischen Mitteln **wirksam** begegnet werden. Ein Staat, der sich nicht verteidigen will oder kann, vermag ungewollt mächtige Nachbarn zum Eingreifen zu veranlassen und damit einen Konflikt heraufbeschwören. Die Aufrechterhaltung des militärischen Gleichgewichts zwischen den Großmächten bis hin zum Gleichstand der atomaren Rüstung hat nach dem zweiten Weltkrieg einen weiteren Weltbrand verhindern können.«
Zum didaktisch-methodischen Vorgehen wird vorgeschlagen: »Das Thema Friedenssicherung und Bundeswehr soll vor allem in den Fächern Gemeinschaftskunde (bzw. Sozialkunde, Politik, politische Bildung) und Geschichte behandelt werden. Es kann auch Gegenstand der Fächer evangelische bzw. katholische Religion sein. Bestimmte Aspekte des Themas können in den Fächern Deutsch und Geographie erarbeitet werden. Soweit es die schulische Organisation gestattet, kann der Problemkreis fächerübergreifend erarbeitet werden.« Dann heißt es weiter: »Das Sach- und Informationsangebot der Bundeswehr sollte **vorurteilsfrei** im Unterricht genutzt werden. Studienbesuche bei Einrichtungen der Bundeswehr gestatten konkrete Einblicke in die Realität des Wehrdienstes und zum Teil auch in die militärische Umsetzung sicherheitspolitischer Zielsetzungen.«
Einzug halten soll die ganze Thematik in die Lehrerbildung und Lehrerfortbildung. Dazu heißt es: »Da Friedenssicherung und Bundeswehr (beide Begriffe sind in der gesamten Vorlage immer miteinander gekoppelt -Anm. d. V.-) fester Bestandteil verschiedener Fächer sind, sollte das Thema im Lehrangebot der Hochschulen sowie in den Studien- und Prüfungsordnungen verankert werden.« »In der zweiten Ausbildungsphase der Lehrer werden von den Ländern in Zusammenarbeit mit der Bundeswehr Informationsveranstaltungen, Seminare, Übungen und Tagungen durchgeführt.« ...»im Rahmen der Lehrerfortbildung sollen in Zusammenarbeit der Schulverwaltungen der Länder mit den Wehrbe-

reichskommandos Fortbildungsveranstaltungen organisiert werden.«
Dann wird noch vorgeschlagen, daß diese Veranstaltungen auch in Einrichtungen der Bundeswehr gemacht werden können, der Kontakt mit der »Truppe« sei so sehr viel intensiver. Die Textausschnitte zeigen nur zu deutlich, was hier eigentlich beabsichtigt wird. Für uns stellen sich einige Fragen: Was geschieht mit den Lehrern, die Kriegsdienstverweigerer sind und mit den Lehrerinnen, die andere Sicherheitskonzepte für wirkungsvoller und menschlicher halten? Und was für einen Einfluß haben dann die Eltern noch, denen eine Erziehung zum Frieden und das Erlernen von Konfliktlösungen wichtiger ist, als ein bloßes Eintrimmen auf die Bundeswehr? Und bleibt dann überhaupt noch Raum, Erkenntnisse der Friedens- und Konfliktforschung im Unterricht zu behandeln? -
Unsere Kinder sollen also nach wir vor lernen, wie Kriege geführt werden aber nicht wie sie wirklich verhindert werden können. -

Und daß heute wieder Militärs an führbare Kriege glauben oder immer noch glauben, und daß bereits Strategien durchgespielt werden, erfahren wir aus dem Munde zahlreicher Politiker. Hohe NATO-Militärs sind der Meinung, daß ein »Atomkrieg« führbar und »begrenzbar« ist. Die bisherige Strategie der atomaren Abschreckung wird durch ein Konzept der atomaren Kriegsführungsfähigkeit ersetzt. Die Entwicklung neuer Waffen, wie z.B. der Neutronenbombe veranlaßt die Militärs zu immer weiterführenden Planspielen. Der Kriegsschauplatz Europa geistert nicht nur durch die Köpfe, die Politiker wagen sogar offen darüber zu reden. Das wir uns über diese Entwicklung »entrüsten« ist klar, aber wir müssen darüber hinaus auch sehen, daß es NATO-Militärs gibt, die an einem begrenzbaren, führbaren atomaren Schlagabtausch ihre Zweifel haben, aber dafür konventionellen Waffen den Vorrang geben. Das heißt, diese Militärs glauben an einen führbaren konventionellen Krieg. Aber auch diese Waffen werden laufend modernisiert und die Produktion solcher Waffen soll jetzt in einem umfangreichen Programm in den USA vorangetrieben werden. Die Zerstörungskraft der modernen konventionellen Waffen ist erheblich (Militärs nennen sie gern »intelligente Waffen«). Wir müssen deshalb die Militärs entlarven, die gegen atomare, aber für konventionelle Waffen eintreten. Für uns bleibt Kriegsvorbereitung eben Kriegsvorbereitung, ob mit atomaren oder konventionellen Waffen.
Die fast tägliche Konfrontation durch die Medien mit neuen und immer »humaneren« Waffensystemen sollen uns mit dem Gedanken vertraut machen, Kriege seien heute, auch hier in Europa noch führbar und eine Überlebenschance sei noch gegeben. Das Vorantreiben immer kostspieligerer Zivilschutzmaßnahmen, wie der Bau von Atombunkern gaukelt uns diese Überlebenschance vor.
Diese psychologische Kriegsführung läuft parallel zu weiteren Rüstungsanstrengungen (in Ost und West). Beispiel dafür ist die geplante Statio-

nierung von neuen Mittelstreckenraketen »Pershing II« und »Cruise missiles« aber auch die weitere Stationierung von SS-20 Raketen hier in Europa. Auch die enormen Programme in den USA zur Herstellung einer neuen Generation von Nervengasen und zur Entwicklung neuer konventioneller Waffen treibt die Rüstungsschraube immer höher. Daß die USA diese neuen Waffen auch hier in Europa stationieren will, ist schon heute klar.

Was können wir nun gegen diese ganze Entwicklung tun und was haben wir - Frauen für Frieden - bereits getan?

Wir haben selbst eine Unterschriftenaktion durchgeführt und diese Unterschriften mit denen tausender anderer Frauen im Sommer '80 dem UNO Generalsekretär Waldheim übergeben. Wir unterstützen Appelle, beteiligen uns an Demonstrationen, Friedensmärschen, Ostermärschen. Machen mit anderen Gruppen der Friedensbewegung Info-Stände und Veranstaltungen, sammeln erneut Unterschriften gegen die Vorlage zum »Wehrkunde-Unterricht«, schreiben Briefe an Politiker und Leserbriefe an die Zeitungen, haben unsere Dienste nach Artikel 12a verweigert und setzen uns mit vielen Themen auseinander, weil wir der Meinung sind, ohne das genaue Wissen und Verstehen um militärische Zusammenhänge können wir auch nichts gegen sie unternehmen.

Anja
Herbst 1982

*»Ich unterhalte mich furchtbar gern mit Leuten, die aus sicherster Quelle wissen, daß ein Krieg unter gar keinen Umständen kommen kann und Atombomben niemals fallen werden.*

Irmgard Keun

**Mein Sohn,**

*ich wünsche und hoffe,
daß du in einer Welt leben
und glücklich sein kannst,
die frei von Angst und Schrecken
vor diesen furchbaren Waffen ist.*

*Die Welt heute, wie sie ist,
nimmt mir den Atem.
Ich möchte dir zeigen,
daß die Welt schön ist,
das Leben lebenswert ist.
Aber wie kann ich dir die Welt zeigen
ohne zu lügen.*

*Unsere Äcker sind vergiftet
die Flüsse verseucht.
Das Vieh voll Hormonen und Blei
in unserer Nähe wird ein Atomkraftwerk
ausgebaut. Die Strahlen machen alles Leben kaputt.*

*Wie soll ich dir zeigen,
daß die Welt schön ist?
Wir beobachten Pflanzen
und Tiere zusammen, freuen uns an
kleinen Dingen, aber das Entsetzen bleibt.
Unabänderlich, unaufhaltsam.
Ich wünsche mir, du würdest es
nicht spüren.*

*Manchmal glaube ich, ich würde dich
überfordern, immer dann, wenn ich denke
ich müßte dir wichtige Zusammenhänge erklären.
Aber du verstehst viel und weinst manchmal.
Du fragst mich, muß ich eines Tages Soldat werden,
wenn ich nicht will? Ich erkläre
dir alles und sage ich werde dir helfen
dich auszudrücken und anderen
gegenüber zu erklären.*

*Noch fühlst du dich sicher mit mir
aber wann wirst du begreifen,
daß auch ich dir nicht immer helfen kann.*

*Kannst du dir dann selbst helfen
gegen einen Staat
der den Einzelnen nicht mehr beachtet.
Der unsere Rechte beschneidet
und in seinem eigenen Interesse
von Freiheit spricht?
Wessen Freiheit?
Ich habe die Freiheit, meine Meinung
zu sagen! Ich habe die Freiheit
zu demonstrieren!
Aber werden meine Forderungen erfüllt?*

*Die Mächtigen geben vor,
den Dialog mit Andersdenkenden zu suchen
und wollen doch nur ihre Ideologie
durchsetzen. Ich will verändern
werde aber nicht gehört.*

*Ich hoffe, das alles spürst du
nicht zusehr
denn ich will dir auch zeigen und
dich spüren lassen
daß die Welt schön ist.
Schön sein kann!*

Anja

**Gewalt gegen Frauen**

»*Die Gewalthandlungen des Mannes gegen die Frau sind keine pathologischen Exzesse, sondern Resultate der gesellschaftlich herrschenden Form der Sexualität, die die 'Werte der Macht, der Herrschaft des einen über den anderen' widerspiegelt und in Vergewaltigung und Prostitution nur ihren auffälligsten Ausdruck findet.*«

»*Und kein bürgerliches Gericht kann einer Frau die moralische und physische Integrität zurückgeben, die sie durch Vergewaltigung und Mißhandlung verloren hat.*«

«*Die Welt ist ein Werk der Männer. Sie beschreiben sie von ihrem Standpunkt aus und verwechseln ihn mit der absoluten Wahrheit.*« *(Simone des Beauvoir)*

- alle Zitate aus: Wunderle, Michaela (Hsg), Politik der Subjektivität, Ffm. 1977.


**Frauenhaus für mißhandelte Frauen/Bopserklinik**

Das von der Stadt Stuttgart eingerichtete Frauenhaus für mißhandelte Frauen und deren Kinder ist seit Ende Februar 1981 bezugsfertig. Es ist kein selbstverwaltetes Haus, das die Frauen in der »Hilfe zur Selbsthilfe« befähigen soll, ihrem Leidensdruck zu entkommen und einen neuen Anfang zu schaffen. Das Haus wird in städtischer Regie geführt, der Gemeinderat hat allerdings zu wenig Sozialarbeiterstellen bewilligt, sodaß die Betreuung in der Nacht und am Wochenende nicht gewährleistet ist. Ehrenamtliche Hilfe der traditionellen Hilfsorganisationen, vorwiegend kirchlich orientiert, sollen Abhilfe schaffen. Das Stuttgarter Frauenforum hat sich vom Projekt distanziert und ist zu keiner Unterstützung bereit.


**Autonomes Frauenhaus in Stuttgart**

... über die Geschichte des Vereins »Frauen helfen Frauen Stuttgart«
1976 - Entstehung der Frauenhaus-Gruppe

1977 - Gründung des Vereins
(mißhandelte Frauen werden beraten; zum Teil privat aufgenommen)
Beginn endloser Verhandlungen mit der Stadt, dem Arbeitsamt, Stiftungen wie der Robert-Bosch-Stiftung, dem Landeswohlfahrtsverband, den

Gerichten, Behörden, Kirchen und Einzelpersonen über mögliche Finanzierungen, Zuwendungen, Spenden, Arbeitskontakte mit anderen autonomen Projekten und traditionellen Einrichtungen, Öffentlichkeitsarbeit auf der Straße, in den herkömmlichen und den alternativen Medien, regionale und nationale Zusammenarbeit mit den anderen Frauenhausgruppen.
- Gleichzeitig plant die Stadt Stuttgart ein städtisches Frauenhaus

10/79 - Frauen helfen Frauen e.V. erhält eine 4-Zimmer-Wohnung von der Stadt zur Verfügung gestellt mit einer Aufnahmekapazität von max. 10 Personen

1.1.80 - 1 Sozialarbeiterinnenstelle wird teilweise über ABM finanziert

1.8.80 - Frauen helfen Frauen e.V. richtet aufgrund großen Bedarfs eine Beratungsstelle im Stuttgarter Frauenzentrum ein und finanziert eine Stelle über den Verein. Neben Einzelberatungen entstehen Gesprächsgruppen für Frauen.

März 1981 - Eröffnung des städtischen Frauenhauses (nach 4jähriger Planung)

Sommer 1981 - Frauen helfen Frauen e.V. stellt Antrag auf Trägerschaft für das städtische Frauenhaus. Dieser wird nie entschieden, steht also heute noch.

Dez. 81 - Durch die aktive Unterstützung der Öffentlichkeit (insbesondere der Stuttgarter Frauenszene und der »Grünen«), angesichts der ständigen Überbelegung der Wohnung des Vereins und des städt. Frauenschutzhauses entscheidet der Gemeinderat der Stadt Stuttgart mit knapper Mehrheit den Antrag des Vereins zur Übernahme der Trägerschaft des 2. Stuttgarter Frauenhauses positiv.

Juni 82 - Der Sozialausschuß der Stadt Stuttgart stellt uns vor folgende Tatsachen:
1. die Frauenhaus-Wohnung wird uns ab 1.1.83 gestrichen (einige Min. vor Beginn der entscheidenden Sitzung hat der OB zugeschlagen)
2. Es wird eine Aufnahmeregelung für auswärtige Frauen beschlossen. Sie besagt, daß wir bei Frauen aus anderen Landkreisen nur eine 3tägige Notaufnahme machen können, anschließend müssen sie »zurückgeführt« werden ins Sozialamt der zuständigen Landkreise.

Frühjahr 83 wurde das autonome Frauenhaus in Stuttgart eröffnet.

Frauen helfen Frauen e.v., Postfach 500 325
7000 Stuttgart 50, Tel. 54 20 21

KONTAKTSTELLE: Frauenzentrum Kernerstraße 31, jeden Montag ab 20 Uhr telefonisch zu erreichen zur gleichen Zeit unter: 296438, Konto-Nr. 2313166, Landesgirokasse Stgt.

*Die Würde des Menschen ist unantastbar. (GG Art. 1, Abs. 1)*
Die Zahl der Frauen, die in der BRD von Männern geschlagen und vergewaltigt werden, geht in die Hunderttausende. Die Gewalt, die von Männern gegen Frauen ausgeübt wird, ist direkter Ausdruck der Frauenfeindlichkeit, die seit Menschengedenken das Leben der Frauen prägt.

*Jeder hat das Recht auf Leben und auf körperliche Unversehrtheit. (GG Art. 2, Abs. 2)*
Das Problem der Mißhandlung von Frauen wurde von einer weitgehend männlich orientierten Öffentlichkeit in der Vergangenheit verdrängt, verschwiegen oder als Privatangelegenheit abgetan. Selbst die Frauen schwiegen - aus einem Rollenverständnis heraus, das sie dem Mann unterordnet und sie zu seinem Eigentum macht.
Gefühle der Scham, Schuld und Angst halten Frauen davon ab, sich mitzuteilen und um Hilfe zu bitten.
Die Mitte der 70er Jahre entstandene Frauenhausbewegung, der sich der Verein »Frauen helfen Frauen e.V.« zurechnet, hat mit ihren Forderungen und Initiativen dazu beigetragen, daß das Thema »Gewalt gegen Frauen« in den Medien starke Beachtung gefunden hat, öffentlich diskutiert und dadurch aus dem Bereich des Privaten gelöst wurde.

*Jeder hat das Recht auf freie Entfaltung seiner Persönlichkeit. (GG Art. 2, Abs. 1)*
Der Verein »Frauen helfen Frauen e.V.« sieht es als seine Aufgabe an, Frauen und ihre Kinder vor weiteren Mißhandlungen zu schützen. Dabei wird die Arbeit im Frauenhaus nicht als caritative Betätigung angesehen, sondern als politischer Beitrag zur Aufhebung der Benachteiligung von Frauen in allen Lebensbereichen.
Erfahrene Solidarität schafft Selbstachtung und Möglichkeiten zum Handeln.
Unser Verein besteht seit 1977. In einer Wohnung werden seit Oktober 1979 mißhandelte Frauen und ihre Kinder aufgenommen. Die Wohnung ist ständig belegt/überbelegt. Im Frühjahr 1983 werden wir mit finanzieller Unterstützung der Stadt das autonome Frauenhaus Stuttgart eröffnen.
Der unterschiedliche Grad unserer Betroffenheit ändert nichts am gemeinsamen Ziel.
Für Frauen, die dieses Ziel unterstützen und unser Projekt mittragen wollen - durch Mitarbeit oder finanziell -:
Wir treffen uns jeden Montag zum Plenum um 20 Uhr im Frauenzentrum, Kernerstraße 31.

**Notrufgruppe Stuttgart**

Wir verstehen uns als Selbsthilfe-Gruppe, d.h. als von Vergewaltigung selbst betroffene bzw. bedrohte Frauen. Wir arbeiten, neben mehreren anderen Gruppen, innerhalb des autonomen Frauenzentrums Stuttgart, das als eingetragener Verein organisiert ist, und sind Teil dieses Vereins.

Finanziert wird die Gruppe durch eine ehemalige Spende des Netzwerks als Starthilfe, durch den Verkauf von Aufklebern und Spenden.

Die Gruppe, die aus ca. zehn gleichberechtigten Frauen besteht, fand sich im Juli 1980 zusammen mit der Absicht, eine Anlaufstelle für vergewaltigte Frauen zu schaffen. Nach längeren inhaltlichen Diskussionen und dem Austausch der verschiedenen Vorstellungen der einzelnen Frauen (ein kontinuierlicher Prozeß, der noch immer anhält), kristallisierten sich folgende gemeinsame Zielvorstellungen heraus:
Unsere Arbeit besteht zum einen darin, eine Anlaufstelle zur Unterstützung vergewaltigter Frauen zu bieten. Unter Unterstützung verstehen wir, den betroffenen Frauen die Möglichkeit zu bieten, sich ungestört bei Frauen auszusprechen, ohne dabei mit den gängigen Vorurteilen konfrontiert zu werden. Dies geschieht in Gruppengesprächen, nach Wunsch in Einzelgesprächen, wobei der Notruftelefondienst (s. Adressen) als Anlaufstelle fungiert. Darüber hinaus stehen wir mit juristischen und medizinischen Informationen zur Verfügung, um den vergewaltigten Frauen eine realistische Entscheidung darüber zu erleichtern, ob sie eine Anzeige erstatten oder nicht. Die nach unseren Erfahrungen entwürdigenden und demütigenden Behandlungsmethoden von Ärzten, Polizei und Gerichten veranlassen uns zu einer sehr kritischen Haltung bezüglich der Inanspruchnahme dieser Institutionen. Entscheidet sich eine Frau für eine Anzeige, so begleiten wir sie auf Wunsch zur Anzeigenaufnahme, helfen bei der Vermittlung einer Rechtsanwältin bzw. einer Ärztin und begleiten sie zur Gerichtsverhandlung. Die Beratung ist kostenlos und auf Wunsch anonym. Frauen können eine sofortige Hilfe nach einer Vergewaltigung erhalten, oder sich über eine länger zurückliegendes Erlebnis aussprechen. Weiter haben wir eine Interesse daran, gemeinsam mit den betroffenen Frauen längerfristig und kontinuierlich in Selbsterfahrungsgruppen unsere Erfahrungen mit Vergewaltigung und Gewalt von Männern gegen Frauen aufzuarbeiten.

Das zweite Ziel der Gruppe besteht darin, Frauen in allen Bereichen und über alle uns zugänglichen Medien zu informieren über Fakten zur Vergewaltigung anhand von Statistiken, Erfahrungsberichten und wissenschaftlichen Arbeiten, um gängige Vorurteile - die generell die vergewaltigte Frau anklagen und in ihr zusätzlich zur erlittenen Demütigung

noch Schuld- und Schamgefühle erzeugen - zu widerlegen und deutlich zu machen, daß eine erlittene Vergewaltigung kein individuelles privates Problem ist. Vergewaltigung ist eine direkte Auswirkung der Machtverhältnisse in unserer Gesellschaft, von der **alle** Frauen gleichermaßen betroffen sind.
Die Gruppe wird öffentlich eintreten gegen jede Art von Gewalt, sowie gegen alle Einrichtungen, die Männer zur Gewalt gegen Frauen ermutigen, Vergewaltigung rechtfertigen oder verharmlosen. Dazu gehören z.B. Pornographie, sexistische Werbung, Erziehung zur »männlichen Eroberer- und Verführerrolle« u.v.a. mehr.
Durch Öffentlichkeitsarbeit, bzw. der Verbreitung der erschreckenden Tatsache über die Häufigkeit (alle 7 Minuten wird in der BRD eine Frau vergewaltigt) und Auswirkungen von Vergewaltigung und deren Ursachen wollen wir jedoch auf keinen Fall Angstmache begünstigen. Wir streben ein realistisches Umgehen mit der Vergewaltigungsgefahr an, das weder unseren Bewegungsspielraum einengt, noch unser Selbstwertgefühl unterminiert. Daher setzen wir uns dafür ein, daß Frauen sich aktiv gegen die ihnen zugewiesene Opferrolle zur Wehr setzen, z.B. durch Einrichten von Selbstverteidigungskursen oder das Verteilen von Pfeifen, die den Hilferuf auf der Straße signalisieren.
Die beiden oben genannten Ziele sind für uns gleichrangig wichtig und Schwerpunkte unserer Arbeit.

**Frauen erreichen uns über:** Frauenzentrum Stuttgart, Kernerstr. 31, 7000 Stuttgart-1, Tel.: 0711/29 64 32
jeden Dienstag ab 20.00 Uhr und jeden zweiten Freitag im Monat ab 20.00 Uhr
oder: Rechtsanwältin Uta Wagner, Hauptstätter Str. 39, Tel.: 0711/24 73 37

**IM SPINNENNETZ**

*Ich zerstöre das dünne Netz*
*Ich bleibe an den feinen Fäden kleben*
*Zerre nach vor und zurück*
*Und zerreiße sie*
*Und je stärker ich dränge*
*Desto dunkler klaffen*
*Die dunklen Felder um mich*

Beate Schimpf

**FRAUEN TREFFEN FRAUEN**

Darstellung eines Gesprächskreises

Unser Gesprächskreis besteht seit August 1980 und richtete sich ursprünglich an Mütter; aus verschiedenen Gründen entstand jedoch ein »gemischtes« Frauentreffen. Die Gruppe besteht zur Zeit aus 14 Frauen -

Erwerbstätige, Berufstätige (Hausfrauen und Mütter) Studentinnen-; Treffpunkt ist Dienstags 20.00 Uhr das Sarah-Café.

Unsere Themen waren bislang:
- Diskriminierung am Arbeitsplatz
- Emanzipation - was bedeutet das für mich?
- Frauenbeziehungen
- Solidarität unter Frauen
- Eifersucht
- Selbstwertgefühl - wie gehen wir damit um?
- Wie kann Frau sich aktiv für Frieden einsetzen?

Teilweise wurden die Themen diskutiert und durch Literatur vertieft, teilweise durch Rollenspiele verdeutlicht.
Momentan widmen wir uns dem Frauengrundstudium (FGS). Was heißt FGS?
Frauen sollen sich in 2-3 Semestern neben einem normalen Studiengang die Grundlagen aneignen, die notwendig sind, um ein Studium gemäß den eigenen Interessen (sprich Fraueninteressen) zu strukturieren, um so wirksam für die Frauenbefreiung arbeiten zu können.
Doch was geht ein Frauengrundstudium Mütter und Berufstätige* (alter Sprachgebrauch Hausfrauen) und Erwerbstätige an?
In den Frauenseminaren der Studentinnen kam verschiedentlich der Wunsch auf, nicht nur mit einer abgehobenen Theorie zu arbeiten, sondern auch den eigenen Erfahrungsbereich einzubringen. Es entstand sozusagen eine Spaltung des FGS. Hier Theorie, dort eigene Erfahrung.
Wir widmen uns letzterem, was nicht bedeuten muß, daß uns nicht auch die Theorie interessiert.

Das spielt sich etwa so ab: Frau schreibt eine Geschichte über ein rollenspezifisches Thema, von dem sie meint, daß es sie schon von Kindheit oder Jugend an belastet. Sie liest die Geschichte im Gesprächskreis vor, Frauen hinterfragen unklare Stellen.
Die Geschichte wird nochmals, ausführlicher geschrieben, wobei auf die Fragen eingegangen wird.
Frau gewinnt somit weitere Erkenntnisse über ihren Werdegang. Am Ende werden Gemeinsamkeiten zusammengestellt.

Frau begreift nun ein Stück mehr von ihrer Sozialisation.
Folglich kann Frau auch besser gegen »typisches«, sich selbst diskriminierendes Frauenverhalten ankämpfen.

Frauen treffen Frauen

Kontaktadresse:
Helga Strohbeck
Strohberg 40
7000 Stuttgart 1
Tel. 64 43 96

Kontaktadresse für FGS:
Renate Borrmann
Bernsteinstr. 166
7000 Stuttgart-Heumaden

\* Frauenbewußtsein fängt in der Sprache an : laut »Initiative 6.Oktober« ist.Erwerbstätigkeit: ein Arbeitsverhältnis, das mit Geld entlohnt wird. Berufstätigkeit: beinhaltet auch die Tätigkeit der Hausfrau, die ja im Normalfall nicht entlohnt wird. Also sind in Zukunft alle Hausfrauen berufstätig und alle Berufstätigen erwerbstätig!!

# HAUSBESETZERINNEN

Männern in den Arsch kneifen, sie vergewaltigen wollen, ihnen den Kaffee bezahlen, das ist es nicht

Die Bewegung

Im Sommer 80 wurde in der Gerber/Nesenbachstraße nach 4 Jahren mal wieder ein Haus besetzt. Das mobilisierte doch einige Stuttgarter/innen, und es hat sich somit in den letzten zwei Jahren eine »Bewegung« geformt, die inzwischen über den Häuserkampf hinausgeht. Unsere Vorstellungen, Leben und Politik unter einen Hut zu bringen, unsere Vorstellung, -autonom- Politik zu machen, zeigt sich unter anderem darin, daß versucht wird, Entscheidungen gemeinsam zu treffen. Dies geschieht beispielsweise im Häuserrat, den Vollversammlungen und den verschiedenen Arbeitsgruppen.
Fast überall sind gleichviel Frauen wie Männer beteiligt, wobei die Frauen im Schnitt 3-4 Jahre jünger sind. Bis jetzt hat sich aus diesem Kreis noch keine Frauengruppe gebildet; genausowenig ist in Stuttgart aus der Frauenpolitik in den Häuserkampf eingeflossen. Jedoch haben sich schon einige Frauen, die anfangs in der Häuserbewegung waren, mit ihren Aktivitäten in die Frauenbewegung verlagert.

**Was wir dort wollen**

Wir sind vier Frauen, und alle schon längere Zeit in der »Scene« und versuchen dort, unsere Vorstellungen miteinzubringen.
Wir haben auch keine Lust, unsere Schwierigkeit mit der Männerwelt getrennt von dem, was in der Häuserbewegung abläuft, zu diskutieren. Deshalb ist es für uns auch keine Alternative, uns ins Frauenzentrum zurückzuziehen. Wir versuchen gerade, etwas wie eine Frauengruppe zu bilden, was seit einiger Zeit auch konkretere Formen annimmt. Für uns ist das Bilden einer solchen Frauengruppe gerade der einzige Weg, um mal wieder Land zu sehen, in einer Bewegung, in der inzwischen eindeutig die Männer das Sagen haben.

**Was uns stinkt**

Wir haben ganz schön lange gebraucht, bis wir uns endlich gesagt haben,»so, jetzt reichts, wir haben keine Lust mehr, uns den jetzigen Umgangsformen und dieser Machtstruktur zu unterwerfen!« Wir haben ja eigentlich die Hoffnung, daß es in einem solchen Rahmen nicht zu diesen Schwierigkeiten kommt und wenn, daß darüber geredet werden kann und eine Änderung der Verhältnisse folgt. Aber bis jetzt merkten wir vom größten Teil der Männer nichtmal was von einer Bereitschaft, sich mit diesen Schwierigkeiten auseinanderzusetzen. §218, Sexismus, und das Angemachtwerden auf der Straße...klar, das ist Scheiße... das reicht scheinbar schon als Auseinandersetzung mit der Frauenfrage.

**Unsere Situation**

Drei von uns haben von Anfang an in einem besetzten Haus gewohnt und hatten es so erstmal ziemlich einfach, weil wir aktiv was gemacht haben und es um die eigene Sache ging.
Gemeinsame Aktionen, Zeitungsartikel, Flugblätter, Vollversammlungen. Wir werden tagtäglich mit Leuten konfrontiert und müssen uns einfach mit denen auseinandersetzen. Für die einzige Frau unter uns, die nicht von Anfang an bei Hausbesetzungen dabei war, ist es schon schwieriger, eine Position zu erarbeiten und Beziehungen zu anderen Menschen zu entwickeln, ohne gleich eine Zweierbeziehung einzugehen.

**Die Auseinandersetzung**

In letzter Zeit sind mehr Frauen wie Typen dazugekommen. Wir glauben, auch aus eigener Erfahrung, daß Frauen viel früher und eher als Typen dazu gezwungen sind, sich ihre eigene Situation und Rolle zu überlegen und sich zu wehren. Wir merken, daß wir uns gefühlsmäßig viel mehr reinknien als die meisten Typen, und alles mehr an uns ranlassen, auch aus dem Wunsch heraus, Politik nicht nur zu machen, sondern danach zu leben. Wir versuchen z.B. bestimmte Umgangsformen wie Niederschreien, ständiges Unterbrechen zu kritisieren, da wir diese für unfair und unmenschlich halten, und versuchen unsere Vorstellung von Auseinandersetzung dagegenzustellen. Diskussionen um Umgangsformen werden als unwichtig und unpolitisch abgeblockt, nach dem Motto: »Wenn wir uns schon über sowas unterhalten, dann kann ich ja gleich gehen.«
Wir merken, daß es auf der Scene eine Gruppe von Leuten gibt, die die Linie bestimmen und die sich bei Kritik sofort zusammenrotten. Dieses Klüngel macht seine Kritiker mehr oder weniger übel nieder. Es geht dabei um einen Selbstschutz, und nicht mehr um die konkreten Inhalte. Als Beispiel, jemand meldet sich, um ein Referat zu machen, zuerst mal aus Eigeninteresse, um inhaltlich mal mehr zu blicken und sich nicht ein fertiges Statement vorsetzen zu lassen. Es ist schon mehrmals vorgekommen, daß Leute wegen einzelner Wörter, oberflächlicher Auseinandersetzung mit dem Thema und schlechter Formulierung auf persönlicher Ebene niedergemacht worden sind. Dabei wird vergessen, daß sich die Leute Mühe gemacht haben, sowas zum ersten Mal machen, und man wundert sich langsam, warum sich immer weniger Leute aktiv beteiligen.

Genauso werden Probleme, die eigentlich jeder hat, in den Intimbereich gesteckt. Im letzten Jahr haben in unserem Bekanntenkreis wahnsinnig viele Abtreibungen stattgefunden. Das ist erstmal nicht zu kritisieren, wenn Frauen/Männer gegen ein Kind entscheiden. Kritisieren möchten wir jedoch das Verhütungsmittel Abtreibung, welches weitverbreitet angewendet wird. Schlimmer noch finden wir, daß darüber überhaupt nicht geredet wird. Hier wird eine Sexualität verbraten, die als frei gilt, wobei sich einfach die Frage stellt, was daran frei sein soll. Frei von Angst nämlich bestimmt nicht.

Genauso schlimm ist es, sich gegen die Anmache innerhalb der Scene zu wehren, die oft nicht anders ist als auf der Straße. Das Üble daran ist, daß wir es von den Leuten hier nicht erwarten, bzw. uns in dieser Umgebung sicher fühlen. In so einer Situation sind wir dann erst mal platt und können nicht so schlagfertig reagieren, wie auf der Straße. Es ist schwierig, aus solchen und ähnlichen Situationen Konsequenzen zu ziehen; wir erwarten z.B. bei Frauen etwas mehr Bewußtsein und Eigeninitiative. Genauso denken wir, könnten sich Typen Gedanken über Sterilisation machen. Und wenn so Sachen wie Grapscherei und Anmache laufen, wäre es toll, wenn man Rückhalt hat und nicht jede betroffene Frau es für sich alleine löst. Wir denken, daß das in unseren Zusammenhängen inzwischen möglich sein müßte, so Sachen zu lösen. Vielleicht sogar mal in andere Beziehungen einmischen und sagen, was man denkt, denn die Auswirkungen kriegen ja schließlich auch alle mit. Damit soll nicht allen Männern unterstellt sein, daß sie nicht auch dieselben Ansprüche und Vorstellungen haben können, wir merken aber fast nichts davon. Unklar ist jedoch, ob es an Bequemlichkeit, Unfähigkeit oder Blindheit liegt.

**Unser großes Problem**

Wir wollen die Hierarchie, übernommene Verhaltensweisen ändern, dieselben Fehler nicht wiederholen, die wir bei anderen kritisieren. Auch wir sind noch zu kritisieren.
Außerdem behaupten wir einfach, daß die Männer (mit denen wir zu tun haben) sich wohl im klaren darüber sind, welche Schwierigkeiten sie mit Frauen haben. Sie haben nur noch nicht genügend Grund und Bedrohung sich zu verändern. Wenn sie das einsehen, daß es kein »Frauenproblem«, sondern ein »Männerproblem« ist, ist es lösbar.

**Unsere Veränderung**

Für uns hat sich bereits etwas getan, denn beim Schreiben dieses Artikels hat sich unsere Bereitschaft, sich mit dem Vorhandenen zu arrangieren, verringert.
Genauso haben wir mehr Interesse mit der Bewegung weiterzumachen,

durch den Rückhalt von Gleichgesinnten, der sich entwickelt hat. Für uns gibt es nicht mehr nur die zwei Alternativen, also aufzuhören oder irgendwie weiterzumachen, sondern ganz klar in die Offensive zu gehen. Unter anderem eben die Typen, die es eh nie kapiern was wir wollen, links liegen zu lassen und keine Energien mehr an sie zu verschwenden, die wir nutzbringender einsetzen können.
Wir fangen also jetzt in bester Hoffnung und größtmöglichem Optimismus an, die Häuserbewegung auf den richtigen Weg zu bringen und werden nicht vor der Revolution haltmachen.

**KEINE MACHT FÜR NIEMAND!!!!!!**

Isolde, Bettina, Tina, Sanny
Gerberstr. 6b, 7000 Stuttgart 1
Dienstags ab 18 Uhr Frauencafe in der Nesenbachstraße

## SARAH - Café & Kultur von Frauen für Frauen e.V.

Du fragst mich, was das SARAH - Kulturzentrum/Café ist - so vieles gleichzeitig, möchte ich Dir sagen,
eine Idee, die über Jahre reifte, realisiert wurde und mittlerweile über 3 1/2 Jahre praktische Erfahrung miteinander.
Es ist richtig, wir betreiben ein Café, daß von Mo.-Sa. 18-23 Uhr geöffnet ist. Das bedeutet für uns Kontinuität und Verbindlichkeit zu lernen, für die Besucherinnen - immer einen Ort finden zu können, wo sie sich mit Frauen ungestört treffen können.
Wir suchen den Austausch - bieten jeden Monat Veranstaltungen und Workshops an, um ein Gefühl/Wissen von unseren umfassenden Fähigkeiten zu bekommen. Frauen kommen aus Stuttgart und von weit her, um zu berichten...
Frauen vermitteln ihre praktischen Fähigkeiten in den Werkstätten, in der Töpferei, dem Fotolabor und dem Goldschmiede- und Schreinerwerkstattraum.
Wir haben ein Klavier und andere Musikinstrumente, um uns die Möglichkeit zu schaffen, uns auch auf diesem Gebiet auszuprobieren.
In der SARAH - Bibliothek kannst Du Mi. und Do. Frauenliteratur und Bücher über die Natur lesen und ausleihen...

Ein großes Spektrum, ein Haus der Möglichkeiten, für uns das Zusammenwohnen zu lernen, denn wir wohnen auch alle hier, ein Stück Frauenland, mit all seiner Suche, Bewegung und Spannung.
Und Du!
Du kannst Deine Ideen einbringen, Dich wohlfühlen, Anregungen bekommen und geben, anderen Frauen behilflich sein, sich wohlzufühlen wenn Dir danach ist, Informationen geben, Gruppen initiieren zu dem, was Dich interessiert,
Kakao mit Sahne trinken oder ein Glas Wein, etwas essen,...
Das SARAH - Kulturzentrum/Café ist das, was wir zusammen als Frauen stattfinden lassen,
der Weg zur Utopie mit frauenidentifizierten Frauen, von dem aus wir uns das »Draußen« mit einer gewissen Distanz anschauen, unseren Beitrag zur patriarchalen Gesellschaft kritisch sehen können und diese verändern lernen.

**Frauen gegen Sexismus**
**Heide Stuth**
**7000 Stuttgart 80, Starenweg 9, Postfach 80 10 52**
Aus dem gesamten Spektrum des Sexismus haben wir zur Darstellung unserer Gruppe das Thema Prostitutionstourismus und Menschenhandel gewählt. Dies deshalb, weil hier die Ausbeutung des weiblichen Geschlechts besonders krass ist.

**Wirtschaftliche Lage in Südostasien**
Die wirtschaftliche Abhängigkeit der südostasiatischen Länder durch die Industrienationen brachte besonders für die Landbevölkerung enorme Veränderungen mit sich. Kleinbauern wurden von ihrem Land verdrängt, sie wurden Pächter oder Tagelöhner.
In dieser Situation werden die Töchter von ihren Familien in die Stadt geschickt, in der Hoffnung auf eine besser bezahlte Arbeit. Frauen sind aus den wichtigen Bereichen der asiatischen Industrien nicht mehr wegzudenken.

**»Mehr Arbeitskraft für Ihre DM«**

Die Verlagerung der Produktion in sogenannten Billiglohnländern bedeutet den Verlust von Arbeitsplätzen in Deutschland - Frauenarbeitsplätzen in der Textilindustrie, Optik, Feinmechanik, Elektronik.
Die Arbeit in der Industrie ist gekennzeichnet durch niedrigste Löhne - oft 50% niedriger als bei den Männern -, Überstunden und Nachtarbeit - teilweise ohne zusätzliche Bezahlung -, keine gewerkschaftliche Organisation, keine Qualifizierung, kein Aufstieg, keine Rechte, keine soziale Sicherheit.
Sexuelle Ausbeutung durch Vorgesetzte, psychische Mißhandlung. Prostitution bleibt dann oft die einzige und letzte Möglichkeit zum Überleben.

**Tourismus als arbeitsintensiver Sektor**

Zwei Drittel der fast 1 Mio. Philippinen-Reisenden sind Männer. Gegenüber Thailand, dem bevorzugten Sexparadies der Deutschen, sind die Philippinen eher noch ein Geheimtip. In fast allen Reiseprospekten sind Hinweise auf exotische, zärtliche und anschmiegsame Frauen zu finden. Blinde und taubstumme Frauen für Liebhaber werden in den sog. Herrenmagazinen erwähnt, während sich eine Firma in Amsterdam ganz der Vermarktung von Kindern verschrieben hat. »Tolerante«, »freizügige« Hotels für »Junggesellen« und »alleinreisende Herren« sind eine gängige Umschreibung dessen, was in Fantasie und Wirklichkeit abläuft.

Prostitution in diesem Ausmaß ist eine Folge der Indochinakriege. Die Soldaten ließen sich aufpäppeln für ihr mörderisches Handwerk. Während des Vietnamkrieges wurden täglich fast 70.000 GI's nach Bangkok eingeflogen. Der Entspannung in der Sex-Ettappe folgte ein rasanter Anstieg der Geschlechtskrankheiten. Die amerikanischen Militärärzte praktizierten ab 1966 eine neue Behandlungsweise: Mindestens einmal wöchentlich spritzen sie zwangsweise alle Barmädchen - ob krank oder nicht - mit Antibiotika. Zwischenzeitlich wurde in Asien ein gegen Penicillin resistenter Tripperbazillus bekannt. Heute schätzt man, daß ca.75% aller Prostituierten geschlechtskrank und gesundheitlich völlig ruiniert sind.

Die Mädchen und Frauen, die auf der Straße sich anbieten oder hinter Glasscheiben mit Nummern versehen auf Kunden warten, versuchen auf diese Weise das Überleben der Familie zu sichern, eventuell eine Ausbildung der Geschwister oder der eigenen Kinder zu ermöglichen.

Thailands Regierung ist stolz auf die steigenden Touristenzahlen. Helfen die Dollar, Yen und DM zwar nicht der Entwicklung des Landes, so doch der Befriedigung der Konsum- und Prestigebedürfnisse der herrschenden Familien.


**Ein schmuddeliges Geschäft im Namen der Liebe: Ehevermittlung asiatischer Frauen**

**Clevere Macker machen aus der Exotik und Urlaubserotik ein gutgehendes Geschäft: Asiatische Frauen für deutsche Paschas. Als Ware - per Katalog -liest sich das dann so:**

»Wir haben das Gesuchte gefunden - in Fernost, attraktive Mädchen ohne Zahl, sie müssen nur den Mut haben, sich eine auszusuchen«

»Sobald Sie eine Frau gefunden haben, verursacht diese am Anfang einige Kosten. Doch diese Kosten sind bald amortisiert, denn fernöstliche Mädchen rauchen nicht, trinken nicht und passen sich leicht an alle Verhältnisse an... und last but not least - sparen Sie schließlich die hier so teure Scheidung. Fernöstliche Mädchen betrachten die Ehe noch als einen Bund für's Leben - und nicht als eine Ehe auf Zeit«.

Unsicherheiten und etwaige Bedenken deutscher Interessenten werden wie folgt überspielt:

»Denken Sie daran, der deutsche Mann ist bekannt für Strebsamkeit, Fleiß, Zuverlässigkeit, Mut, Ehrlichkeit und Treue. Diese Eigenschaften prägen das hohe Ansehen des deutschen Mannes in der Welt! Auf diesem Ansehen beruhen Ihre Chancen.«

»Auch ältere Männer haben nirgends eine bessere Chance. Ein 10-15 Jahre älterer Partner liegt durchaus im Rahmen des üblichen und auch an 20 bis 30 Jahren Altersunterschied nimmt dort kaum jemand Anstoss. Wer 60 ist, kann sich ohne weiteres noch eine frische Dreißigerin aussuchen. Sogar Behinderte sind keine hoffnungslosen Fälle.«

Es ist sicher richtig, daß es glückliche Ehen aufgrund dieser Vermittlungen gibt. Es ist aber bekannt, daß viele Frauen nur pro forma geheiratet werden, um sie danach auf dem Pornomarkt meistbietend zu verschachern.

Weitere Probleme aus den deutsch-asiatischen Verbindungen sind Sprachbarrieren, ein völlig anderes Leben, andere Ernährung, anderes Klima und als Folge von all dem - Vereinsamung.


**»Ich bin bewohnt von einem Schrei«**

für Sylvia Plath

*In mir drin hockt ein Schmerz*
*Finsternisse türmt er auf die*
*wecken den Schrei*
*ich stoße ihn weg ich*
*ringe ihn nieder ich häufe*
*Worte auf ihn ich begrab ihn*

*Mein Gott ich atme ich atme wieder*
*in meinen Worten ist Leben*

*Aber du suchst ihn ich weiß es*
*du gräbst ihn aus und er*
*nistet sich ein bei mir in der Nacht*
*er würgt mich er quält mich*
*er stößt mich hinein in den Schrei*
*ich falle*

*Mein Mund füllt sich mit Erde*
*mein Leib*
   *ich falle*

*Schatten sind da*


Sylvia Frueh Keyserling

**frauengruppe JETZT REICHTS!**

jede von uns hat das bedürfnis, aktiv gegen die misstände in unserer gesellschaft anzugehen.
wir sind keine einzelkämpferinnen - wir brauchen einander, um uns gegenseitig zu unterstützen bei risiken, die wir eingehen, wenn wir unser leben zu verändern suchen, um herauszufinden, was wir wollen, um zu kämpfen, wenn wir wissen, was wir wollen - und ganz einfach für wärme - wir wollen leben - !!!
solange machtverhältnisse zwischen frauen und männern sich nicht ändern, wird es keine befreiung der frau geben!
die politischen und gesellschaftlichen verhältnisse müssen sich also ändern!
deshalb können wir uns nicht auf rein frauenspezifische themen beschränken, sondern wollen auf politischer wie gesellschaftlicher ebene kämpfen!
in einer zeit, in der ein paar wenige aasgeier unser aller leben gefährden, sagen wir:

JETZT REICHTS!

Kontaktadresse:
Kattel Loges, Greuttestr.40
7000 Stuttgart 31, Tel. 0711/834945

Frauengruppe

## »FREI-FRAU VON MÄNNERGNADEN«

Esky Bail-Reck
Gänsheidestraße 37
7000 Stuttgart 1

Wir verstehen uns als Frauenprotest-, Aktions-, und Kabarettgruppe. Wir kämpfen gegen Diskriminierung von Frauen im Himmel und auf Erden, in Stadt, Land und Übersee.

**Ich gehe mit meiner Rolle und meine Rolle mit mir**

Kindfrauen spielen Mutter, Krankenschwester, Haushalt, Kindmänner spielen Führer, Handwerker und Krieg. Eine ganze Industrie wurde für das vorprogrammierte Kinderreich geschaffen zur Hemmung und zur Enthemmung - von der Puppenstube bis zum Schießgewehr. So werden die Rollen innen stabilisiert. Auch im Liedgut setzt sich die Spaltung fort. Frauen sind berufslose und gesellschaftliche Nullen und gehören zur 2. Wahl. Das fängt beim Wiegenlied für den kleinen Prinzen an und endet bei der dummen, dummen Liese.
Zwar werden Frauen immer ihrer Schönheit wegen gepriesen und besungen, denn allein ihr Äußeres, ihr Stand und ihre typisch weiblichen Eigenschaften machen dem Eroberer eine Eroberung wert. In der Schule später wird dann der Sexismus gepflegt und vollendet.

**Die Macht der Schwänze hat ihre Grenze**

Der Status der Frauen gleicht dem Status der früher und heute noch verfolgten Neger, Juden, Zigeuner. Frauen werden von Männern zu Randgruppen gezählt, obwohl sie mehr als die Hälfte der Menschheit ausmachen.
Frauen sind Müll, Ausschuß, beliebig einsetzbar und verfügbar. Sie werden mobilisiert, selektiert und ausrangiert nach Saison und Bedürfnis. Der erste Vorstoß, um die Situation der Frauen zu verbessern, war ein Bonner Hearing im Frühjahr 1982 zu einem Antidiskriminierungsgesetz. Es kam nichts dabei heraus, weil 1. viele Punkte gar nicht gefragt wurden und 2. weil sich nach der Bonner Regierungsdrehung 2 frauenfeindliche Parteien, die CDU und die noch erzkonservativere CSU in die Macht hievten. Bundeskanzler Kohl:»Ich finde, daß es in der Bundesrepublik außerordentlich viele attraktive und schöne Frauen gibt. Und das gehört auch zum natürlichen Reichtum unsere Landes.«

Frauen sind zu allen Zeiten nur Objekte gewesen. Speziell an sie wurden und werden die Appelle wie an Entmündigte gerichtet; vor der Wahl, während der Wahl und nach der Wahl. Genau wie in der Vorkriegszeit, der Kriegszeit und der Nachkriegszeit. Raus aus den Fabriken, rein in die Fabriken. Frauen helfen siegen!

Es muß endlich Schluß sein mit der Diskriminierung der Frauen. Wir brauchen ein wirksames Gesetz, das Frauen das im Grundgesetz zugesicherte Recht auch garantiert. Recht auf Selbstbestimmung, auf Körper und Geist. Es muß Schluß sein mit der Allmacht der Männer, mit der täglichen Entmündigung und Mundtöterei zwischen Himmel und Erde -es muß uns gegeben werden, was uns seit Jahrtausenden von Männern vorenthalten wurde. Wir wollen keine Lückenbüßerinnenplätze, sondern gleichberechtigte Wirkungsplätze, wir wollen Bevorrechtung bei Arbeitsplätzen wie die Abgänger der Bundeswehr.
Wir wollen keine sexistische Stellenausschreibung, wir wollen Lohn für gleiche Arbeit, wir dulden keine Diskriminierung in der Schule und an den Universitäten. Wir fordern die Abschaffung der Männerjustiz, der Männerpolitik, Männerwirtschaft, Männerkultur und Männerpresse. Mit den wenigen Alibifrauen können wir uns nicht abfinden.

Wir kämpfen gegen die Vermarktung der Frauen, gegen sexistische Schulbücher, frauenfeindliche Werbung und Pornographie, gegen Sexismus in Rundfunk, Fernsehen, Film und Schriftgut.
Wir sind gegen die Ausbeutung der Frauen durch Zuhälter und Sexmanager in Peep-Shows, Sex-Märkten, Puffs und Straßenstrich. Wir fordern die Streichung der Prostituierten im Polizeicomputer und Chancen für einen Neuanfang, für die Frauen, die aus dem Milieu aussteigen wollen. Um ihnen den Absprung zu erleichtern, müßten Modelle erarbeitet werden, vor allem aber auch um sie von der Rache ihrer Dauervergewaltiger abzusichern.
Wir haben die Vergewaltigungen, die Mißhandlungen und Schlächtereien durch Männer an Frauen satt - wir brauchen eine Frauenrevolution, die entweder die Familie zerschlägt, oder eine Gesetzgebung, die eine radikale lückenlose Entdiskriminierung schafft.

**Eine Frau ist wie ein Etat**

Das Frauenbild in der Werbung, welches von Mann zu Mann millionenfach durch die Medien beschickt wird, ist das Bild einer entmündigten Frau, die nicht alle Tassen im Schrank hat. Sie ist sexy, exibitionistisch veranlagt, denn sie kann nicht umhin, ständig den Männern ihren Busen, ihr Hinterteil, ihren Bauch, ihre Beine zu zeigen. Verschämt verdeckt sie das Schamhaar, nestelt an Strumpfbändern oder legt ihre für Männer wichtigste Stelle herausfordernd frei. Auch das Züngeln und das Schmollen ist eine ihrer schlangenhaften oder katzigen Begabungen und natürlich die roten Krallen. Auch die hohlwangige Gangsterlady mit Pistole, Lederklamotten und Sadoassoziationen liegt im Rennen. Sie ist von Kopf bis Fuß in Erwartung auf ein »Zieh-dich-aus«»im Stelldich-ein« eingestellt. Meistens ist sie berufslos, höchstens Büromagd, Restaurantgehilfin, Hausfrau, Verkäuferin oder Beraterin für Haushalts- Mode - und Kosmetikartikel. Ihre Hauptauftritte tätigt sie als mitläufige Hündin, die als weibliche Begleitung kostenlosen Eintritt hat, an der Seite ihres erlauchten Herrn. Sie lacht fast nur, manchmal runzelt sie die Stirn. Sie kocht, strickt, wäscht und putzt unermüdlich und leidenschaftlich. Manchmal hat sie ein schlechtes Gewissen. Sie badet im Schaum genüßlich und pflegt sich ihr glanzbeseeltes Haar mehr als nötig. Mit herben und süßen Düften wickelt sie ihn ein. Er rückt ihr mit einem kalten Glas Sekt auf die Pelle, manchmal greifen sie nach Campari, was sonst?! Dank Bauknecht, der weiß was Frauen wünschen, geht es ihr im Haushalt etwas besser. Seit der neuen Miele ist sie aber ganz aus dem Häuschen, denn dadurch gewinnt die moderne und verantwortungsvolle Hausfrau Zeit, Gott sei's gedankt, sich noch intensiver um neue Produkte zu kümmern.

Mit 12 schon muß das Mädchen auf Zack sein. Denn Intimgeruch beginnt - nach der Industrie - mit 12. Besonders problematisch wird es aber bei der Frau, wenn allmonatlich die schmutzigen Tage auf sie zukommen und das Blut wie bei getöteten Stieren in der Arena aus ihrem industriebesetzten Unterleib schießt. Da sie durch ihre Schwachsinnigkeit leicht in Panik gerät, steht ihr die Hygieneindustrie anweisungsbereit zur Seite, damit sie auch an diesen Tagen des Unwohlseins sicher bei Grün über die Straße kommt, oder zu einem Elternabend, ins Theater oder in die Gondel auf dem Canale Grande.

Stolz ist sie, wenn sie ihrem Geldberater auf der Sparkasse gegenübersteht. Auch die Versicherungen fürs Haus, die Kinder, auf die sie nicht verzichten kann und ihr kluger Mann geben ihr das volle Selbstvertrauen, das sie zum Leben braucht. Für ihren Mann tut sie alles, sie entlastet ihn bei der Verhütung, sie sorgt für sperrige und problembeladene Tage im Schlafzimmer vor, denn dank Femilind, dem Prostitutionsgel, kann sie ihm das Gefühl der Natürlichkeit geben, wenn bei ihr die Sekrete einmal versagen. Vor allem hat sie aber gemäß ihrer Natur einen klitzekleinen produktorientierten Wortschatz, welcher sich mit halbtierischen Lauten mischt.
Wenn das kein faschistoides Werbebild ist?

**Boykottiert, was Euch diskriminiert**

Nicht nur das Optische allein trägt zur Erniedrigung der Frauen bei, sondern auch die Musik. Oft könnte es so aussehen, als würden die Frauen sich in ihren diskriminierenden Rollen auch noch außerordentlich wohlfühlen, denn sie singen diese Songs und tanzen darauf. Ganz gleich, ob es sich um Texte für Vergewaltigungen handelt oder um den männlichen Zauberstab, nach dem so geil gedürstet wird, ob »Anna rein, Anna raus« oder das Lied von der Rosie, die in einem warmen Münchner Hochhaus die Männer befriedigt, während draußen vor der Stadt, die Nutten stehen...»und draußen vor der Stadt, da stehn die Nutten sich die Füße platt» - und eine Empfehlung von Mann zu Mann - als Lehrplan - »wenn deine Frau nicht will, dann gibts ja Rosie...«.
Sexismus ist überall, auf Buch- und Plattenhüllen, am Kiosk bis zum Erbrechen, im Witz, auf der Speisekarte, in Filmkästen, auf Plakaten, auf Verpackungen, im redaktionellen Teil der Zeitschriften und auf den Titeln.

**Frauen wehrt Euch**

Wenn wir uns gegen die Vermarktung der Frauen wehren, dann nicht aus Prüderie. Wir haben es satt, als Objekte männlicher Geilheit dargestellt zu werden. Es geht um unser Selbstverständnis, um unser Ansehen als Frauen. Erniedrigtes und verfügbares Fleisch stimuliert zur Gewalt und fordert zur Vergewaltigung auf. Deshalb werden Frauen so behandelt wie sie dargestellt werden - von der Leichtlohngruppe bis zum Puff als zweitklassige Untermenschen.

**Proteste gegen Werbefaschismus**

Als im März 1981 Großflächenplakate der Firma Arwa in Stuttgart zu sehen waren, wurden erhebliche Proteste über diese neue Dimension von Plakatwerbung laut. Es protestierten die Frauengruppen der Universität, andere Frauengruppen, viele Einzelpersonen, die SPD, die ASF und die ÖTV/Stuttgart.
Aus der ganzen Bundesrepublik gingen beim Deutschen Werberat in Bonn Beschwerden gegen diese neuerliche Werbequalität ein. Doch dieser fand, daß da keine Diskriminierung dran sei. Ein Frauenbund aus Berlin übersandte ein Protestschreiben mit 250 Unterschriften.
Das angesprochene Plakat stellte alle bisher dagewesenen Klischees in den Schatten. Auf der einen Seite das in Pastellfarben gekleidete Mannequin, mit den üblichen Attributen, als sexuelles Spielzeug für Männer, ganz reduziert auf Bein.
Ihr gegenüber waren kontrastierend eine 13köpfige Männergruppe aufgebaut, deren Funktion es war, Übermacht zu stabilisieren und unter-

schwellig Vergewaltigungsphantasien zu transportieren.(Individuum - Gruppe).
Zudem waren es nicht irgendwelche Männer, sondern Soldaten und somit Funktionsträger der Armee - Symbole der Macht. Dadurch kam eine männliche-aggressive Komponente ins Bild. Die sexuelle Verfügbarkeit wurde durch die Gegensätze gesteigert, Frau hell gekleidet, Männer dunkel, Frau leicht bedeckt, Männer im Kampfanzug. Außer der Diskriminierung und der Festlegung auf ein Sexobjekt kam noch die Militarisierung dazu.
Es gab eine offene Straßendiskussion, bei der das Plakat auf dem Boden lag. Es kam zu Veränderungen der Plakatwände, auch das Gebäude der Firma Arwa wurde besprüht. Dort war zu lesen:»Zieht Euch Eure Arwahosen über Eure Schwanzneurosen.«

**KINDFRAU FOR MEN !**

Als Lorenz 100 Jahre alt wurde, griff er zur pädophilen Werbung.
Er ließ die Kindfrau nackt posieren,
mit einem großen Stern verzieren,
dort - wo die Stelle ist zum Stieren!
Die Protestaktionen, die wir gegen die Firma Lorenz durchführten, richteten sich gegen die Ausbeutung von kindlichem Sex, sowie gegen die Zurschaustellung von Kindfrauen als Sexobjekte.
Kinder, für deren und durch deren Körper Aufmerksamkeit erzielt wird, sind nicht geschützt vor den sich wie von selbst entwickelnden Auswirkungen der Signale, die durch die Darstellungen entsandt werden. Die Breitenwirkung und die Empfänglichkeit der Männer für kindlichen Sex beweist der große Absatz der Kinderpornographie, die Lolitafilme, sowie der sich in der Dunkelziffer bewegende sexuelle Mißbrauch der eigenen Kinder durch die Väter, nebst Großvätern, Freunden, Verwandten und Nachbarn der Familie.
Massive Proteste gegen diese Art der Kindervermarktung kamen bald von verschiedenen Seiten. Troztdem verschärfte Lorenz immer stärker seine sexistische Kindfrauenwerbung. Unzählige Briefe an den Deutschen Werberat, 2 Flugblattaktionen, 2 Strafanzeigen, 1 Kindervermarktungspreis, Beschwerdeschreiben an verschiedene Ministerien und an Frauenbeauftragte waren genauso erfolglos, wie die Interventionen der Humanistischen Union und des Kinderschutzbundes BW. Selbst eine Petition beim Landtag brachte keine Ergebnis.
Nach 4 1/2 Jahren nahm der Deutsche Werberat endlich Stellung und tippte an die Stelle, an die wir schon 1 1/2 Jahre getippt hatten.

**Aktion gegen den »Stadtplan für Männer«**

Am 24.April abends fand im Rathaus eine Bezirksbeiratssitzung des

Ortsnetzes »Mitte« zu dem Thema »Freiersuchverkehr, Dirnenunwesen und Nachtfahrverbot« statt.
Wir benutzten diese Gelegenheit, einmal hochoffiziell und auf eine unübersehbare Weise auf den Stuttgarter »**Stadtplan für Männer**« aufmerksam zu machen.
Am Wochenende beschäftigten wir uns mit dem Nähen und Herrichten der Reizwäsche. Diese klammerten wir an eine Leine, die wir an 2 Stöcken befestigten, so auch den Stadtplan für Männer, ein Pornobild, eine Plastikbrust, ein Täschlein und Schuhe. Zwei Frauen der Gruppe verkleideten sich dem Milieu des Gewerbes entsprechend, den Mann als Schwein mit Schweinemaske, Anzug, Hemd, Krawatte und glitzernder Motorradbrille, die Frau als Bardame. Wir verteilten Flugschriften auf alle Plätze. Als der Vorsitzende nach den Urhebern des »schlüpfrigen« Flugblattes fragte, hoben wir die Hände. 2 Frauen verkleideten sich hinter der letzten Stuhlreihe, um dann, wenn der Mann von der Sittenpolizei sein Statement hielt, von hinten hinter den Stühlen hochzukommen. Es gab einen kleinen Aufruhr, als die Szene hochkam. Wir gingen mit unserer Leine ein Stück durch den Saal und kamen durch die Hintertür noch einmal herein. Dann zogen wir uns wieder um und beteiligten uns an der Diskussion. Als die Diskussion nichts mehr brachte, gingen wir nacheinander aus dem Saal. Eine Frau überreichte dem Chef der Sittenpolizei die Plastikbrust. Damit wollten wir die Solidarität der Polizei mit Zuhältern und Freiern ausdrücken.
Und wenn er das Objekt nicht mitgenommen hat, so liegt es heute noch dort!

**Wer einmal in der Sexmühle drin ist, kommt selten wieder raus...**

..wer mitmahlt, sind die Zuhälter, die Pornisten, die Mietwucherer, die Frischfleischabnutzer, die Stadt als Steuereintreiber..
Wer gemahlen wird, ist die Frau.
Sie ist der anonyme Schrottplatz, auf dem der Mann sich abreagiert, vom Sperma bis zur Peitsche.
In diese Schrottplatzsituation kommt jede Frau, die zufällig so einem geilen Bock auf der Pirsch über den Weg läuft.
Es kotzt uns einfach an, daß wir ständig angemacht werden!
Wir wollen nicht unserer Freiheit beraubt werden und uns dafür rechtfertigen müssen, wenn wir in der Nacht unterwegs sind.
Wir wollen nicht ständig Umwege machen müssen, um sicher nach Hause zu kommen.
Wir wollen nicht angequatscht, verfolgt, angefaßt, überfallen, ausgeraubt, vergewaltigt und ermordet werden.
Wir wollen nicht länger als Objekte männlicher Lust und männlichen Frusts herhalten müssen.

Wesentliche Impulse wie, wo und wann Mann Frauen benutzen kann, gibt der Erigierungsplan (Stadtplan für Männer), in dem das städtische Sperrgebiet als Rammelareal r o t markiert ist.
Auf die chauvinistischste Weise werden hier die Prostituierten als »Straßenstrich mit frischer Ware« oder als »Mittelprächtiger Straßenstrich, etwas 'abgefahren'« angeboten.

Wir fordern die Stadt Stuttgart auf, endlich die Doppelmoral aufzugeben, nämlich ein Gebiet als Sperrgebiet auszuweisen, aber tatenlos dem Vertrieb dieses Sexnutzungsplanes zuzusehen.

Weiterhin fordern wir die Löschung der Daten von den gespeicherten - nicht straffällig gewordenen - Prostituierten im Polizeicomputer. Wir fragen uns, warum die Prostituierten und nicht der Prostituiertenbenutzer erfaßt wird.

Wir meinen, daß es nicht damit getan ist, nur über das Sperrgebiet zu diskutieren, sondern Integrationsmodelle zu erarbeiten, damit Prostituierten, die aus dem Milieu aussteigen wollen, der Absprung gelingt.

Frauendasein

nackt geboren
nackt gelassen
nackt angezogen
nackt vermarktet
nackt bestaunt
und

als Mensch
nur am Rande erwähnt.

Frauengruppe »VETO«
Esky Bail-Reck
Gänsheidestraße 37
7000 Stuttgart 1

(gegen Chauvinismus, Faschismus, Rassismus)

**Frauen ins Haus und Türken raus**

Die Gruppe befaßt sich schwerpunktmäßig mit chauvinistischen, rassistischen und faschistischen Tendenzen der Vergangenheit. Wir sehen eindeutige Zusammenhänge zwischen Rassismus und Sexismus. Beides entspringt chauvinistischen und faschistischen Wurzeln. Wir stellen fest, daß es für »die Frauen« und »die Fremden« insbesondere unter den Ausländern, die »Türken«, große Parallelen zum Dritten Reich gibt. (Antisemitismus und Antifeminismus) Weil uns dies so erschüttert, wollen wir energisch gegen eine neudeutsche Massenforderung eintreten, die da überall laut und leise propagiert wird und zum Inhalt hat...
»FRAUEN INS HAUS UND TÜRKEN RAUS«.

So brutal das klingt, müssen wir dennoch schmerzlich bei aller Solidarität gegenüber den Fremden feststellen, daß jeder männliche Fremde seinen privaten Sexismus gegenüber Frauen hat, so daß die Frauen noch einmal von einer diskriminierten Gruppe diskriminiert werden und somit noch unterhalb dieser rangieren.

**Frauen, wenn wir schweigen Seit an Seit, kommt sie wieder - diese Zeit!**

Für die Hitler-Faschisten waren Frauen Untermenschen, die total entrechtet waren. Alle Frauen, die nicht im Sinne der Nazidiktatur parierten und funktionierten, wurden verfolgt, verhaftet, hingerichtet, vergast. Die Herrenmenschen wollten alles ausrotten, was ihnen als unwertes Leben erschien; jüdische Frauen, Zigeunerinnen, Bibelforscherinnen, lesbische Frauen, behinderte Frauen, politische Frauen etc. Unzählige Frauen wurden zwangssterilisiert und zu unmenschlichen medizinischen Versuchen benutzt. Nach der Machtergreifung wurde die Frauenbewegung, die Arbeiterbewegung und die Gewerkschaft zerschlagen und alle unbequemen Parteien verboten. Seitdem waren Frauen schutzlos jeglicher Willkür der eifrigen Gesetzesgeber ausgeliefert. Eine unbarmherzige Doppelverdiener-Kampagne schasste die Frauen von ihren Arbeitsplätzen. Das »Gesetz zur Verminderung der Arbeitslosigkeit« zwang Frauen ins Wochenbett und an den Herd, um Männern Arbeitsplätze zu beschaffen. Ehestandsdarlehen wurden mit der Auflage bewilligt, daß die Frauen ihre Arbeitsplätze freimachen. Eine besondere NS-Ideologie war, die Frauen an den Universitäten auf 10 % zu reduzieren. Sie sollten sich nicht auf den Unis herumdrücken, sondern lieber dem Führer ein Kind »schenken«. Ein Auswuchs von arischem Gebärfanatismus war die Menschenzuchtanstalt »Lebensborn e.V.«, wo sich ausgesuchte SS-Männer und rassisch wertvolle Maiden zur Paarung einer neuen germanischen Rasse vereinigten. Die meisten dieser Frauen kamen aus dem BDM (Bund Deutscher Mädchen).

### Reine Rasse und Mutterglück

Durch die zahlreichen Frauenorganisationen der NSDAP wurden die Frauen raffiniert vor den Karren der Partei gespannt, gleichgeschaltet und überwacht. Die einzige Aufgabe, die der Frau im Sinne des »Volksganzen« zugestanden wurde - zwischen Eintopfessen und Mutterkreuz - war die der Mutter, der Hausfrau, der Schicksalsgefährtin. Ein regelrecht germanisches Selbstverständnis wurde den Frauen anerzogen. Im Programm der NSDAP Punkt 4 hieß es: Staatsbürger kann nur sein, wer Volksgenosse ist, Volksgenosse kann nur sein, wer deutschen Blutes ist, ohne Rücksichtnahme auf Konfession. Kein Jude kann daher Volksgenosse sein!

Im Ahnenpaß auf Seite 2 steht folgender Spruch von Adolf Hitler: »Die gesamte Bildungs- und Erziehungsarbeit des völkischen Staates muß ihre Krönung darin finden, daß sie den Rassesinn und das Rassegefühl instinkt- und verstandesmäßig in Herz und Gehirn der ihr anvertrauten Jugend hineinbrennt. Es soll kein Knabe und kein Mädchen die Schule verlassen, ohne zur letzten Erkenntnis über die Notwendigkeit und das Wesen der Blutreinheit geführt worden zu sein. Damit wird die Voraussetzung geschaffen für die Erhaltung der rassemäßigen Grundlagen unseres Volkstums und durch sie wiederum die Sicherung der Vorbedingungen für die spätere kulturelle Weiterentwicklung!«

Der Haß auf die Juden und die Verunglimpfung war unerschöpflich. In den Kampfschriften der Obersten SA. Führung »Der Judenspiegel« Bd. 1 - steht unter der Überschrift »Die Eigenschaften der Juden«: Die Juden sind kein Urvolk wie die Germanen, sondern, wie wissenschaftlich nachgewiesen ist, eine mulattenhafte Mischung Gelbweißer mit Schwarzen. Die rein körperlichen Unterschiede, die den Arier vom Juden trennen, sind daher schon so gewaltig, daß jede Vermengung nordischen Arierblutes mit dem semitisch-negroiden Judenblut als himmelschreiende Sünde wider den Geist der Schöpfung erscheint. Die jüdischen Plattfüße, der zweigeteilte Blick, das Kainszeichen in der Gegend der Nasenwurzel, von dem auch die Bibel redet, das negerhafte Haar, der sinnlich triebhafte Zug um die Mundwinkel, das flossenartige Halten der Hände in Ruhestellung, das merkwürdige Jüdeln, bei welchem der Ellbogen angezogen wird, sind Rasseneigentümlichkeiten der jüdischen Bastardrasse wie ihr typischer Geruch ...

**Die vollwertige Frau als Zuchtkuh**

Der Führer sprach am 12. September vor der NS-Frauenschaft auf dem Reichsparteitag in Nürnberg 1936: ...»Und wenn das Ausland sagt: »Ja die Männer! Aber die Frauen, die können bei Euch nicht optimistisch sein, sie sind gedrückt und geknebelt und versklavt. Ihr wollt ihnen ja keine Freiheit und keine Gleichberechtigung geben«, - so antworten wir: »Was die einen als Joch ansehen, empfinden eben andere als Segen, was dem einen als Himmelreich vorkommt, das ist für den anderen die Hölle und umgekehrt«. Solange wir ein gesundes männliches Geschlecht besitzen - und dafür werden wir Nationalsozialisten sorgen - wird in Deutschland keine weibliche Handgranatenwerferinnen-Abteilung gebildet und kein weibliches Scharfschützenkorps. Denn das ist nicht Gleichberechtigung, sondern Minderberechtigung der Frau.« »Eine unermeßliche Weite von Arbeitsmöglichkeiten ist für die Frau da. Für uns ist die Frau zu allen Zeiten der treueste Arbeits- und Lebensgenosse des Mannes gewesen. Man sagt mir oft: Sie wollen die Frau aus den Berufen drücken. Nein, ich will ihr nur in weitestem Ausmaße die Möglichkeit verschaffen, eine eigene Familie zu gründen, um Kinder bekommen zu können, weil sie dann unserem Volke am allermeisten nützt!« Wenn heute eine weibliche Juristin noch so viel leistet und nebenan eine Mutter wohnt mit fünf, sechs, sieben Kindern, die alle gesund und gut erzogen sind, dann möchte ich sagen: Vom Standpunkt des ewigen Wertes unseres Volkes hat die Frau, die Kinder bekommen und erzogen hat, und unserem Volke damit das Leben in die Zukunft wiedergeschenkt hat, mehr geleistet, mehr getan!« Eine wirkliche Staatsführung hat die Pflicht, zu versuchen, jeder Frau und jedem Mann die Wahl des Herzens zu ermöglichen oder wenigstens zu erleichtern. Wir versuchen diese Aufgabe zu lösen, indem wir auf dem Wege unserer Gesetzgebung vor allem die Geschlechter gesund erziehen. Über diese rein gesetzgeberische Arbeit hinaus haben wir der Frau noch etwas gegeben: Wir erziehen für die deutsche Frau, für das deutsche Mädchen die männliche Jugend, die kommenden Männer.« »Ich glaube, daß wir auf dem richtigen Wege sind zur Erziehung eines gesunden Geschlechts. Das möchte ich all den literarischen Besserwissern und den Gleichberechtigungs-Philosophen noch mitteilen! Täuschen sie sich nicht! Es gibt zwei Welten im Leben eines Volkes! Die Welt der Frau und die Welt des Mannes: Die Natur hat es richtig eingeteilt, daß sie den Mann noch vor die Familie stellt und ihm noch eine weitere Verpflichtung aufbürdet, den Schutz des Volkes, der Gesamtheit. Die Welt der Frau ist, wo sie glücklich ist, die Familie, ihr Mann, ihre Kinder, ihr Heim. Von hier aus öffnet sich dann ihr Blick für das große Gesamte. Beide Welten zusammen erst ergeben eine gemeinsame, in der ein Volk zu leben und zu bestehen vermag. Wir wollen diese gemeinsame Welt der beiden Geschlechter ausbauen, bei der jedes die Arbeit erkennt, die es nur allein tun kann und daher auch nur allein tun darf und muß.« ....

Mit dem Aufbau der Wehrmacht und dem entstandenen Mangel an männlichen Arbeitskräften wurden Frauen planmäßig ins Arbeitsleben zurückgeführt. Schwerstarbeit bei Niedrigstlöhnen. Jetzt war überall Platz für Frauen, wo vorher keiner war. Mit fortschreitender Kriegsvorbereitung erweiterten sich die Arbeitsmöglichkeiten mehr und mehr. Am 1. September 1939 sagte der Führer im Reichstag: »Ich erwarte auch von der deutschen Frau, daß sie sich in eiserner Disziplin vorbildlich in die große Kampfbereitschaft einfügt.«

Gertrud Scholtz-Klink, die Reichsfrauenführerin, sagte u.a. in einem Vorwort zu dem Buche »Deutsches Frauenschaffen im Kriege« (Jahrbuch der Reichsfrauenführung 1940) ...Die Partei, die die größte Frauenorganisation der Welt besitzt, gibt der Welt den Beweis, daß die deutschen Frauen für Führer und Volk alles zu geben bereit sind. Unsere Männer an der Front tun ihre Pflicht angesichts des Todes - wir Frauen in der Heimat gehen in gleicher unerschütterlicher Tapferkeit jeden Weg, den uns der Führer weist.

**Und der Führer wies sie**

Max Domarus zeigt in seinem 2. Band »Hitler, Reden und Proklamationen« auf, daß sich der Aufruf Hitlers an die Frauen zunehmend verschärft. 16. März 1941: »Auch die Heimat muß in diesem Krieg schwerere Opfer bringen als früher. Auch ihr Heldentum trägt dazu bei, den entscheidensten Kampf der deutschen Geschichte zu einem erfolgreichen zu gestalten. Und hier ist es nicht nur der Mann, der sich in seiner Widerstandskraft bewährt, sondern vor allem auch die Frau.«

Am 4. Mai 1941 erklärte Hitler: »Ich glaube, daß dabei vor allem auch das deutsche Mädchen und die deutsche Frau noch einen zusätzlichen Beitrag leisten können. Denn Millionen deutscher Frauen sind auf dem Lande auf dem Felde und müssen dabei in härtester Arbeit die Männer ersetzen. Millionen deutscher Frauen und Mädchen arbeiten in Fabriken, Werkstätten und Büros und stellen auch dort ihren Mann. Es ist nicht unrecht, wenn wir verlangen, daß sich diese Millionen deutsche schaffende Volksgenossinnen noch viele Hunderttausende andere zum Vorbild nehmen.«

Am 8. November 1943 äußerte Hitler zu Parteigenossen u.a. »... Eine amerikanische Zeitschrift hat vor kurzem geschrieben, das Schlimmste am Nationalsozialismus seien die Frauen. Der Nationalsozialismus habe ohne Zweifel für die deutschen Frauen mehr getan als die anderen Völker. Er habe sie sozial gehoben. Er sei dazu übergegangen, sie in gewaltigen Organisationen zusammenzufassen. Er schicke Frauen der gebildeten Stände in die Fabriken hinein, damit Arbeiterinnen in Urlaub gehen könnten usw.; und sie schließt, das könnten die Demokratien nicht nachmachen. Und weil sie das nicht nachmachen könnten, müßten sie darum in Zukunft die nationalsozialistischen Frauen ausrotten; denn sie seien fanatisch und unbelehrbar. Das ist auch richtig! Ich weiß, daß ich die ganzen Jahre hindurch gerade in den Frauen des Volkes meine fanatischsten Anhänger besitze. Das muß in der Zukunft erst recht so sein! Die Frauen müssen zusammen mit den Männern der Bewegung auch in schweren Zeiten den Halt geben.«

Am 1. Januar 1945 spricht Hitler zu seinen Soldaten »... Von euch aber erwarte ich, daß ihr mehr noch als bisher gerade im sechsten Jahre des Kampfes auf Leben und Tod eure Pflicht erfüllt, daß sich Offiziere und Männer der gesamten Wehrmacht, des Heeres, der Marine, der Luftwaffe und der Waffen-SS dessen bewußt sind, daß von ihrem Einsatz Sein oder Nichtsein unseres Volkes abhängen, daß alle die anderen Organisationen, an der Spitze der neugeborene Volkssturm, der Reichsarbeitsdienst sowie die übrigen der Wehrmacht unterstellten Verbände der Bewegung sowie der in der kämpfenden oder verteidigenden Front befindlichen Frauen und Mädchen sich diesem Vorbild anschließen...«

So hat der Nationalsozialismus mit seiner trickreichen Propaganda und Manipulation die Frauen auf allen Gebieten eingesetzt, ausgebeutet und verschlissen.

Und als das Grauen vorüber war - standen die Frauen in den Trümmern und leisteten wieder Schwerstarbeit. Anweisungen gaben die Männer. Als die Konjunktur sich besserte, die gröbsten Trümmer beseitigt waren und die Männer ins verlorene Reich zurückkamen - mußten viele Frauen wieder ihre Arbeitsplätze an die Männer abtreten.

**Gestern so - heute so**

Wie sieht es heute - 1983 - 50 Jahre nach der Machtergreifung in Deutschland für Frauen und rundherum aus?

Diskriminierung der Frau auf allen Gebieten. Ungleicher Lohn für gleiche Arbeit. Schlechte Aufstiegschancen in qualifizierten Berufen. Keine Chance in den typsich weiblichen Sparten. Hohe Mädchen- und Frauenarbeitslosigkeit. Frauen über 40 sind zu alt, Frauen unter 40 fallen unter das Gebärrisiko, als verheiratete Frau hat sie keinen Anspruch auf Arbeit, als Ledige muß sie hinter dem Familienvater zurückstehen. Hatz gegen Doppelverdiener, Hochstilisierung der Hausfrauen- und Mutterrolle durch die konservativen und reaktionären Parteien CDU, CSU, NPD sowie Kirchen und alle rechtsextremen und rechtsgerichteten Schutzbünde für deutschen Samen. Schrittweiser Abbau des § 218, Katastrophenschutzgesetze mit Dienstverpflichtung für Frauen, Pläne zur Eingliederung der Frauen in die Bundeswehr, massiver Abbau der Bildungsmöglichkeiten, Streichung von Zuschüssen. Nicht zu vergessen die tägliche Gewalt gegen Frauen und die Ausbeutung als Sex- und Werbeobjekt in allen Medien.

**Auftakt ins 4. Reich**

Im Gegensatz dazu wird mit männlichem Eifer ein machtvoller Polizeiapparat aufgebaut. Bürgernähe wird durch Distanzmittel ersetzt. So rüstet sich Baden-Württemberg schon mit dem umstrittenen CS-Gas als Kampfgas gegen Bürger aus. Zur Zeit wird am Gummigeschoß getüftelt. Rechtspositivismus machte sich erschreckend bemerkbar, als Roman Herzog selbstherrlich der baden-württembergischen Friedensbewegung zur bundesweiten Blockade am 12. Dezember 1982 die Polizeikostennovelle schenkte. Endlich lag unser Land, von dem Lothar Späth immer sagt, daß es Spitze sei, vor Bayern einmal ganz vorn. Auch in der Aushöhlung des Datenschutzes stellen wir die Weichen. In Berufsverboten und Verwarnungen ist das Land emsig und selbst eine Fibel für Erstklässler ließ Kultusminister Mayer-Vorfelder verbieten, weil sie das Verhältnis 1. und 3. Welt zu sehr ins rechte Licht rückte. Zwar haben wir heute nicht mehr Gestapo, SA und SS, dafür aber die Totalerfassung, die Totalüberwachung und Totalverfügung per Computer plus Vorder- und Hintermännern.

**Die Neue Rechte**

Kein Wunder, daß in solch einem Klima, wo die Demokratie in der Zwangsjacke steckt, Rassismus und Neofaschismus ein reges Leben führen. Dies in einem Land, wo nie etwas aufgearbeitet wurde, wo nur proforma entnazifiziert wurde, wo Naziverbrecher und überzeugte Nazis sich gegenseitig reinwuschen und sich in hohe Ämter in Politik, Justiz und Wirtschaft hievten. Bis heute wurde nicht ein einziger von Freislers Blutkollegen zur Rechenschaft gezogen. Aktive Mitglieder der

NSDAP konnten in der Bundesrepublik Bundespräsidenten und Ministerpräsidenten werden. Verfahren wurden mysteriös verschleppt, wegen Mangels an Beweisen eingestellt - meistens gar nicht erst eröffnet. Und wenn Nazi-Urteile gesprochen wurden, dann ist dies oft eine Beleidigung für die Opfer. Angesichts dieser Unfähigkeit zur Bewältigung der Vergangenheit und der Energie, die zur Verschleierung aufgebraucht wird - muß gefragt werden, sind wir alle Nazis?

**Wie gehabt**

Mit dem Ansteigen der Arbeitslosigkeit verstärkt sich die Hatz gegen Linke, Ausländer, Juden, Zigeuner. Wesentliche Beiträge dazu leisten die Politiker, die mit ausländerfeindlichen Gesetzen und medienwirksamen Sprüchen negative Beispiele zur Nachahmung liefern. Unter den Ausländern steht die Gruppe der »Türken« heute da, wo früher die »Juden« standen. Antisemitische Ressentiments haben sich in antitürkische umgewandelt. Gemeine Witze, brutale Schlägereien, Drohbriefe, Parolenschmierereien... »Türken raus, Türken sind eine Seuche, Türkensau« usw. SS-Runen, Hakenkreuze, Grabschändungen, Brandstiftungen, Telefonterror und Mord sind Signale von realem Rechtsextremismus und großer Ausländerfeindlichkeit.
Im Herbst 1982 wurde von der Nationalsozialistischen Deutschen Befreiungsfront ein Kampfbrief an Türken verschickt. In dem 4 Seiten langen Brief, in dem sie sich mit der »Volkszerstörerbrut« beschäftigen, führen sie aus... »Die absolute Majorität besitzen hierbei die Türken und das nicht zufällig, denn während ihre Vorgänger vor zwanzig Jahren noch tatsächlich der Arbeit und des Broterwerbs wegen, sich auf westdeutschem Territorium aufhielten, begann schon gegen Ende der sechziger Jahre die systematische Unterminierung Deutschlands mit dem Ziel, den Stellen- und Machtwert einzunehmen, den einst die Juden vor ihrer Ausmerzung durch den Nationalsozialismus innehatten. Und dies ist, wen man heute die deutschen Städte betrachtet, auch eingetreten. Überall haben sich riesige Slums und Türkenghettos gebildet, es wurde systematisch ein Türkenstaat inmitten des deutschen Volkes errichtet... Wenn plötzlich an den Arbeitsplätzen unvorhergesehene Dinge geschehen, wenn die ausländischen Arbeitsplatzräuber Betriebsunfälle erleiden, wenn in ihren Spelunken und Kaschemmen plötzlich Brände ausbrechen und wenn so mancher Kameltreiber mit seinem Fahrzeug einen Schaden erleidet oder in der Nacht die Behausungen in Flammen aufgehen oder explodieren, bei allem was geschieht, wird ein jeder wissen müssen, daß an der Nationalsozialistischen Deutschen Befreiungsfront kein Weg vorbeiführt!... NSDBF Heil Hitler«

Von der Springerpresse über den Bayernkurier, Deutschen Wochenzeitschrift, Deutscher Anzeiger, Deutsche Stimme, Deutschland Magazin, Nation Europa, FAZ bis zur Nationalzeitung wird offen, wissenschaftlich verbrämt oder psychologisch verpackt eine massive Fremdenhetze betrieben. Zahllose Bürgerinitiativen haben sich zur Verwirklichung der Ausländervertreibung gegründet. Sie alle sind in rechtsextremen und neokonservativen Kreisen beheimatet.

**Schutzbund für das deutsche Volk**

Im Frühjahr 1982 machte der »Schutzbund für das deutsche Volk« von sich reden. Er wurde am 17. Juni 1982 mit dem »Heidelberger Manifest« gegründet. In diesem Heidelberger Manifest wenden sich Professoren bundesdeutscher Universitäten gegen die Unterwanderung des deutschen Volkes durch Ausländer und setzen sich für die nationalen Rechte der Deutschen ein. Sie beobachten mit großer Sorge die Überfremdung unserer Sprache, Kultur und unseres Volkstums. Völker seien biologisch und kybernetisch lebende Systeme höherer Ordnung mit voneinander verschiedenen Systemeigenschaften, die genetisch und durch Traditionen weitergegeben werden. Die Integration großer Massen nichtdeutscher Ausländer ist daher bei gleichzeitiger Erhaltung unseres Volkes nicht möglich und führt zu den bekannten Katastrophen multikultureller Gesellschaften...

**Frauen sind das grüne Holz des Volkes**

In der Zeitschrift GEO bedauerte Prof. Schmidt-Kaler, einer der führenden Köpfe des deutschen Samenbundes, die Gebärfaulheit der deutschen Frau. Schmidt-Kaler: »Ich dramatisiere nicht, wenn ich immer wieder darauf hinweise. Die drastische Abnahme der Zahl gebärfähiger Frauen, die ich das grüne Holz des Volkes nenne, ist in der Bevölkerungsgeschichte ohne Beispiel...«

Inhalt und Sprache des Heidelberger Manifestes erinnern an die Nazi-Ära. Jedoch bleibt der empörte Aufstand aus. Rassisten finden in der Bundesrepublik großen Widerhall. Im Rhein-Ruhr-Club, ein Ort der rechten Hochfinanz, wo schon Adolf Hitler seine Zuhörer, Anhänger und Geldgeber fand, setzte Prof. Schmidt-Kaler im Jahr 1981 diese Tradition fort. Danach sollen sich viele Politiker über seine Ausländer-Ansichten bedankt haben.

Rassismus im wissenschaftlichen Gewand bedeutet dennoch nichts anderes als wie »Arierblut - höchstes Gut« - »Ausländer Raus«? Auch die Gesellschaft für biologische Anthropologie, Eugenik und Verhaltens-

forschung ist für den deutschen Sprachraum das theoretische Organ internationaler rassistischer und faschistischer Abhandlungen. Früher nannte sich die Gesellschaft »Deutsche Gesellschaft für Erbgesundheitspflege«. Einer der verantwortlichen Redakteure der dort herausgegebenen Zeitschrift »Anthropologie« ist der Anwalt Jürgen Rieger, der Rechten rechtester Rechtsanwalt. In seinem Buch »Rasse - ein Problem auch für uns« hatte er schon früh der »Ausländer-Raus-Parole« vorgegriffen. Seine spektakulären Thesen, daß das Warschauer Ghetto auf Betreiben der Ärzte zur Seuchenbekämpfung eingerichtet worden sei - brachte ihm neben anderen Ausführungen Strafanzeigen von Juden, ein Ehrengerichtsverfahren und 70 Anzeigen von Anwälten ein.
Die Gesellschaft für Anthropologie verschickt zeitweise Rundbriefe an Lehrer und Erzieher.
An Kindergärten und Erziehungsstätten wird auch die Broschüre von Wolfgang Seeger aus Stuttgart »Ausländer-Integration ist Völkermord« verschickt. Wegen dieser Broschüre wurden schon mehrfach Strafanzeigen wegen Volksverhetzung gestellt. Doch die Staatsanwaltschaften können keine Volksverhetzung feststellen.

Ebenfalls an Kindergärten verschickt und in Briefkästen gesteckt wurde das Heidelberger Manifest. Eine Briefaktion, die wir als Frauengruppe gegen das Heidelberger Manifest starteten, blieb ohne Erfolg. Oberflächlich zumindest Politiker wie Mayer-Vorfelder und Carstens äußerten über den Referenten nichts Konkretes. Die Rektoren an den betreffenden Universitäten, wo die Professoren lehren, antworteten nicht -bis auf den Rektor der Bochumer Universität. Rektor Prof. Dr. Knut Ipsen distanzierte sich vom Manifest und verwies uns an den Minister für Forschung und Wissenschaft des Landes Nordrhein-Westfalen. Der Erzbischof von Köln, Kardinal Höffner, redete sich wegen einer privaten Audienz mit Prof. Schmidt-Kaler heraus. Die CDU Bochum teilte mit, daß Schmidt-Kaler nicht in Bochum Mitglied sei. Das Finanzamt Heidelberg schrieb auf unsere Bitte, dem rassistischen Kampfbund die Gemeinnützigkeit zu versagen, daß im Hinblick auf § 30 AO (Abgabeordnung) es versagt sei, auf die Frage einzugehen, ob der besagten Institution die steuerliche Gemeinnützigkeit zuerkannt worden sei. Die Eingabe beim Petitionsausschuß hatte den Inhalt, die rassebesessenen Professoren aus dem öffentlichen Dienst zu entfernen, sowie auch den Bundestagspräsidenten Stücklen hinsichtlich seiner Äußerungen und der indirekten Bejahungen des Heidelberger Manifestes durch den Briefwechsel mit Frau Finkeisen-Frank, die geschrieben hatte, daß die Bundesrepublik ein von Türken besetzter Staat sei -. Der Ausschuß antwortet, daß er dafür nicht zuständig sei, da es sich bei den Professoren um Landesbeamte handle und Landesvertretungen dafür zuständig seien. Ferner sei es nicht möglich, aus verfassungsrechtlichen Gründen die Ablehnung eines Strafverfahrens durch die Staatsanwaltschaft Heidelberg und Karlsruhe zu überprüfen, aufzuheben und abzuändern. Bezüglich der Beanstandung des Schriftwechsels von Herrn Bundestagspräsidenten Stücklen weist der Petitionsausschuß des Deutschen Bundestages darauf hin, daß es nicht zu den Aufgaben des Petitionsausschuß gehört, Äußerungen der Politiker zu werten. Ein solches Vorgehen würde auch der durch das Grundgesetz garantierten Meinungsfreiheit widersprechen.

Die Staatsanwaltschaft Heidelberg stellte das Strafverfahren gegen die Unterzeichner des Heidelberger Manifestes ein, da es ihrer Meinung nach keinerlei Ansatzpunkte zum Rassenhaß aufzeige, vielmehr handele es sich um einen Beitrag zu der nicht nur im Gebiet der Bundesrepublik Deutschland, sondern auch in anderen westeuropäischen Ländern in Gang gekommenen Diskussion über die Bewältigung des Ausländer-und Fremdarbeiterproblems. Daß das Manifest wie schon die früher herausgegebenen gelben Blätter der Brigitte Finkeisen-Frank einen überzogenen, kulturpessimistische Züge tragenden und von irrationaler Zukunftsangst geprägten Beitrag zu dieser Diskussion darstellt, macht es ebensowenig zu einer Schrift strafbaren Inhalts, wie das mangelnde Differenzierungsvermögen der Unterzeichner des Manifests, die offenbar Italiener, Griechen, Spanier und Portugiesen nicht als Träger christlich-abendländischen Erbes ansehen und von überholten Rassevorstellungen ausgehen. Auch daß die Verfasser zwischen »erhaltenswerten« und somit nicht erhaltenswerten Völkern, was immer sie darunter verstehen mögen, unterscheiden, erfüllt keinen strafrechtlichen Tatbestand.

Eine Beschwerde bei der Generalstaatsanwaltschaft Karlsruhe brachte nur die Verfestigung und Billigung der Heidelberger Staatsanwaltschaft. Abschließend weisen sie den erhobenen Vorwurf schlampiger Ermittlung und den Ausdruck »reaktionäre Haltung der Staatsanwaltschaft Heidelberg« mit Nachdruck zurück.

**Bürgerinitiative Unsere Zukunft**

Auch diese Bürgerinitiative kann als faschistisch und ausländerfeindlich bezeichnet werden. Die BUZ taufte sich schon einmal um, früher nannte sie sich, an die NPD anlehnend, »Deutsche für Deutschland«. Sie hat ihren Sitz in Kornwestheim, Eschborn und Hamburg. Sie sagt von sich: Wir sind Wähler von CDU, FDP und SPD, zum Teil Mitglieder in diesen Parteien. BUZ will eine gesicherte Zukunft. Auch für unsere Älteren. Auch noch für unsere Kinder. Wir wollen für unsere Kinder im eigenen Land deutsche Mitschüler. Wir wollen endlich aktive Bekämpfung der Rauschgiftkriminalität: Rauschgifthandel ist Mord. Wir wollen keine Ausweitung der EG-Freizügigkeit, (also keine freie Einreise für Türken ab 1986, wie nach EG-Assoziierungsabkommen vereinbart.

## Öffentliche Massen-Demonstration der Siemens-Arbeiter und Angestellten

am Donnerstag, dem **23. März** 1933
4 Uhr nachmittags

### vor dem Verwaltungsgebäude
(Rohrdamm)

Für Zurücknahme aller Kündigungen,
gegen alle weiteren Entlassungen,
gegen die Stillegung von Betrieben.

**Solange Juden u. Ausländer** als Arbeiter und Angestellte in den Betrieben beschäftigt werden, **verläßt kein Deutscher Arbeiter** seinen Arbeitsplatz.

Es spricht: Pg. Engel, M.d.L. über „Sabotage des Aufbauprogramms der Reichsregierung".

N. S. B. O. Siemens

Verantwortlich für Druck und Inhalt Mattischewit, Spandau.
Druck W. Findeisen, Charlottenburg 1.

**Frauen!**
Rettet die deutsche Familie
Wählt **Adolf Hitler!**

Männer's ischt Zeit!

**NUN IST'S GENUG!**
HLA

**SOLIDARITÄT mit WEISS-AFRIKA**
Hilfskomitee Südliches Afrika
D-8630 Coburg Postfach 851

**Lediglich 13 Juden!** sind von 1910 bis 1925 aus Ost-Europa nach Deutschland eingewandert.

Durch Liberalismus wurde Deutschland im 20. Jahrhundert Kolonialland der Ostjuden

**Reinigungsfirma** nur deutsche Mitarbeiter suchen Aufträge. Telefon 0715 / 1 53 43

Fließbandproduktion von reinrassigen Ariern in einem Lebensborn-Heim

Andenke
Filmreihe
haut ab

# AUSLÄNDER STOPP!

...damit wir eine ZUKUNFT haben!

**BÜRGERINITIATIVE AUSLÄNDERSTOPP**
Günnigfelder-Str. 101a · 4630 Bochum 6
Verantwortlich: Klaus Schulz · Druck: Eigendruck

## Was ist zu tun? Was will BUZ?

BUZ will eine gesicherte Zukunft. Auch für unsere Älteren. Auch noch für unsere Kinder. Wir wollen für unsere Kinder im eigenen Lande deutsche Mitschüler.
Wir wollen endlich aktive Bekämpfung der Rauschgiftkriminalität: Rauschgifthandel ist Mord.
Wir wollen keine Ausweitung der EG-Freizügigkeit (also keine freie Einreise für Türken ab 1986, wie nach EG-Assoziierungsabkommen vereinbart). Statt dessen: Rückkehrförderung. Wir wollen endlich den Mißbrauch des Asylrechts beendet sehen.
Wir wollen eine Entwicklung bremsen, die zu unkontrollierbarer Kriminalität, zu Rassenkrawallen und zu einer Zerstörung unserer Lebensbedingungen führen wird. Wir wollen neuen Extremismus und Fanatismus von rechts und links verhindern.
Wir wollen, daß endlich auch einmal die Rechte der Deutschen in diesem Lande berücksichtigt werden.
Und Sie fordern wir auf, für Ihre ureigensten Interessen einzutreten. Werden Sie politisch aktiv. Treten Sie ein in eine der im Bundestag vertretenen Parteien. Werden Sie Mitglied bei BUZ. Es geht um Ihre eigene Zukunft. Die ist Ihnen doch wichtig!

Die demokratische Bürgerinitiative Unsere Zukunft. Wir sind Wähler von CDU/FDP/SPD, zum Teil Mitglieder in diesen Parteien. Schreiben Sie uns (bitte mit Rückporto). Wir schicken Unterlagen. DM 2,40 in Briefmarken würden unsere Druckkosten decken.
Sonderkonto BUZ:
42020-702 Postscheckamt Stuttgart,
BUZ Postfach 5946, 6236 Eschborn.
BUZ Postfach 1409, 7014 Kornwestheim.
BUZ Postfach 101705, 2000 Hamburg 1.

# BUZ
## NOCH IN 20 JAHREN IN FRIEDEN LEBEN

Türken ab 1986, wie nach EG-Assoziierungsabkommen vereinbart. Statt dessen: Rückkehrförderung. Wir wollen endlich den Mißbrauch des Asylrechts beendet sehen. Wir wollen eine Entwicklung bremsen, die zu unkontrollierbarer Kriminalität, zu Rassenkrawallen und zu einer Zerstörung unserer Lebensbedingungen führen wird. Wir wollen neuen Extremismus und Fanatismus von rechts und links verhindern. Wir wollen, daß endlich auch einmal die Rechte der Deutschen in diesem Lande berücksichtigt werden...«

Für die BUZ sind die Ausländer an allem schuld, besonders an der Wirtschaftskrise. In der Abendschau des Süddeutschen Rundfunks am 3.7.1982 äußerte BUZ-Chef Krisch in einem Streitgespräch, daß die Firmen, die Ausländer beschäftigten, pleite gingen. Dies sei bei der Stuttgarter Firma Kreidler so gewesen, dort hätten zuletzt 80 % Ausländer gearbeitet.

Da die BUZ besonders in Stuttgart aktiv ist und ihre faktisch falschen und auf »Bauernfängerei« aufgemachten Flugblätter auf der Königstraße verteilt, wollten wir erfahren, welche Meinung die Parteien, die in dem Flugblatt als Aufhänger mitbenutzt wurden, haben. Die SPD und die FDP distanzierten sich auf das Schärfste und prüften rechtliche Schritte. Die CDU hielt sich verwaschen zurück ... es sei außer Frage, schrieben sie, daß sich die CDU keinesfalls dieser Pauschalität, in der die einzelnen Themen von der BUZ dargestellt sind, anschließen kann ...

**NPD und die nationaldemokratische Position**

Rückwanderung der Ausländer in ihre Heimat. Keine Eingliederung. Ausländer bleiben mit allen Rechten und Pflichten Staatsbürger ihrer Heimatländer. Beschränkung der Verweildauer. Zuzugsverbot in Ballungsräume. Einstellen des Familiennachzuges. Schrittweiser und systematischer Abbau der ausländischen Arbeitskräfte. Einweisen von Deutschen in frei werdende Stellen. Deutsche Arbeitsplätze für deutsche Arbeiter! Ausgliederung der Ausländer aus der deutschen Arbeitslosen- und Rentenversicherung: keine Umschulung auf unsere Kosten. Verlassen des Landes nach einer Arbeitslosenzeit von 2 Monaten. Aufheben oder Einschränken der freien Arbeitsplatzwahl für Angehörige anderer EG-Staaten: keine Freizügigkeit für Arbeitskräfte aus Ländern, die der EG nur angeschlossen sind. Beibehaltung des Anwerbestops auch bei einer Konjunkturbelebung. Im Bedarfsfall: steuerfreie Überstunden für Deutsche. Kindergeld nur für Deutsche. Keine deutsche Steuerprämie, um die Zeugungs- und Geburtenfreudigkeit der Ausländer bei uns noch mehr anzuregen.

**Kaum Unterschiede zu den Praktiken der Ausländerpolitik**

Leider sind die Unterschiede der rechtsextremen Positionen von der christlichen oder der sozialdemokratischen Partei nicht sehr gravierend. Und es ist zu beobachten, daß sich die Rechten immer mehr als stolze Vorreiter einer aktuellen Ausländerpolitik verstehen.

**Justiz - Büttel des Staates?**

Bei der Justiz scheint die angebliche Unabhängigkeit wieder mal in Vergessenheit zu geraten. Sie scheint sich dem allgemeinen Feindbild anzugleichen. Grotesk und erschütternd ist das Verhalten der Justiz bei Dritte-Welt-Asylanten oder bei einer besonders ungewollten Rasse. Mannheimer Richter vom VGH stellten selbstgefällig fest, daß Folter noch kein ausreichender Asylgrund sei. Denn so der VGH: »Folter und Mißhandlungen sind in der Türkei ein allgemeines Phänomen, von dem nicht bloß politisch aktive Kurden betroffen sind«. Die Richter meinten zwar, daß die wegen politischer Delikte Verdächtigen, »häufiger und schwerer« gefoltert würden als andere Strafverfolgte. Mit politischer Verfolgung hätte dies aber nichts zu tun - so die »menschenverachtenden Erben einer ehemaligen Nazijustiz«.

Ähnlich argumentiert auch das Verwaltungsgericht in Ansbach über Dritte-Welt-Flüchtlinge: »Das äthiopische Militärregime übt derzeit in der Heimat des Klägers eine Schreckensherrschaft aus, bei der willkürliche Festnahmen, Folter, öffentliche Hinrichtungen vermeintlicher politischer Gegner sowie von der Regierung zumeist geduldete, wenn nicht gar befohlene Massenmorde an der Tagesordnung sind. Diese für die Bevölkerung des Landes im allgemeinen, insbesondere jedoch für die eriträische Minderheit entsetzliche Situation bedeutet indes noch nicht eine Verfolgung jedes einzelnen, die zu einer Anerkennung als politischer Flüchtling führt«.

Als durch die Nazi-Rockergruppe »Stander Greif« in der Sylvesternacht 1981 bei einer Massenschlägerei in Baden-Württemberg ein Türke totgeschlagen wurde, äußerte ein medizinischer Gutachter, daß die Türken einen weicheren Schädel hätten, was dann auch das Strafmaß heruntersetzte.

Esky Bail-Reck

## Tagesmütter - zwischen Beruf und Ehrenamt

Tagesmütter betreuen tagsüber die Kinder berufstätiger Eltern.
»Mütter, deren Kinder von der Tagesmutter individuell und über einen längeren Zeitraum in einem stabilen Pflegeverhältnis betreut werden, können ohne schlechtes Gewissen tagsüber außer Haus arbeiten oder eine Ausbildung durchlaufen«.
Ich selbst und viele andere Tagesmütter stellten diese Überlegung an, bevor wir das Kind einer berufstätigen Frau in unsere Familie aufnahmen. Unabhängigkeit durch das selbstverdiente Geld erreichen und die eigene Lebenssituation verändern, diese Motive der Tagesmütter stehen im Hintergrund. Sie werden dann deutlich, wenn die Frauen Gelegenheit haben, im Gespräch mit anderen ihre Situation zu reflektieren.
Wir Tagesmütter befinden uns in der Zwickmühle:
auf der einen Seite wird die Erziehungsaufgabe der Mutter und die Verantwortung für ihre Kinder gerade in den ersten Lebensjahren hervorgehoben, andererseits wird die Arbeit als Mutter in der Öffentlichkeit abgewertet. Unsere finanziellen Forderungen und die Bemühungen, eine soziale Absicherung zu erreichen, von uns selbst unsicher vorgetragen, stießen immer wieder auf Unverständnis und Ablehnung.
Zwangsläufig vergleichen wir die Arbeit der Tagesmütter mit der Betreuungsform Tagheim und Krippe. Im Tagheim werden Kinder berufstätiger Eltern tagsüber institutionell durch Fachpersonal betreut. Im Tagheim sind die Elternbeiträge wesentlich niedriger als bei der Tagesmutter, denn die meist städtischen Einrichtungen werden aus öffentlichen Mitteln subventioniert. Die Frau, die für ihr Kind tagsüber eine Betreuungsmöglichkeit sucht, muß sich zwischen beiden Einrichtungen: Tagesmutter - Erziehung und Betreuung in der Familie und Tagheimunterbringung entscheiden.
Der Alltag der Tagesmutter verändert sich durch die Betreuung eines Tagespflegekindes. Die Zusammenarbeit zwischen Tagesmutter und ausser Haus berufstätiger Mutter erfordert zusätzliches Engagement auf beiden Seiten. Tagesmütter haben die Chance, durch die Konfrontation mit einer berufstätigen Frau und die als praxisbegleitende Ausbildung durchgeführten Gruppentreffen die eigene Situation zu überdenken.
Für einen Teil der Frauen wird durch das eigene, bis jetzt noch relativ geringe Einkommen und die Möglichkeit des Kontakt mit anderen, zu Hause mit Erziehungsarbeit beschäftigten Frauen, die eigene Lebenssituation ausgefüllter und damit akzeptabel. Andere Tagesmütter sehen an den Tagespflegekindern, daß es für die Entwicklung der Kinder positiv ist, wenn sich mehrere Bezugspersonen liebevoll um das Kleinkind kümmern. Sie wagen aufgrund dieser Erfahrungen, das eigene Kind einer anderen Frau zu überlassen, um dann selbst einer Berufstätigkeit nachzugehen oder eine Ausbildung in Angriff zu nehmen. Ich sehe keine

Gefahr, daß die Rolle der Hausfrau und Mutter durch die Tagesmuttertätigkeit fixiert wird - ganz im Gegenteil, durch die Veränderungen und die Anregungen von außen wird allzu Festgefahrenes in Frage gestellt und ggfs. geändert.

Während ich als Tagesmutter arbeitete, waren für mich die regelmäßige sichere Bezahlung, der freie Dienstvertrag zwischen Träger und Tagesmutter und die Gruppentreffen, an denen Tagesmütter, außer Haus berufstätige Eltern und pädagogische Berater teilnehmen, wichtig. Als sich abzeichnete, daß nach Beendigung des Modells kein Träger mehr für die Anstellung verantwortlich sein wollte (das Jugendamt zog sich auf seine gesetzlich verankerte Kontrollposition zurück und auch das Beratungsangebot wurde eingeschränkt) ließ ich mich beim Arbeitsamt über meine Chance für Wiedereinstieg in den Beruf beraten. Ich mußte feststellen, daß mein Wunsch, im sozialpädagogischen Bereich tätig zu werden, nur unter den größten Schwierigkeiten zu realisieren wäre.

Parallel zu meinen Bemühungen, in einen außerhäuslichen Beruf einzusteigen, haben sich die Tagesmütter organisiert. Ich bin im Vorstand des Stuttgarter Tagesmuttervereins und des Landesverbandes Baden-Württemberg. Ich stelle fest, daß ich in dieser ehrenamtlichen Position Probleme, die etwas mit meiner eigenen Situation als Frau und Mutter zu tun haben, angehen kann. Mir macht diese Arbeit Freude, weil ich hier genug Spielraum habe, um einen eigenen Stil auszuprobieren. Für mich persönlich ist es wichtig zu wissen, daß meine Erfahrungen aus der Praxis Anstöße z.B. für einen Gemeinderatsbeschluß sind. Für mich persönlich habe ich durch die ehrenamtliche Tätigkeit eine sinnvolle Aufgabe gefunden. Bei einem Wiedereinstieg in den Beruf könnte ich meine 10-jährige Erfahrung aufgrund der Erziehung meiner eigenen Kinder, der Tagespflegekinder und der Vereinsarbeit glatt vergessen.

Als Tagesmütter mußten wir gegenüber den Modellbedingungen zurückstecken. Es gibt keine Arbeitsverträge mehr, die ein Minimum an sozialer Absicherung garantieren. Dies hat zur Folge, daß wir erstens zu wenig Tagesmütter haben, und daß zweitens qualifizierte Frauen, die sich auf unsere Anzeigen melden, abspringen, wenn sie hören, wie die Bedingungen aussehen.

Daß die Arbeit der Tagesmutter besser bezahlt (im Augenblick ist der Pflegesatz in Stuttgart DM 420,-- monatlich) und per Arbeitsvertrag auch eine soziale Absicherung erreicht wird, ist unser Ziel. Im Moment ist dies aber politisch nicht durchsetzbar. Eine Unfall- und Haftpflichtversicherung für alle Tagesmütter in Stuttgart, die eine Pflegeerlaubnis des Jugendamts haben, und die Abwicklung der Bezahlung nicht mehr direkt von abgebender Mutter zur Tagesmutter, sondern über das Ju-

gendamt sind Verbesserungen für die Tagesmütter, die sich auf der kommunalen Ebene durchsetzen lassen.
Durch Gespräche mit Fachleuten aus dem pädagogischen Bereich, Kommunalpolitikern, Gewerkschaftsvertretern und Presseveröffentlichungen konnten wir deutlich machen, daß es wichtig ist, daß sich im sog. »Pflegestellenwesen« im Interesse der Frauen und Kinder etwas ändert.
Zwölf Frauen aus der Stuttgarter Gruppe, die bereit sind, ihre Erfahrungen aus der Tagesmütterarbeit an neue Frauen weiterzugeben und dadurch auf der Laienebene die professionellen Berater unterstützen, bekommen für ihre Tätigkeit eine Aufwandsentschädigung von z.Z. DM 50,-- monatlich.
Beratung, Vermittlung und die Werbung neuer Tagesmütter sind Schwerpunkte unserer Vereinsarbeit.
Wir haben diese Aufgaben jahrelang ganz privat und ehrenamtlich vom Telefon im Wohnzimmer aus geleistet. Nachdem wir das Jugendamt überzeugt hatten, daß wir dies nicht mehr länger in dieser Form tun können, wurden uns Räume in zentraler Lage in Stuttgart Mitte finanziert. Seit 1981 können wir die Arbeitszeit, die für diese Aufgaben anfällt, mit DM 10,-- pro Stunde aus städtischen Mitteln bezahlen.
Für mich selbst ergeben sich aus der Bezahlung meiner Arbeit neue Perspektiven.
Ich sehe, daß ich durch diese finanzielle Änderung ein Stück weiter aus meiner Abhängigkeit herauskomme, daß dadurch meine ehrenamtliche Tätigkeit auf festeren Beinen steht und ausgedehnt oder verlagert werden kann.
Die Tätigkeit als Tagesmutter während des Modells, die Zeit, als ich mich ehrenamtlich am Aufbau der Tagesmütter-Vereine beteiligte, die Übernahme von Aufgaben wie Beratung, Vermittlung, Werbung neuer Tagesmütter, an die ich mich »laienhaft« heranwagte, hat mich verändert. Ich konnte in diesem Rahmen meinen Lebensplan verwirklichen.
Ich habe eine 10-jährige Tochter und einen 3-jährigen Sohn, die ich in die Arbeit mit einbeziehe.
Ich kann mir mein Leben ohne die Kontakte nach außen, die gesellschaftliche Anerkennung und Aktivität und nicht zuletzt die finanzielle Anerkennung meiner Arbeit nicht mehr vorstellen.
Zusammen mit den Frauen aus meinem Umkreis über unsere eigene Situation reflektieren und die Möglichkeiten, die wir als Hausfrauen und Mütter haben ausnutzen - dafür müssen wir uns weiter einsetzen.

Barbara Penkwitt

## Frauengruppe Uni-Stuttgart

Seit einiger Zeit gibt es eine Frauengruppe an der Universität Stuttgart. Unsere Gruppe steht allen Frauen offen, egal welcher politischen Richtung oder welchem Fachbereich sie angehören.

Warum eine Frauengruppe an der Uni?
Ausgehend von unserer frauenspezifischen Erziehung, die uns »weibliche« Eigenschaften, wie Emotionalität, Angewiesensein auf Wärme und Zuwendung anerzogen hat, sind wir verständlicherweise auf Schwierigkeiten gestoßen.
Denn:
Demgegenüber stehen die in diesem wissenschaftlichen Betrieb geforderten Eigenschaften wie Durchsetzungsvermögen, Sachbezogenheit und Leistungsbestätigung im Konkurrenzverhalten.

Auswirkungen:
- Abbruchquote der Studentinnen 100 % höher als bei Studenten
- in den Geisteswissenschaften bricht die Hälfte der Studentinnen das Studium ab
- wir trauen uns selbst nichts zu, wagen oft nicht, unsere guten Gedanken zu denken, geschweige denn zu formulieren, in Seminaren zu reden
- die uns vermittelte Wissenschaft erscheint als abstrakt, steht nicht mit uns selbst in Beziehung

Wir stellen das ganze Studium in Frage, weil wir uns darin nicht wiederfinden.

So versuchen wir, Wissenschaft zu erfahren als nicht sinnentleerte, so wie sie uns täglich vermittelt wird. Wissenschaft, so wie sie heute gelehrt wird, behindert uns, verursacht Schwierigkeiten und Selbstzweifel.
Das wissenschaftliche Interesse ist nicht mehr in erster Linie auf das Erkennen und Begreifen der Wirklichkeit gerichtet, was stattfindet, ist eine bloße Bestandsaufnahme und Beschreibung der Wirklichkeit. Das, was es zu untersuchen gilt, wird in abstrakten Formeln untergebracht, deren Inhalt nicht mehr in Erscheinung tritt. Das Wissen, mit dem wir konfrontiert werden, das uns zur Vergötterung bereits auf einem Podest dargeboten wird, ist nichts anderes als eine Wissens-Vokabelansammlung, die sich aus Merkfähigkeit und dem Austüfteln abstrakter Denkformeln zusammensetzt. Die Folge ist, daß Wissenschaft mit Kälte, Sterilität und der offenbar unvermeidlichen Scheuklappenarroganz gleichgesetzt wird. Wissenschaft dient schon lange nicht mehr der Verwirklichung menschlicher Bedürfnisse und Träume, sondern dem Selbstzweck der reinen Methodenlehre und des Schematismus der Denkmöglichkeiten.

Wir wollen konkret versuchen, uns einzubringen, unsere Fragestellungen in den Seminaren mit uns selbst in Beziehung zu bringen, unsere Alternativen zu entwickeln. Dazu gehören vor allem die Fragen:
- Was hat das Thema mit mir zu tun?
- Welche Erfahrungen habe ich bisher mit dem Themenbereich gemacht?
- Was erwarte ich von einer weitergehenden Beschäftigung damit?
- In unsere Gruppen haben Frauen die Möglicheit, über ihre unispezifischen Probleme zu reden und Hilfestellung zu bekommen.
- Wir wollen uns in den Veranstaltungen mit unseren eigenen, d.h. frauenspezifischen Fragestellungen einbringen,
- uns für rein frauenspezifische Seminare einsetzen

2 % der Lehrenden an der Uni Stuttgart sind Frauen. Diese Situation wollen wir ändern!

Unser Ziel ist es, Subjektivität, Sinnlichkeit und Vernunft miteinander zu verbinden und diese als Grundlage für unser Verhalten und unsere Handlungen zu nehmen.
Das heißt, daß wir der männlichen Wissenschaft überlegen sein werden, weil wir emotional auf der einen und verstandesklar auf der anderen Seite sind, und wir werden deshalb mit dem Vorwurf der Subjektivität und Unwissenschaftlichkeit zu kämpfen haben - eben weil wir keine Männer sind und keine sein wollen!

Adresse der Frauengruppe Stuttgart:
Universität Stuttgart, Keplerstr. 17, K II, Zentralfachschaftszimmer 2a, Te. 20 73-7 92

**LAUT-LOS**

*Es wuchs im Traum mir*
*was übern Mund*
*schob sich hinter die Zähne*
*eine Wolke ein Schweigen*
*auf meiner Zunge*
*versiegelt*
*bin ich aufgewacht*
*laut-los*

Sylvia Frueh Keyserling

Walpurgisnacht 1982

14. Nov. 81 Demo Karlsruhe

**VIDEO**

Loretta Walz und
Hella Böhm
Reinsburgstr. 108
7000 Stuttgart-1

Regine Rau
Gottliebstr. 13
7000 Stuttgart-1

**FILM**

Renate Härtl
Hohewartstr. 33 A
7000 Stuttgart-30

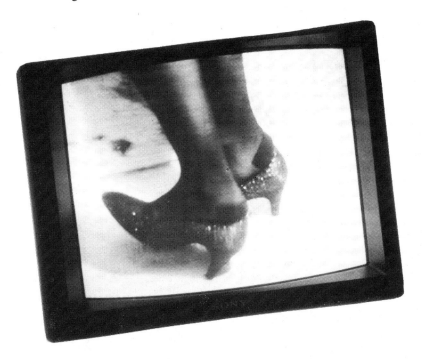

## MEDIENFRAUEN-GRUPPE SDR

Christel Gebhardt
Hörfunk Ton
Postfach 830
7000 Stuttgart-1


## FRAUEN-KINO-GRUPPE

Ulla Barthold
Libanonstr. 90
7000 Stuttgart-1


## FRAUEN GEGEN SEXISMUS UND PORNOGRAPHIE

Sony Specht           Esky Bail-Reck
Calwerstr. 54         Gänsheidestr. 37
7000 Stuttgart-1      7000 Stuttgart-1


## SONSTIGE ADRESSEN:

Stuttgarter Kommunikationsgruppe e.V. (Video-Gruppe)
Künstlerhaus, Gutenbergstr. 62 A, 7000 Stuttgart-1

Filmbüro Baden-Württemberg
Elsaweg 28, 7000 Stuttgart-70

Kommunales Kino, Neckarstr. 47, 7000 Stuttgart-1
(jeden Dienstag 19.30 Uhr Programm-Vorbereitungs-Gruppe)

Landesbildstelle, Rotenbergstr. 111, 7000 Stuttgart-1
(Verleih von Film- und Diaprojektoren an gemeinnützige Gruppen, Vereine)

Zeitschrift »frauen und film«, Frauenfilmbuch u.a. bei
Das Buch, Lange Str. 11, 7000 Stuttgart-1


## VIDEO-KURSE

Für interessierte Frauen bieten wir **Einführungskurse** an:

- für die Benutzung von Video-Abspielgeräten
- für Video-Aufnahmetechnik (Kamera und Tonaufzeichnung) (Kurs 350,- DM)
- Video-Schnitt-Technik

Am liebsten ist uns, wenn sich Gruppen anmelden (ab 7 Frauen), so daß der Kurs kurzfristig zustandekommt und wir z.B. einen **Wochenend-Workshop** für mehrere Teilnehmerinnen durchführen können. Honorar für Kursleiterin und Unkosten für Material und Studiobenutzung werden auf die Teilnehmerzahl umgelegt.


## VIDEO-AUFTRAGSARBEITEN

- Aufzeichnungen von Fernsehfilmen und Sendungen (VHS-Kopie 50,- bis 80,- DM)
- Dokumentationen über Veranstaltungen, Diskussionen und Aktionen
- Videofilme über Frauengruppen und zu Themenbereichen
- Video bei Interaktion und Rollenspiel für Frauen und Mädchengruppen (auf Anfrage)
- Referate und Seminare über Medientechnik

Die Termine müssen mit uns rechtzeitig vereinbart werden! Wir erstellen dann einen Kostenvoranschlag je nach Arbeitsaufwand und Materialkosten für die geplante Aufzeichnung.

Nach unseren Erfahrungen bekunden immer wieder Institutionen, wie Volkshochschulen, Landesbildstellen, Fachhochschulen, Gewerkschaft und politische Gruppen und Parteien ihr Interesse an Video-Material von Frauengruppen und Initiativen, z.b. eine Dokumentation über das Projekt Frauenhaus. Keine der genannten Gruppen war bereit oder in der Lage, derartige Filme vorzufinanzieren oder sich an den Produktionskosten zu beteiligen, so daß ein Bruchteil der Unkosten nur durch die Verleihgebühren von Kopien gedeckt werden kann.

Da wir es uns gar nicht leisten können, umsonst zu arbeiten und das auch nicht einsehen, zudem Material- und Geräteanschaffungen, bzw. Reparatur abdecken müssen, erwarten wir Verständnis, daß wir für unsere Leistungen Geld verlangen!


## PROJEKT VIDEOTHEK

Wir planen in Stuttgart eine Sammelstelle für Videobänder, die für Frauengruppen interessant sind, einzurichten. D.h. einen ständigen Raum mit Abspielgeräten, wo die Bänder angeschaut werden können, ein Video-Archiv mit Verleihliste mit inhaltlichen Kurzbeschreibungen und technischen Angaben über die Bänder, die zur Verfügung stehen. Für dieses Projekt brauchen wir finanzielle und organisatorische Unterstützung.

Bereits von uns selbst produzierte Videobänder:

»Frauen im Faschismus/im Widerstand«
mehrere Gesprächsprotokolle
je 20 Min. U-Matic Farbe, Loretta Walz 1982

»Materialen zur Filmarbeit von Frauen«
mit Beiträgen vom Verband der Filmarbeiterinnen
»frauen und film«, Initiative Frauenkino, Seminare
und Aufnahmeverfahren an Hochschulen, Filmverleih und ein Gespräch mit der Filmemacherin Ulrike Ottinger.
4-teilige Dokumentation je 60 Min. U-Matic s/w Hella Böhm 1981

»SPOTS»
eine bunte Mischung von kurzen Videospots
45 Min. U-Matic s/w und Farbe
Hella Böhm 1981

»3 von ...«
Hat sich für uns Frauen etwas geändert -
oder verändern wir uns? Interviews mit 20jährigen Frauen
2 VHS-Cassetten je 50 Min.
dazu ein Arbeitsheft zur Situation von Frauen in der BRD (15,-DM)
Regine Rau 1981

Filme

»... verändern kann man eigentlich wenig«
Dokumentarfilm zur Situation freier Künstler
4 Beispiele zur »Freiheit der Kunst«
16 mm/Farbe/67 Min/Magnetton/Randspur
und U-Matic Farbe 67 Min.
Renate Härtl 1980

»Calamity Jane« Briefe an ihre Tochter
nach dem gleichnamigen Buch erschienen
im Verlag Stroemfeld/Roter Stern
16 mm/Farbe/37 Min./Magnetton/Randspur
und U-Matic Farbe 37 Min.
Renate Härtl 1981

TV-Aufzeichnungen/Videocassetten:

Venus Weltklang Festival Berlin, Frauen-Rock-Bands 1981
»Der subjektive Faktor« Helke Sander
»Bildnis einer Trinkerin« Ulrike Ottinger
»Schwestern oder die Balance des Glücks« Margarethe von Trotta
Marlene Dietrich-Filme usw...

## PROGRAMMGRUPPE FÜR FILM UND VIDEO

Nach der Veranstaltung »Filmemacherinnen« im Kommunalen Kino Stgt. 1981 waren einige Frauen interessiert, sich verstärkt für ein Frauen-Kinoprogramm einzusetzen, d.h. sehenswerte Filme zu bestimmten Themen vorzuschlagen oder auch Filme, die sie persönlich gerne wieder einmal sehen würden und dafür zu sorgen, daß sie ausgeliehen und gezeigt werden. Es gibt viele Filme, die wichtig sind und leider recht selten vorgeführt werden! Innerhalb dieser Gruppe soll vor allem über Filme und Filmarbeit diskutiert werden. Außerdem sollen Aktionen zu frauenfeindlichen Kinofilmen und Fernsehsendungen durchgeführt werden.

## AUSSTELLUNGEN

»Dreissigmal? Frau B.«
Fotoserie von Veronika Nadj
Römerstr. 55 A, 7000 Stuttgart-1

dazu: eine Bildmappe mit den 30 Photos,
erschienen im Windhueter Druck und Verlagskollektiv, Bestellungen:
Remo's Druck, Pelargusstr. 1
(Preis 15,- DM)

»Die Nacht hat 24 Stunden«
Fotoserie von Hella Böhm
Reinsburgstr. 108, 7000 Stuttgart-1

**Anmerkungen**

Sylvia Frueh Keyserling, geb. 1951 in Innsbruck/Tir., Schriftstellerin, lebt in Stuttgart. Am Anfang war ein Märchen (70 in Paris), ein Jahr später folgte Lyrik, zunächst auf englisch. Dann weitere Märchen und Kindergeschichten. Auch Erzählungen, Kurzprosa. Veröffentlichungen seit 76 (Zeitschriften, Anthologien). Im März 79 3 Gedichtkartenserien. 79/80 in Manila, wo der deutsch-englische Gedichtband LIGHTNING IN MY HAND bei Papyrus CC erschien. Herbst 81: AUF WINDFLÜGELN REIT ICH, Gedichte, Desire-Verlag.
Vorliegende Manuskripte:
DIE EINSAMKEIT IST EIN NATÜRLICHER ZUSTAND DES MENSCHEN, Erzählung
LIEBER GSÄLZBÄR (Arbeitstitel), Kindergeschichten. Illustrationen Barbara Öttle
DER TRÄNENBAUM, ein Märchen für Kinder mit Illustrationen eines japanischen Malers
Sylvia Frueh Keyserling arbeitet z.Zt. an einer Sammlung von Prosaskizzen/Prosagedichten sowie an einem neuen Gedichtband.

Beate Schimpf
geboren 1952 in Gengenbach/Schwarzwald, Studium der Fächer Politik und Deutsch in Tübingen, Lehrerin in Stuttgart

Petra Wolf
geboren 1955 in Hamburg
arbeitet als Bauzeichnerin in Stuttgart
Gedichte aus: Gedanken eines Menschen zum Leben, Bestellung bei Petra Wolf, Ludwigstr. 85, 7000 Stuttgart 1, DM 2,80/Exemplar in Briefmarken oder Konto 12 03 86-7 02 PSchA Stuttgart, Stichwort Leben

Carmen Kotarski
geboren 1949 in Mannheim. Freie Mitarbeiterin beim Südfunk Stuttgart und Lehrbeauftragte an der Schauspielschule in Graz.
Schreibt Gedichte und Kurzgeschichten. Veröffentlichungen in Anthologien, Literaturzeitschriften und im Rundfunk. Bücher: »Wolfsgedichte« und »Eurydike und die Wölfe« (Erzählung), beides im Windhueter-Verlag, Stuttgart.

| | |
|---|---|
| Fotos: | Ellen Bailly, Hella Böhm, Reinhard Fitzeck, Peter Grohmann, Ulrich Riepl, Renate Volk, Kattel Loges, Tina Bergemann |
| Collage: | Esky Bail-Reck |

**Frauengruppen und Initiativen**

1) ASH-Arbeiterinnen und Arbeiterselbsthilfe Stuttgart e.V., Heinrich-Baumann-Str. 17, 7000 Stuttgart-1, 28 14 05
2) CAMUR, Kontaktadresse: Marianne 62 48 15
3) Forum Stuttgarter Frauen und Frauengruppen, Kontaktadressen: Franziska Schäfer 24 76 16, Renate Volk 24 02 70
4) Frauenhaus für mißhandelte Frauen, Postfach 161, 7000 Stuttgart-1, 64 91 085
5) Notrufgruppe Stuttgart, Frauenzentrum Stuttgart, Kernerstraße 31, 7000 Stuttgart-1, 29 64 32
6) Frauen für Frieden, Kontaktadresse: Anja Strecker 60 53 76
7) Demokratische Fraueninitiative, DFI, Kontaktadresse: Jutta Dahlmann, Zeppelinstr. 37A, 7000 Stuttgart-1, 29 31 29
8) Frauengruppe im SZ, Neckarstr. 178, 7000 Stuttgart-1, 26 43 45 oder 43 21 30
9) Frauen treffen Frauen, Kontaktadresse: Christine Mayer, Heslacher Wand 18, 7000 Stuttgart-1, 64 50 75
10) Frauengruppe Jetzt Reichts! Kontaktadresse: Kattel Loges, Greuterstraße 40, 7000 Stuttgart-1, 83 49 45
11) Hausbesetzerinnen, Gerberstr. 6B, 7000 Stuttgart-1, 24 68 40
12) Arbeit mit griechischen Frauen und ihren Kindern, und
13) Mädchentreff - eine freizeitpädagogische Maßnahme für ausländische Mädchen ab 15 im Verein für internationale Jugendarbeit e.V., Arbeitsgemeinschaft christlicher Frauen, Moserstr. 10, 7000 Stuttgart-1, Tel. 23 47 86/82
14) Frauenselbsthilfe nach Krebs e.V.
15) Frauengruppe Universität Stuttgart, Keplerstr. 17, 7000 Stuttgart-1, Zentralfachschaftszimmer 2a, 20 73 792 oder Dagmar Gerlach, Reginenstr. 23, 7000 Stuttgart-70
16) Sarah, Cafe und Kulturzentrum, Johannesstr. 13, 7000 Stuttgart-1, 62 66 38
17) Tagesmütter, Kontaktadresse: Barbara Penkwitt, Holunderweg 6, 7000 Stuttgart 80, 68 25 11
18) Video-Gruppe, Kontaktadresse, Loretta Walz und Hella Böhm, Reinsburgstr. 108, 7000 Stuttgart-1

Weitere Adressen in und um Stuttgart:

Feministische Initiative lohnloser Mütter
Kontaktadresse: Nora Friedrich, Bismarckstr. 91/1, 7000 Stuttgart-1, 65 17 29

Interessengemeinschaft mit Ausländern verheirateter Frauen e.V. IAF, Kontakt: Christl Kabloui, 76 92 64

DGB-Frauen, Kanzleistr. 20, 7000 Stuttgart-1, 2028-331

Pro Familia, Schloßstr. 60, 7000 Stuttgart-1, 62 26 18

Mädchen- und Frauenzentrum der Arbeiterwohlfahrt,
Treff: Abelstr. 11, 714 Ludwigsburg, 21 950

Frauenzentrum Ludwigsburg, Karl-Görteler-Str./Ecke Schwieberdingerstraße

Frauengruppe Hohenheim, Paracelsusstr. 93, 7000 Stuttgart-70

Frauengruppe Sindelfingen, Ute Walker, Weilderstätterstr. 42, 7032 Sindelfingen 6, 07031/34 138

Frauenhaus Sindelfingen, Postfach 111, 07031/804199

Frauenzentrum Eßlingen, Geiselstr. 3, 7300 Eßlingen


Frauenärztinnen von Patientinnen empfohlen:

Dr.R.A.Freese, Schloßstr. 59c, 7000 Stuttgart-1, 61 63 62
Dr.I.Hönes, bei Pro Familia, Schloßstr. 60, 7000 Stuttgart-1, 62 26 18
Dr.H.Kugler, Sigmaringer Str. 4, 7000 Stuttgart-80, 71 73 88
Frauenheilpraktikerin Maria M.Geber, Heslacher Wand 34, 7000 Stuttgart-1, 64 912 46

**Klaus-Peter Klingelschmitt - »*Vivat! Hoch! - Die freie Republik!* Friedrich Hecker - ein deutscher Mythos«**

200 Seiten, 20 Bildseiten, Brosch.
DM, Sfr. 14.80 / ö.S. 108.50
ISBN 3-922836-15-1

Parlamentarische und bewaffnete Kämpfe in Deutschland - die demokratischen Republikaner im Vorfeld und während der deutschen Revolution von 1848/49. Der Schwerpunkt des Buches liegt auf der badischen Aprilrevolution (»Heckerzug«) und wird so zugleich der charismatischen Gallionsfigur dieser Revolution, dem »großen Hecker«, in chronologisch geordneter Biografie gerecht. Der Mythos Hecker, manifest geworden in zahlreichen Liedern und Texten über den »Fürstenhasser« und »Revoluzzer«, konfrontiert mit den politischen, ökonomischen und sozialen Konstellationen des VORMÄRZ und der Revolutionsjahre.
Der erfrischende Hang badischer Freiheitskämpfer zum Aktionismus, die programmatische Entwicklung der Ideologie »demokratische Republik« - das sind Geschichtsperspektiven jenseits bundesdeutscher Geschichtsschreibung und -philosophie, auch jenseits übrigens der auf Heroen bauender der real-sozialistischen Historiker.

**Ulrich Zuper (Hrsg.) - »Wir bauen ihnen ein Denkmal«** - Dokumente, Materialien, Tonbandprotokolle Lenin-Werft/Danzig/Polen

126 Seiten, 10 Bildseiten unveröffentlichter Fotos und Flugblätter. Gedichte, Lieder, Mauersprüche, Interviews, Brosch.
DM, Sfr. 11.80 / ö.S. 81.50
ISBN 3-922836-04-6

Wer verstehen will, was heute in Polen geschieht, muß Hintergründe kennen: Mit diesem Buch wird erstmals eine gründliche, umfangreiche und systematische Darstellung aus dem Streikzentrum Danzig gegeben. Differenziert und authentisch zeichnen Originaldokumente das tägliche Streikgeschehen nach, Debatten in der Lenin-Werft und in der Stadt. Zahlreiche Flugblätter und Dokumente lassen die Vertreter der Solidarnosc genauso zu Wort kommen wie jene der Regierung und der Partei: Spannung und Dramatik des Streikgeschehens, des Entstehens einer neuen Arbeiterbewegung sind das Fundament dieses Buches.

**Eugen Eberle/Peter Grohmann - »Die schlaflosen Nächte des Eugen E.** - Erinnerungen eines neuen schwäbischen Jacobiners
Über 280 Seiten, Foto- und Dokumententeil.
Paperback DM, Sfr. 19.80 / ö.S. 137.50 - Leinen DM, Sfr. 26.80 / ö.S. 185.00
ISBN 3-922836-06-2

Die Autoren erzählen ein Stück deutscher Geschichte: Vom Niedergang der Weimarer Republik über die Jahre der Hitlerdiktatur bis hinein in heutige Tage. Am intensivsten wird dabei den Fragen nachgegangen, die wir uns auch heute stellen: Wie war das möglich mit den Nazis? Haben unsere Mütter und Väter nichts gewußt? Was spielte sich in Stuttgart ab, bis 1945, danach? Hier wird Geschichte von der anderen Seite her betrachtet: aus der Sicht jener, die in den Bunkern hockten, ins KZ gingen, dann mit vielen Illusionen 1945 mit dem Aufbau begannen. Eberle und Grohmann fragen zum Schluß: Für wen?

**ed.co.ed.co.ed.co.ed.co.ed.co.ed.co.ed.co.ed.co.ed.co.ed.co.ed.co.ed.co.ed.co.**

**Ester Boserup - »Die ökonomische Rolle der Frau in Afrika, Asien, Lateinamerika«**

231 Seiten. Viele Schaubilder, Brosch. DM, Sfr. 22.80 / ö.S. 158.00 - ISBN 3-922836-05-4

Boserups Buch, das wichtige Standardwerk für alle, die sich mit Fragen der Dritten Welt beschäftigen, erschien zuvor auf dänisch, italienisch, englisch und französisch. Die Autorin hat die Übersetzung überarbeitet, stellenweise neu gefaßt. Die allgemeinverständliche Arbeit stützt sich auf wichtige Untersuchungen verschiedener UNO-Kommissionen und Erfahrungen, die Ester Boserup in jahrelangen Aufenthalten in der Dritten Welt sammeln konnte (z.B. Ostafrika).

Das Buch vermittelt einen authentischen Eindruck jener Veränderungen, die die Zivilisation der Industrienationen den Familien, Stämmen und Nationen in der Dritten Welt bringt und widmet sich dabei v.a. der veränderten Rolle der Frau in den gesellschaftlichen Prozessen.

**Heinrich Schwing - »idyllen / zum ende / des tages« - gedichte**

60 Seiten Brosch. DM, Sfr. 7.80 / ö.S. 54.00 - ISBN 3-922836-00-3

Idyllen zum Ende des Tages: Der Titel des Gedichtbändchens deutet schon den Bereich und einige Mittel dieser Lyrik an. Sie reicht vom sloganartigen Spruchgedicht über Mc'Donalds Produkte, über rhythmische Politlyrik zu strengen, bisweilen auch gereimten Gedichtformen zu Liebesgedichten. Sehr viel wird mit Sprachspielen gearbeitet, im ironischen Verkehrungen. Aber nicht nur die Idylle ist gebrochen, auch die immer anklingende Trauer. Es sind Idyllen unserer Tage, Idyllen zum Ende, nachdem die Idyllen zuende:

    mit und ohne Brille

      mit 64 stand Bloch
      erstmals auf dem katheder
      mit 76 suchte er sich
      nochmals ein neues land
      zum überleben
      und wir
      wissen heute schon sicher
      alles ist aussichtslos

**Gudrun Ensslin/Bernward Vesper (Hrsg.) - »Gegen den Tod«**

200 Seiten, Reprint der Originalausgabe von 1964, Brosch. DM, Sfr. 11.80 / ö.S. 81.50 - ISBN 3-922836-09-7

In dieser Anthologie von Texten deutscher Schriftsteller und Schriftstellerinnen aus Ost und West gegen die Atombombe, gegen Militarismus und Rüstungswahnsinn haben Gudrun Ensslin und Bernward Vesper 1964 einen Band zusammengestellt, der eine brennende Aktualität angesichts der jüngsten Entwicklungen erhält. Texte u.a. von Günther Anders, Stefan Andres, Horst Bingel, Heinrich Böll, Bert Brecht, Max Brod, H.M. Enzensberger, Erich Fried, Christian Geißler, O.M. Graf, Hans Jürgen Heise, Stefan Hermlin, Peter Huchel, Hans Henny Jahnn, Walter Jens, Marie-Luise Kaschnitz, Ludwig Marcuse, Nelly Sachs, Anna Seghers, Günter Weisenborn, Wolfgang Weyrauch, Gabriele Wohmann, Gerhard Zwerenz, Arnold Zweig u.a.m.